増補新版

現代アメリカ神学思想

MIYAHIRA, Nozomu 宮平 望

新教出版社

増補新版への前書

本書は2004年に初版が上梓されて以来、様々な場で多様な形で活用されてきたが、特に書評として取り上げてくださった下記の諸氏に対してまずは感謝申し上げたい。

- 星野靖二『国際宗教研究所　ニュースレター　第44号　(04-3)』(財団法人国際宗教研究所, 2004/10) 19-21頁
- 森本あんり『本のひろば 2005/2』(財団法人キリスト教文書センター, 2005/2) 14-15頁

また、本書は『出版ダイジェスト　第1970号　2004年(平成16年)8月21日』(出版ダイジェスト社, 2004) の特集記事、「未知の帝国・アメリカ」を読み解く16冊の中の一冊として紹介され (3頁)、ジュンク堂池袋本店、大阪本店、京都店、三宮店、広島店、福岡店の特設コーナーでも展示された。

本書の各章は構成上、概して神論、キリスト論、共同体論、要旨、キーワード、文献表から成り立っており、各神学者のそれぞれのテーマの相互参照も容易であると思われるため、今回は新版を出すにあたり索引を省略し、代わりに補章と書評を追加し、内容上の変更はないものの多少の字句の修正や統一を施した。補章と書評の初出は以下の通りであり、転載許可をくださった西南学院大学学術研究所と日本基督教学会編集委員会にも御礼申し上げたい。

- 補章は、西南学院大学2004年(平成16年度)特別研究(C)「現代

アメリカ軍事思想を構築する保守派の黙示文学的神学思想」の成果に基づくものであり、「現代アメリカの宗教と政治に関する神学的考察」『西南学院大学　国際文化論集　第 21 巻　第 2 号』（西南学院大学学術研究所，2007/2）77-108 頁からの転載である。

・書評は、「森本あんり『反知性主義　アメリカが生んだ「熱病」の正体』（新潮選書，2015）」『日本の神学　55　神学年報 2016』（教文館，2016/9）154-159 頁からの転載である。

目まぐるしく変遷する現代アメリカ社会の中で、本書で探究したようなアメリカ神学思想のさらなる展開を見守りつつ本書を世に送る。

2017 年 5 月　宮平　望

第1版への前書

本書は、西南学院大学で1997年から私が担当している「アメリカ思想」の講義ノートに由来する。この講義は、アメリカ思想をキリスト教神学的視点から分析したもので、前半でニューイングランド神学思想、福音主義神学思想、自由主義神学思想、新正統主義神学思想（1)、新正統主義神学思想（2)、実存主義神学思想を、後半で解放の神学思想、黒人神学思想、フェミニスト神学思想、エコロジー神学思想、プロセス神学思想、物語神学思想を各時代の一般的思想と交互に解説している。したがって、本書は、この講義の後半部分のさらに半分、つまり、分量的には講義ノート全体の四分の一に相当する。この講義を私が担当して以来、毎年、懸命にノートを取りつつ、熱心に講義に聞き入る受講生たちのために、本書が何らかの役に立てば幸いであるし、アメリカ研究を志している方々や、現代アメリカの思想や文化に対して興味を持っている方々にも勧めたいと思う。

各章はすべて、日本基督教学会で個人研究発表をし、参加者による質疑に基づいて修正を施し、西南学院大学学術研究所の研究叢書に3章ずつ掲載し、さらなる批評を受けた。ここに、学会発表の機会を与えてくださった日本基督教学会と本書への転載許可をくださった西南学院大学学術研究所に心より感謝の言葉を申し上げたい。なお、日本基督教学会での発表場所と日時、西南学院大学学術研究所の研究叢書における該当箇所は下記の通りである。但し、今回このような形で出版するにあたり、再度、修正が施されている。

・第1章：1998年9月25日（金曜日）日本基督教学会　第46回　学術大会（於：東京神学大学）発表題「解放神学における『共同体』

の思想　―　レオナルド・ボフを中心として」＝「第 1 章　L. ボフの解放神学」『アメリカの解放神学・黒人神学・女性神学思想』［西南学院大学学術研究所　研究叢書 No.33］（西南学院大学学術研究所，2001）5 － 38 頁

・第 2 章：1999 年 10 月 8 日（金曜日）日本基督教学会　第 47 回　学術大会（於：東北学院大学）発表題「J. H. コーンの黒人神学における『共同体』思想」＝「第 2 章　J. H. コーンの黒人神学」『アメリカの解放神学・黒人神学・女性神学思想』［西南学院大学学術研究所　研究叢書 No.33］（西南学院大学学術研究所，2001）39 － 71 頁

・第 3 章：2000 年 3 月 30 日（木曜日）日本基督教学会　第 45 回　九州部会（於：西南学院大学）発表題「R. R. リューサーの女性神学における『共同体』思想」＝「第 3 章　R. R. リューサーの女性神学」『アメリカの解放神学・黒人神学・女性神学思想』［西南学院大学学術研究所　研究叢書 No.33］（西南学院大学学術研究所，2001）72 － 107 頁

・第 4 章　2001 年 3 月 26 日（月曜日）日本基督教学会　第 46 回　九州部会（於：西南学院大学）発表題「S. マクフェイグのエコロジー神学における『共同体』思想」＝「第 1 章　S. マクフェイグのエコロジー神学」『アメリカのエコロジー神学・プロセス神学・物語神学思想』［西南学院大学学術研究所　研究叢書 No.36］（西南学院大学学術研究所，2004）3 － 46 頁

・第 5 章　2003 年 10 月 3 日（金曜日）日本基督教学会　第 51 回　学術大会（於：南山大学）発表題「J. B. カブ Jr. のプロセス神学における『共同体』思想」＝「第 2 章　J. B. カブ Jr. のプロセス神学」『アメリカのエコロジー神学・プロセス神学・物語神学思想』［西南学院大学学術研究所　研究叢書 No.36］（西南学院大学学術研究所，2004）47 － 95 頁

・第 6 章　2000 年 10 月 13 日（金曜日）日本基督教学会　第 48 回　学術大会（於：青山学院大学）発表題「S. ハワーワスの物語神学にお

ける『共同体』思想」＝「第3章　S. ハワーワスの物語神学」『アメリカのエコロジー神学・プロセス神学・物語神学思想』［西南学院大学学術研究所　研究叢書 No.36］（西南学院大学学術研究所，2004）96－138頁

また、本書は部分的に、2002年（平成14年）8月から一年間の西南学院大学「在外研究員（a）英米キリスト教思想」の研究成果でもあり、西南学院大学学術研究所の関係諸氏に重ねて感謝申し上げたい。

2004年5月　宮平　望

目　次

現代アメリカ神学思想　増補新版

平和・人権・環境の理念

第1章　解放の神学――L. ボフ

1. 序　論

本章の目的は、L. ボフの解放の神学における共同体思想を明示することにある。ボフを簡潔に紹介してから、ボフの三位一体論や共同体に関する著作に基づき、彼の解放の神学の概念、神の共同体、キリストにおける神性と人性の交流、人間の共同体に関する思想を調べ、彼の解放の神学における共同体思想の中心的役割を検討しよう[1]。

2. L. ボフ（Leonardo Boff）[2]

レオナルド・ボフは、イタリアからの移民の末裔である。20世紀に入

1　ボフに対する公平さのために、ここで二つのことを述べておく必要がある。第一に、本論文におけるボフの研究は、百冊近くにも及ぶ彼の自著・共著のうち、英訳された書物にほぼ限定されている。しかし、本論文の目的のために最低限必要な文献は参照したと私は考えている。第二に、この論文では、単に解放の神学を叙述し、分析しているだけであるという点で、ボフを含む殆どすべての解放の神学者が徹底して強調する神学の実践性はないかもしれない。それにもかかわらず、ボフが「被抑圧者の解放のために、私たちは理論的な考察を可能な限り利用する」（Boff, L., New Evangelization, p.2. Cf. Boff, L. & Boff, C., Liberation Theology, pp.9f.）と述べているように、理論的研究を踏まえることによって社会へ参与し始めることを、私は決して不十分とは見なさない。

2　以下については、cf. Boff, L., The Path to Hope, pp.v-vii, 1-13; Boff, L., ‘I Changed to Stay the Same（Why I Left the Priesthood),’ pp.144-148; Waltermire, D. E.,

り、祖父母が職場の余剰人員となりブラジルに来て、その後、ボフの父母はブラジル南部サンタ・カタリーナ州のコンコルディアに移住した。因みに、ボフはこのことを回顧し、産業組織は常に余剰人員と見なされた人々を駆逐すると語っている。1938 年 12 月 14 日ボフはこのコンコルディアで生まれた。11 人の子の長男であり、11 人の子は全員大学に行き、5 人は外国の大学院で学んだという。ボフもその一人で、それを特権であると語っている。

ボフの人生に対して最も大きな影響を与えたのはボフの父で、彼はイエズス会の教育を受けている。神学校を卒業後、サンタ・カタリーナ州の奥地に入り、教師、薬屋、会計士として奉仕し、人々の良き相談相手であった。イタリアやドイツからの移民の世話をし、1940 年代には、そういう人々にポルトガル語を教えた。日曜の午後には、人々のために種々の集会を主宰した。ボフによると、ボフの父の「人生の意味は、共同体に対する奉仕であった」という。ボフの父は、53 歳で亡くなり、墓碑には「彼の唇から我等は聞き、彼の人生から我等は学んだ。奉仕をするために生きることのない者は、生きるに値しない」と書かれている。産業社会の組織的非人間性に対する反感と、共同体に対する奉仕に基づく人生観は、後のボフの思想を大きく規定していると言えよう。

ボフの家庭には、反聖職者主義という健全な伝統が生きていて、司祭になることなどボフは決して考えたことがなかった。ボフは、この遺産を今日まで依然として大切にしているという。これが、ボフの説く共同体の平等主義と深く関係している。しかし、1949 年 5 月 9 日、ボフはリオデジャネイロから来た司祭が司祭職への召命の話をするのを聞いた。その司祭は、アッシジのフランチェスコ（1181/2 年－1226 年）やエジプトのアントニウス（251 年－356 年）の話をし、最後に「司祭になりたい者は、手を挙げよ」と言った。ボフの心は熱くなり、顔面は紅潮し、自分の中の何かが手を挙げさせたという。また、司祭の勧めと自分が手を挙げる間の短い

The Liberation Christologies of Leonardo Boff and Jon Sobrino, pp.17f.

瞬間は、永遠のように感じられたという。帰宅して、ボフは後悔をした。自分の夢は、トラックの運転手になることであったからである。

その後ボフは、クリチーバとペトロポリスで哲学や神学を学び、1964年12月15日にフランシスコ会の司祭に叙階された。また、イギリス・オックスフォード、ドイツ・ヴュルツブルク、ベルギー・ルーヴァンの大学で組織神学を学び、1965年から1970年、ミュンヘン大学でカール・ラーナーに師事し、『世界経験の地平におけるサクラメントとしての教会（Die Kirche als Sakrament im Horizont der Welterfahrung）』という論文によって、1972年神学博士号を受領した。1970年代初頭から解放の神学を自己の神学的立場としていたボフは、ブラジルに戻り、『解放者イエス・キリスト（Jesus Christ Liberator A Critical Christology for Our Time）』（1972）を著し、すべての問題を貧者、被抑圧者の視点から検討した。

1981年には、『教会　カリスマと権力（Church: Charism and Power）』を出版し、制度的教会における権威と権力を解放の神学の立場から批判した。その結果、1984年5月15日ローマへ召喚され、「教理省（the Congregation for the Doctrine of the Faith）」の調査を受けた。その時の長官は、ヨゼフ・ラッチンガー枢機卿であった。そして、1985年5月2日、「改悛の沈黙」を命じられ、翌年3月29日まで続いた。ボフは、これを「この（南アメリカ）大陸で沈黙を強いられている数千人の人々とその文化、原住民と黒人の沈黙の文化との一致の精神において」受け入れた。また、この期間にボフの主著の一つである『三位一体と社会（Trinity and Society）』が書かれた。

その後も、ボフとヴァティカンの緊張状態は続き、ボフの仕事と書いたものに対する検閲が激しくなり、1992年6月26日ボフはついに自己の人間としての権利と尊厳と自由を確保するために司祭の職を離れた。ペトロポリスの神学校で20年組織神学を教えた後、現在ボフは、リオデジャネイロ大学で倫理学を教えている。

彼は非常に多作で、1991年までに共著を含めて65冊の本を書いている。

3. L. ボフの解放の神学

ボフによると、「すべての真の神学は、ある霊性（spirituality）から湧き出る。つまり、歴史における神との真の出会いから湧き出る」[3]。解放の神学は、飢餓、短命、貧困、医療設備の不足、劣悪な労働条件、文盲等の醜聞における神との出会いから始まる[4]。この神学は、被抑圧者、貧者のうちに、「苦難の僕であるイエス・キリストの挑戦的なまなざし」を看取し[5]、「参与（participation）」と「交流（communion）」が人々の間に均霑されている新しい共同体へと現在の社会構造的諸条件を変革することによって、貧者がその窮状から脱出することを援助しようとする[6]。この変革のために、三位一体の神は原型となる。ボフが論じているように、「御父、

3　Boff, L. & Boff, C., Introducing Liberation Theology, p.3.

4　Cf. Boff, L. & Boff, C., Introducing Liberation Theology, p.2. したがって、ボフは皮肉を込めて、「解放の神学の真の父、母は、抑圧されたキリスト者の、ラテン・アメリカの人々という脈絡の中における階級制度的教会である」と述べる（Boff, L. & Boff, C., Liberation Theology, p.20.）。Cf. Boff, L., Jesus Christ Liberator, pp.268f.; Boff, L., Faith on the Edge, pp.54f. ボフによると、教会は、「確かに、母親が自分の子どもをすべて愛するが、病気の子どもを優先する」のと同様に、貧者を優先しなければならない（Cf. Boff, L., When Theology Listens to the Poor, p.24.）。

5　Boff, L. & Boff, C., Introducing Liberation Theology, p.4.

6　Cf. Boff, L. & Boff, C., Introducing Liberation Theology, p.5; Boff, L., When Theology Listens to the Poor, p.12. ボフの解放の神学は、被抑圧者、貧者の政治的・経済的解放だけではなく、「すべての人々の全人格的解放」にも焦点を当てているという点に留意することが重要である（Boff, L. & Boff, C., Introducing Liberation Theology, p.8.）。Cf. also Boff, L., Jesus Christ Liberator, p.105:「キリストは自分の解放の働きを一層普遍的な形で理解していた。それは、この世と人々と宇宙の全面的変貌であり、それを神の国と呼んだ」。Cf. Boff, L., Jesus Christ Liberator, pp.231, 275; Boff, L., Passion of Christ, Passion of the World, pp.14-16; Boff, L. & Boff, C., Salvation and Liberation, pp.38f.; Boff, L., New Evangelization, pp.52f.; Boff, L., When Theology Listens to the Poor, p.25; Boff, L., Faith on the Edge, pp.15f., 24f., 59f., 165f.

御子、聖霊の共同体（community）は、三位一体の神の像と似姿（image and likeness）に社会を作り替えることによって、社会を改善し、建設することを望む人々の夢見る人間共同体の原型（prototype）となる」[7]。ボフの三位一体の神に対する考察を明示することから始めて、三位一体の神が社会変革のためにいかに活用されうるかを調べよう。

4. 神の共同体

ボフにとって三位一体論は、人間の想像的構成概念に由来するものではない。それは、唯一神論的ユダヤ教に根差しているが、この世で御子を経験し、御子を通して御父を経験し、聖霊の明白な注ぎ出しであるペンテコステ以後の共同体での出来事を経験した最初の弟子たちの信仰を、後のキリスト者たちが解説したものである[8]。教会教父たちはこの神に対する信仰を、一つの「実体（nature or substance）」、三つの「位格（person）」[9]、「フィリオクェ（と御子より Filioque）」という形でまとめた[10]。ボフはこれらの定式を認めるが、さらに、教会教父たちによる三位一体論の一部である「交流（communion）」や「浸透（perichoresis）」といった概念を発展させ[11]、「スピリトゥクェ（と聖霊により Spirituque）」や「パトレクェ（と御父［に］より Patreque）」という新しい定式を作り出す[12]。こうした概念を利用することによって、ボフは何を強調しようとしたのか。

第一に、聖書に基づいてボフは、神が永遠に生きている神であることを

---

7 Boff, L., Trinity and Society, p.7. Cf. Boff, L. & Boff, C., Introducing Liberation Theology, p.52.

8 Cf. Boff, L., Trinity and Society, pp.1-3, 10; Boff, L., Liberating Grace, p.208.

9 Cf. Boff, L., Trinity and Society, pp.2, 85-90.

10 Cf. Boff, L., Trinity and Society, pp.70-73, 84, 146, 190, 198-206.

11 Cf. Boff, L., Trinity and Society, pp.2-24, 54f., 118-120, 123-154.

12 Cf. Boff, L., Trinity and Society, pp.84, 146f., 185, 204f.

前提にする[13]。「神は生の中にとどまっており、迸出、溢出、自己伝達、純粋な生という永遠の過程にある。したがって神は、『生きている方』と表現されるのが最も適切である。その生は、神の現実を永遠に生み出し、明示する行為であり、『なぜ生きているのか』という質問に対して応答する必要が無いのである[14]」。神は単に静的に生きているのではなく、完全な自発性と自己実現の永遠の過程において動的に生きているのである。この過程において、三位一体の神の各々の位格は、三位格が相互の生を動的に共有するような形で、他の位格を実現している[15]。

第二に、ボフは三位一体の神のこの生きた共有関係を「交流（communion)」、または一層強調して、「交流」の現在進行形動詞で「交流しているもの（communing)」と呼ぶ[16]。三位一体の交流においては、各々の位格は、常に永遠に他の位格と共に、他の位格のために、他の位格において生きている[17]。この交流は、単なる三人の個人の物理的な集積ではなく、霊的性質を持った三位格の関係なのである[18]。そのようなものとして、この交流は、親密で人格的な生を保持しており、ボフが「交流の関係の成果が共同体（community）である」と語っているように[19]、神は三位格の関係から三位一体の「共同体」を形成している[20]。

第三に、ボフは三位一体の共同体を、「浸透（perichoresis)」の教理との関係で解説する。この教理は 6 世紀（偽キュリロス）以後発展したもので、

13　以下については、cf. Boff, L., Trinity and Society, pp.124-128.

14　Boff, L., Trinity and Society, p.127.

15　Cf. Boff, L., Trinity and Society, p.128.

16　Cf. Boff, L., Trinity and Society, pp.128-134. Cf. also Boff, L., Faith on the Edge, p.98.

17　Cf. Boff, L., Trinity and Society, p.128.

18　Cf. Boff, L., Trinity and Society, p.129. Cf. also Boff, L., Trinity and Society, p.84:「私たちは三つの神の位格を、仲良く集まった三人の人間のように想像してはならない。これは、三神論の危険を免れえないだろう」。

19　Boff, L., Trinity and Society, p.130.

20　Cf. Boff, L., Trinity and Society, p.129.

二重の意味を持っている。ギリシア語のペリコーレーシスは、一つの位格が他の位格に動的に浸透するという意味の circumincessio（circum「あらゆる側面に」と incedo「中に入る」）と、一つの位格が他の位格に静的に内住するという意味の circuminsessio（circum + in + sedeo「座る」）という二つのラテン語に翻訳されうる。[21] ボフが簡潔に述べているように、「三位一体の神の自己実現の過程は、永遠の交流の活力、相互の生の共有、三者の浸透と内住から成っている」[22]。三位格が相互に永遠に浸透し、内住して、神の共同体を形成する時、三位格の各々は他の位格に変化させられることなく、各々固有の地位と躍動を保持している。[23] このようにして、三位格はその共同体の中で、御父、御子、聖霊という神の秩序を持っている。[24]

この秩序を一層根源的に解説するものが、発出と産出の教理である。御父には起源が無く、御子はもうけられ、聖霊は吹き出される。[25] この三位一体の秩序を表現するために、西方教会は「フィリオクェ（と御子より Filioque)」という神学用語を活用した。つまり、聖霊は御父「と御子より」発出する、つまり、吹き出される。[26] これは、御子の永遠の御父と御父の永遠の御子との相互の緊密な関係の自然な結果の一つであり、ボフが「御子は、御父にもうけられた者として御父と一体であり、そのことは聖霊の二重の吹き出しのための論理的前提であり、客観的条件でもある」と述べている通りである。[27] フィリオクェは、聖霊が御父と御子より発出することを示しており、これは三位格のすべてが本質的に相互に関係していることを意味する。もしそうなら、御子の産出も、三位格すべての脈絡の中でのみ表現されるはずである。したがって、ボフは「スピリトゥクェ（と聖霊

21　Cf. Boff, L., Trinity and Society, pp.5, 83f., 134-145.

22　Boff, L., Trinity and Society, p.128.

23　Cf. Boff, L., Trinity and Society, pp.139f.

24　Cf. Boff, L., Trinity and Society, p.140.

25　Cf. Boff, L., Trinity and Society, p.7.

26　Cf. Boff, L., Trinity and Society, pp.70-73.

27　Boff, L., Trinity and Society, p.204.

により Spirituque)」という用語を造り、御子は御父「と聖霊により」産出する、つまり、もうけられると言う。[28] スピリトゥクェは適切な表現である。なぜなら、御子の生命は、生命を与える霊（ヨハネによる福音書 6 章 63 節）である聖霊とも永遠に関係しているからである。[29] フィリオクェとスピリトゥクェは、三位一体の神の中で生起していることの表現の一部である。さらにボフは、「パトレクェ（と御父［に］より Patreque)」という用語を導入する。[30] もし、聖霊が永遠に御父と御子より発出するのなら、聖霊は御子「と御父より」発出するとも言いうる。同様にして、もし、御子が御父と聖霊により産出するのなら、御子は聖霊「と御父により」産出するとも言いうる。[31] したがって、フィリオクェとスピリトゥクェが存在する時、所では、必ずパトレクェも存在するのである。言い換えると、「神においては、すべてが三位格に関係している。すべてはパトレクェであり、フィリオクェであり、スピリトゥクェである。『クェ（と que)』という等位の接続詞は絶対的に三位格にあてはまる。『クェ』は常に、どこにでも存在するのである」。[32] 三位一体の共同体のすべての関係は、相互浸透と相

28　Cf. Boff, L., Trinity and Society, pp.147, 185, 205. Cf. also Boff, L., Trinity and Society, p.205:「この二つの定式、フィリオクェとスピリトゥクェの意味は、各々の位格が他の二つの位格との関係において同時に考察されなければならないことを示している」。

29　Cf. Boff, L., Trinity and Society, p.6. Cf. also Boff, L., Jesus Christ Liberator, p.167:「聖霊の行為としてのイエスの誕生は、誕生の生物学的過程の解説というよりむしろ、聖霊の力によって自己の役割を確立された旧約聖書の英雄と救い主イエスを関係づけようとする試みである」。

30　Cf. Boff, L., Trinity and Society, pp.146, 241.

31　ボフはこの点を明示していないようであるが、これはボフの意図から外れてはいない。

32　Boff, L., Trinity and Society, p.146. Cf. Boff, L., Trinity and Society, p.147:「各々の位格は、他の位格からすべてのものを受け取り、同時にすべてのものを他の位格に与える。三位格は三つの独特な存在であり、実際に、その三者の間に決して二項対立関係（御父対御子、または、御父・御子対聖霊）は存在せず、意思伝達と交流の三者関係のみが存在する」。

互内住において三位格に関係しており、ボフはこの三位格の関係を『三位一体の均衡（trinitarian equilibrium）』と呼んでいる[33]」。

これまで、三位一体の共同体が内的にどのように生きているかを見てきた。しかし、この内的な関係に基づいて、三位一体の共同体はこの共同体以外のものとの関係においても生きている。ボフがインマヌエル・カントに反対して語っているように、「三位一体論は、人間の共同体に対して実践的な価値のあるものを提示している[34]」。それでは、人間の共同体に活用されうる、三位一体の共同体の実践的特徴とは何か。

第一に、三位一体の生きた共同体は、愛に満ちている。愛は、三位一体の生の本質的な性質である。なぜなら、永遠の三位一体の共同体において御父は御子をもうけ、御父は聖霊を吹き出し、それと同時に御父は御子を愛し、「御父と御子を一つにする愛は、聖霊と呼ばれる」からである[35]。この生と愛は、単に内的に動的なものではなく、外的にも溢出するものである[36]。言い換えると、「神は生命と知性と愛の外的爆発であり、また内的爆発でもある[37]」。このように、後に見るように、三位一体の神は、御自身以外へと出ていこうとし、御自身以外のものを知り、愛そうとするのである[38]。

第二に、三位一体の共同体の中では、位格の差異が尊重されている。御

33　Boff, L., Trinity and Society, p.6.

34　Boff, L., Trinity and Society, p.19.

35　Boff, L., Trinity and Society, p.91. Cf. Boff, L., Trinity and Society, pp.145, 200-202. Cf. also Boff, L., Trinity and Society, p.23:「生と愛の活力は、三位格が統合的で充全で完全な一致を形成するような形で、三位格を一つにする。これが相互浸透による一致である」。

36　Cf. Boff, L., Trinity and Society, p.5.

37　Boff, L., Trinity and Society, p.90.

38　Cf. Boff, L., Trinity and Society, p.79. Cf. also Boff, L. & Boff, C., Introducing Liberation Theology, p.9:「『知ること』は、愛すること、自己の体と魂を共に参与させること、一言で言うと、全体的に交流すること、関与することを意味する」。

子の産出と聖霊の発出は、三位格の相互関係を表現し、またそれらの間の差異を確保している[39]。御父と御子と聖霊は、その生のあり方に関して相互に異なっており、その差異に基づいて三者の愛による一致が成立している。それは、ボフが「共同体は、共に生きることを暗示している。共同体は、各々の構成員の個性に価値を置き、相互の差異を豊かさの交換として受容し、位格間の関係を確立する」と論じている通りである[40]。つまり、「三位一体の各位格の間の関係は対立や分離の関係ではなく、御父との交流における差異化の関係である。……区別は、交流を可能にするために存在する。三位格は、愛の永遠の運動の中に包まれており、その愛によって三位格は分離を免れている[41]」。三位一体の共同体の一致と多様性は、この二つの性質が相互に相手の性質を前提とするような形で同時に永遠に存在している[42]。こうした存在方法が可能なのは、まさしく三位格が相互に浸

39　Cf. Boff, L., Trinity and Society, p.7. Cf. also Boff, L., Trinity and Society, pp.90f.

40　Boff, L., Trinity and Society, p.130. 他者との関係の重要性については、cf. Boff, L., Trinity and Society, p.80:「位格は相互の関係によって定義される。位格はそれ自体において決して絶対的に自立したものではなく、……関係的なものであり、関係的とは相互において関係を持っていることを意味する。……つまり、位格はその位格としての性質を、相互に保持している関係のみから受け取る」。Cf. also Boff, L., Trinity and Society, p.150.

41　Boff, L., Trinity and Society, p.82. Cf. Boff, L., Trinity and Society, p.206:「相互に自己を啓示すること、そして啓示されたものを認識することは、差異を受容することを意味する。愛によって受容されたこの差異は、交流と一致のための条件である」。

42　Cf. Boff, L., Trinity and Society, p.3:「私たちの神秘体験において、確かに多様性（御父、御子、聖霊）があり、同時に多様性において一致がある。その一致は、異なった位格の交流を通して実現し、この交流によって、各々の位格は他の位格の中に存在し、他の位格と共に存在し、他の位格を通して存在し、他の位格のために存在する」。Cf. also Boff, L., Trinity and Society, p.5: ヨハネによる福音書 10 章 30 節の御父と御子とは一つ（‘hen’ は中性形であって、数的な一を表す heis ではない）であるという趣旨の御子の言葉は、御父と御子が共にいることを示しており、この「御父と御子の一致が、各々の差異と個性を消滅させることはない。一致はむしろ、差異化を前提とする」。三位一体内の差異の重要性に関するボフの強調については、cf. Boff, L., Trinity and

透しており、交流しているからである。三位格は、「区別によって一致がもたらされ、一致によって区別がもたらされているのである[43]」。

第三に、差異の尊重は、他者に対する開放性を意味する。ボフは、三位格の開放性を次のように説明する。「もし、神が一者だけであるなら、その一者性において孤独と集中しか存在しない。もし、神が二者なら、御父と御子のみの二者なら、（一方が他方から区別されているという点で）分離が起こり、（一方は他方ではないという点で）排斥が起こる。しかし、神は三者であり、三位一体である。そして、三者であることは孤独を回避し、分離を克服し、排斥を凌駕する。三位一体は、（御父における）同一性、（御子における）同一性の差異、（聖霊における）差異の差異化を可能にしている。……この第三の存在である聖霊こそ、差異化であり、開放性であり、交流である。三位一体は包含的である。それは、（御父と御子という二元性において）分離されたもの、排斥されたものを一つにするからである[44]」。三位格は相互の差異を受容し、そうして本質的に相互に対して開放的になり、他の位格との間で相互に浸透することができ、三位一体の共同体を形成するのである[45]。各々の位格のこうした開放性は、その内面性と共在している。ボフはそのことを「（その存在論的側面における意識である）内面性（interiotiry）と（自由と倫理的次元である）他者に対する開放性とは、位格に固有の存在様式（mode of being）を構成している」

Society, pp.3, 5-7, 11.

43　Boff, L., Trinity and Society, p.82. Cf. Boff, L., Trinity and Society, p.144.

44　Boff, L., Trinity and Society, p.3.

45　Cf. Boff, L., Trinity and Society, p.23. Cf. also Boff, L., Trinity and Society, p.130:「他者に対する開放性のみが、他者との交流と関係を可能にし、他者との共同体の形成を可能にする」、また pp.4f.:「交流（Communion）とは、何か『との一致（union with = communio）』を意味する。三位格の間にのみ一致が存在しうるのは、位格のみが本質的に他の位格に対して自己を開放し、他の位格と共に存在し、他の位格のために存在するからである」。Cf. Boff, L., Trinity and Society, p.115.

と論じている[46]。位格の一致へ向けての開放性と各々の位格の内面性とは、共に三位一体の共同体に必須のものなのである。

第四に、三位一体の共同体における生と愛は、相互関係にある。ボフによると、御子の産出と聖霊の発出は、「三位格の間には相互関係がある」ことを意味し、「その関係はある位格が他の位格に対して持つ秩序、三位格の間の結び付き」を表している[47]。御父と御子と聖霊の各位格は、他の位格のために、他の位格によって、他の位格の中に、他の位格と共に存在し、「全体的な相互性、愛の関係の直接性」を保持しており、「どの位格もそれ自身のためだけに存在することはない。常に永遠に相互関係を保持している。御父は御子を持っているので、御父なのであり、御子は御父を持っているので、御子なのである。聖霊は、その愛において御父が御子をもうけ、御子が御父に応答するので、聖霊なのである。……この愛である聖霊は、御父と御子を愛し、永遠に由来し永遠に続く交流と交換において御父と御子から愛される。位格が位格として存在するのは、その相互の永遠の関係のためである」[48]。この相互的な愛の関係が三位格を一つにするのである。ある位格の一方的な愛は、三位一体の均衡を崩すことによって、その一体性を危険に陥れることになるからである[49]。

46　Boff, L., Trinity and Society, p.89.

47　Boff, L., Trinity and Society, p.91. Cf. Boff, L., Jesus Christ Liberator, p.18: 愛は単に他者に対する開放性を意味せず、他者が自由に応答することを期待するものである。ボフはそのことを、「愛は、それ自身を伝達し、もう一人、つまり、汝、他者、相互性を要請する」と述べている。Cf. also Boff, L., Trinity and Society, p.129:「交流は、……相互に関係する最低二人の存在を前提とする。そして、二つの存在の相互性を前提とする」。

48　Boff, L., Trinity and Society, p.133. Cf. Boff, L., Trinity and Society, pp.127f.:「各々の位格の本質的性格は、他の位格のために、他の位格を通して、他の位格と共に、他の位格の中にいることにある」。Cf. also Boff, L., Trinity and Society, p.206.

49　Cf. Boff, L., Trinity and Society, p.84: 三位格が「位格として存在するのは、まさしく、生と愛の相互賦与のためである。……その一致は、相互交流による位格の一致である」。Cf. also Boff, L., New Evangelization, p.37:「神の位格の

第五に、三位格はその存在と生と愛において永遠に等しい。ボフは、基本的にニカイア・コンスタンティノポリス信条や偽アタナシオス信条といった世界教会的信条を受容している[50]。そしてそれ故、三位格の存在における本質的平等性を支持する。ボフが述べているように、三位格は「同時に共在し、そして三者は初めから共に永遠である」[51]。ここからボフは、真正なキリスト教に由来しないと考える三つの立場を否定する。第一の立場は、唯一神論である。三位一体の神は、唯一者の永遠の孤独の存在を説く唯一神論とは異なる。唯一神論では、唯一者以外の「すべての存在は、その唯一者に従属し、依存しなければならない。あらゆる種類の交流は、平等でない者たちの交流となってしまう」からである[52]。さらに、「厳密な唯一神論は、全体主義や、一人の手中への権力集中、政治や宗教における権力集中を正当化しうる」[53]。唯一神論は、唯一の神が崇高な君主、絶対的な家長として表現されるため、階級制度的、父権社会的な人間共同体を正当化しうる[54]。第二の立場は、多神論である。三位一体論は、「善悪に関して異なった程度と本質を持った神々の多元性を説く」多神論とも異なる[55]。この多神論は、深い相互浸透に基づく交流を保持していない神々の間の不平等な関係を作り出してしまう。第三の立場は、従属主義である。この従属主義においては、「御子と聖霊は御父に従属することになり、三位格の間に不平等な階級が生じてしまう」[56]。これらの立場に対して正統的な三位

交流と相互性が、各々の位格を唯一の神にする」。

50　Cf. Boff, L., Trinity and Society, pp.65-99.

51　Boff, L., Trinity and Society, p.4. Cf. Boff, L., Trinity and Society, p.173; Boff, L. & Boff, C., Introducing Liberation Theology, pp.51f.

52　Boff, L., Trinity and Society, pp.2f.

53　Boff, L., Trinity and Society, p.20. Cf. Boff, L., Trinity and Society, p.169; Boff, L., Cry of the Earth, Cry of the Poor, p.79.

54　Cf. Boff, L., Trinity and Society, pp.20f.

55　Boff, L., Trinity and Society, p.3.

56　Boff, L., Trinity and Society, p.4. ボフによると、不均衡の三位一体は、種々の社会において描写されている。父権主義的な社会は神を全能の父とし、よ

一体論は、三位一体の神は「唯一の源泉の一者ではなく三位格の一致であり、永遠に十分な交流を保ち、ある位格が他の位格に対して持つ優位性に基づいて、相互に区別を生じさせることはない」と教える[57]。すでに見たように、パトレクェ、フィリオクェ、スピリトゥクェという特徴を持つ御子の産出と聖霊の発出は、三位一体の均衡を意味しており、その均衡において「すべては三位格に関係しており、相互に浸透している。つまり、交流によって、すべては共有され、回送され、相互に受容され、一つとされる[58]」。このように、三位格は、その存在と同様に生においても等しい。それは、御子の産出と聖霊の発出が御父と関係しており、根源的に三位格の生は相互に関係しているからである。この相互浸透において、各々の位格は他の位格の生に永遠に、平等に、深く参与しているのである[59]。さらに、三位格は愛においても永遠に等しいと言えるであろう。三位格は「同じ知性と意志」に基づいて[60]、一方的な愛ではなく、相互に浸透するような深い愛によって結び付いているからである。

このように三位一体の神は、差異に対する尊重、他者に対する開放性、相互性、平等性を特徴とする相互浸透的な、生と愛の共同体である。それでは、この神の共同体は、人間の共同体にどのように関係するのであろうか。

り民主的、現代的社会はキリストを指導者や兄弟にし、カリスマ的な社会は聖霊を内的自己に関係づけるという傾向がある（Boff, L., Trinity and Society, pp.13-15.）。Cf. Boff, L., Trinity and Society, p.146.

57　Boff, L., Trinity and Society, p.22.

58　Boff, L., Trinity and Society, p.6.

59　Cf. Boff, L., Trinity and Society, p.123:「唯一の神の存在は、最も完全な交流と、絶対、永遠の参与から成り立っている。三位格の一致は、聖なる三位一体の中の交流と相互浸透の無限の活力を表現している」。

60　Boff, L., Trinity and Society, p.116. Cf. Boff, L., Trinity and Society, p.173.

5. キリストにおける神性と人性の交流

生と愛に満ちた三位一体の共同体は、閉鎖的な有機体ではない。三位一体の生と愛は豊富に溢出し、迸出するものなので、三位格はその共同体とは異なるものにまで、つまり造られた宇宙、特に、人間にまで開放的に達する。[61] 三位一体の共同体は「外的に自己を開放し、人間と全宇宙を自己の神的生命の中へと招き入れる[62]」。人間に達し、人間に意志の伝達をするために、三位一体の神は御自身に関する情報を人間に送ることをせず、また単に御子を人間に送らず、御子を人間に与えたのである。「神の全体的な意思伝達は、『言葉』と呼ばれる『御子』によるからである[63]」。御子を人間に与えることによって、神は「私たちに対して交流と愛の提案をしているのであり、神との一致の提案をしているのである[64]」。

この意志伝達と交流を可能にするものは、根源的に御子における神性と人性との交流である。[65]「イエス・キリストにおいて、神と人という二つの性質は共在しており、御子の位格において一つとなっているので、一方の性質の固有性は他方の性質の固有性と相互交換可能である。……その二つの性質は、融合や混合をすることなく相互に浸透しており、神の性質は人間の性質をまとい、それぞれの性質が同じ神の性質全体を保持しており、こうして真の相互浸透を生み出している[66]」。御子におけるこの完全な相互

---

61 Cf. Boff, L., Trinity and Society, p.173. Cf. also Boff, L., Trinity and Society, pp.3, 95, 104, 221.

62 Boff, L., Trinity and Society, p.6. Cf. Boff, L., Trinity and Society, pp.16, 23, 104.

63 Boff, L., Jesus Christ Liberator, p.260.

64 Boff, L., Jesus Christ Liberator, p.254.

65 Cf. Boff, L., Trinity and Society, p.136.

66 Boff, L., Trinity and Society, p.136. Cf. Boff, L., Jesus Christ Liberator, p.181:「イエスにおける両性の一致は徹底しており、神性と人性のどちらもその本質と現実を喪失しない。イエスにおける神性と人性の一致は極めて深遠なものであり、イエスの神性の中に人性を見いだすことが可能であり、イエスの人性

浸透的一致において、「神の提案と人間の応答の完全な一致が達成されており、言語に絶する神の意思伝達に応じて、一人の人が神に対して自己を開放したのである[67]」。

再びこの一致は、キリストにおいて内的に閉鎖されたものではない。それは、外的に人間に対して開放されており、浸透されるものである。「世界と神とは、単純な対立や区別というよりも、むしろ一種の相互浸透（perichoresis）と見なされるべきである[68]」。御父なる神と相互浸透をしているこの御子において、人間は神と相互浸透的に関係し、神の「息子や娘（sons and daughters）」となるのである[69]。聖霊もこの出来事に無関係ではない。御子の産出において働いている聖霊は、御子の受肉においても働いている。そして、ボフが論じているように、「霊は、私たちが受肉した御子に倣って、神の息子や娘として生きるようにする。……霊の働きは、御子なる神が歴史をそのあらゆる変化と共に受容し、その歴史を聖なる歴史、祝福された三位一体の神の歴史にする過程である受肉の意義を永遠に実現することにある[70]」。聖霊は、人間が受肉した御子に倣うことを助けること

の中に神性を見いだすことが可能である」。次の文も同様に重要である。「仲保者として彼は、人間と神から形成されている第三の現実ではない。このような現実は、キリストを半神半人にしてしまい、したがって、キリストは神を代表することも、人間を代表することもできない。人間の前で神の代表となり、神の前で人間の代表となるために、彼は全き神、全き人でなければならない」（Boff, L., Jesus Christ Liberator, p.237.）。ボフが次のように、現代量子物理学の成果の一つをキリスト論に応用している点も重要である。「すべての存在は、エネルギーとしての波であると同時に、物質としての粒子であるという事実は、私たちが同一のイエスのうちに人性と神性を同時に垣間見ることの助けとなる」（Boff, L., Cry of the Earth, Cry of the Poor, p.177.）。

67　Boff, L., Jesus Christ Liberator, p.255. Cf. Boff, L., Jesus Christ Liberator, p.17:「イエスは人間と世界の将来の姿であり、彼は神的なものとの交流を持とうとする宗教的願望の最大限の実現であり、肉をまとった神御自身なのである」。

68　Boff, L., Trinity and Society, p.113. Cf. Boff, L., Jesus Christ Liberator, p.256.

69　Boff, L., Trinity and Society, p.187.

70　Boff, L., Trinity and Society, p.193.

によって、人間を神の息子や娘とする。その結果、人間はお互いに対しては兄弟姉妹となるのである。もし、人間が兄弟姉妹であるなら、その人たちは御子の庇護の下に、そして究極的に三位一体の神の下に、自由で、平等な存在となるのである[71]。

三位一体の共同体は、特に神であり人でもある御子を通して人間と動的に関係する。それでは次に、この三位一体の共同体は、どのようにして人間の相互関係を変革し、神の共同体を人間の社会に反映させるのか。

6. 人間の共同体

この問題に取り組む前に、ボフが現代の人間社会の逸脱と描写するものに直面しよう。

第一に、ボフは、資本主義の弊害を指摘する。彼によると資本主義社会は、「常に国家統制の仕組みによって支持された個人主義的商業利益を追求する資産所有階級の独裁制を意味する。そのような体制は、歴史的に富者と貧者の間の、種々の人種の間の、男女の間の絶大な分離を生み出してきた。……資本主義は、こうした冒瀆的行為と共に、一者に基づく支配構造を促進している。つまり、この一者とは、一つの包括的な資本であり、一つの市場であり、一つの消費社会であり、一つの真の世界観であり、自然に対する一つの関係の持ち方であり、絶対者に出会う一つの方法である[72]」。資本主義は、人々の間に構造的に深刻な不平等な関係をもたらしており、すべてを包含する一つの組織が、個人と社会のレベルにおける種々の差異を矮小化しているのである。とりわけラテン・アメリカでは、事態は深刻である。そこの人々は、「まず、帝国主義的植民地政権に依存し、次に、拡大主義的欧州資本主義に依存し、今や多国籍資本主義に依存する

71　Cf. Boff, L., Faith on the Edge, p.114; Boff, L., New Evangelization, pp.22, 78, 89; Boff, L., Trinity and Society, pp.22, 120, 169.

72　Boff, L., Trinity and Society, pp.149f. Cf. Boff, L., Ecology & Liberation, p.96.

という恥辱」に苦悶している[73]。世界中、一枚岩的帝国主義と包括的資本主義が、商品の不平等、不均衡な分配を引き起こし、一方には富を、他方には貧困を作り出したのである[74]。

第二に、東欧に見られたような社会主義も、ボフの批判の矢面に立っている。ボフは、社会主義社会が「集団主義的に、つまり、人々の間の、また共同体の間の差異を受容する本質的な過程を経ずに」機能していると論じる[75]。この集団主義は、個人を抹殺する権威主義的慣行と関係がある。「社会主義は、個人を均質的で画一的な全体性へと包含する。個人を関係の中における差異として認識せず、その差異を保護しないのである」[76]。

ボフは、これらの社会が三位一体の神に受け入れられるものであるとは見なさない。「なぜなら、そこには殆どの人々の場が無いからである。そこでは、共有は殆ど無く、交流も少なく、貧者の上に過剰な抑圧がのしかかっている」[77]。このような不平等、不正な関係は、人種的、文化的、性的差別と共に、殆どの人から「人間の最小限の尊厳を確保するための基本的な必需品をすべて」奪取してしまう[78]。ボフは何度も強調して、生きている三位一体の神は、常に貧者、差別をされている人々、抑圧をされている

73　Boff, L., Trinity and Society, p.11.

74　Cf. Boff, L., Trinity and Society, pp.11f. Cf. also Boff, L., Faith on the Edge, p.114.

75　Boff, L., Trinity and Society, p.150. Cf. Boff, L., Ecology & Liberation, p.94. 解放の神学とマルクス、またはマルクス主義との関係については、cf. Boff, L., Ecology & Liberation, p.120:「マルクスは、解放の神学の父でもなければ、後援者でもない。解放の神学は、マルクス主義や社会主義を選択したことはない。貧者を選択したのである。解放の神学は社会主義を、被抑圧者の生活の向上と、その人々のための一層の正義の確保の手段と見なしたのである」(Cf. Boff, L. & Boff, C., Liberation Theology, pp.22f.)。

76　Boff, L., Trinity and Society, p.151. Cf. Boff, L., Saint Francis, p.79.

77　Boff, L., Trinity and Society, p.11. Cf. Boff, L., Cry of the Earth, Cry of the Poor, pp.67-69.

78　Boff, L., Jesus Christ Liberator, p.268. Cf. Boff, L. & Boff, C., Introducing Liberation Theology, p.62.

人々の側にいると言う[79]。神は、決してそのような人々を置き去りにはしない。そして、イエス・キリストにおいて、神はこのような人間の窮状に答えているのである。キリストは、人間の窮状に深く関与し、抑圧を身に受けたが、それは、被抑圧者をあらゆる疎外要因から解放するためである[80]。御子の関与は、イエスが実際に地上で生きたある地域、ある時代に限定されない。「復活こそ、イエスの交流と開放性を徹底的に表明している。復活前の地上のイエスは、時間と空間という座標軸の囚人であり、肉の体に限定されていた。しかし、今や復活によって、新しい人が出現したのである。もはや、限定するものは無く、全体的な宇宙的現存、あらゆる現実との交流が出現したのである。復活のキリストは、あらゆる現実を満たし、このようにして、他者における自己の存在、他者のための自己の存在を最大限に実現しているのである[81]」。聖霊もまた、被抑圧者の闘争に現存しており[82]、ペンテコステの出来事が聖霊の行為を明示しているように、聖霊は一致と多様性を持った新しい人間共同体の創造に不可欠の役割を果たしている[83]。

確かに、御子は「私たちに交流や愛の提案をし、御子との一致の提案をする[84]」。そして、聖霊は活発に人間の共同体を創造する。しかしこれは、御父と御子と聖霊が人間の共同体を創造するに当たり、別々に働い

79　Cf. Boff, L., Trinity and Society, p.124; Boff, L. & Boff, C., Introducing Liberation Theology, p.50.

80　Cf. Boff, L., Jesus Christ Liberator, pp.50, 61, 80; Boff, L. & Boff, C., Introducing Liberation Theology, p.53.

81　Boff, L., Jesus Christ Liberator, p.199. Cf. Boff, L., Faith on the Edge, pp.141f.; Boff, L., Passion of Christ, Passion of the World, pp.61, 63; Boff, L., Cry of the Earth, Cry of the Poor, p.181.

82　Cf. Boff, L. & Boff, C., Introducing Liberation Theology, p.55.

83　Cf. Boff, L., Trinity and Society, p.208. Cf. also Boff, L., Church: Charism and Power, pp.149, 162f.; Boff, L., Trinity and Society, pp.189-196; Boff, L., Cry of the Earth, Cry of the Poor, pp.166-169.

84　Boff, L., Jesus Christ Liberator, p.254.

ていることを意味しない。神は常に三位一体の神として働いており、三位一体の位格間の相互関係的共同体によって人間社会を変革する[85]。三位格のうちの一つの位格だけではなく、むしろ、三位格の共同体が全体として、人間の共同体の原型、基盤、モデル、パラダイム、パターンとなるのである[86]。つまり、「人間の社会は、『三位一体の神の痕跡（vestigium Trinitatis)』を宿しているのであり、それは三位一体の神が『神の社会（the divine society)』だからである[87]」。三位格の相互浸透的交流は、御子における神性と人性の相互浸透的交流を通して、相互浸透的に人間の共同体に関係しているのである。もし、そうなら、どのような人間の社会が三位一体の神によって創造されるのか。

ボフは、この点に関して極めて明快である。三位一体の神の相互浸透的理解は、「被抑圧者が抑圧からの解放を願望するという脈絡において、極めて示唆に富んでいる。被抑圧者は、個人の間の、そして、集団の間の差異を尊重しつつ、生活のあらゆるレベルでの参与のために、また公正で平等的な共有のために闘争している。この人々は、他の文化や価値観との交流を求め、歴史と自分たちの心の究極的意味である神との交流を求めている[88]」。人間の共同体は、愛すること、生きること、差異を尊重すること、他者に開放的であること、相互性と平等性を保持することといった三位一体の神の共同体に固有の性格を、人間の種々の相互関係の中において反映することができるのである。人間の共同体は、参与と交流の共同体となり

85　Cf. Boff, L., Trinity and Society, p.116:「人間は、三位一体の神の像と似姿において造られた。三位一体の神の内奥における愛と生と相互関係は、人間の相互関係と社会の種々の関係において反映されるのであり、すべての共同体の基盤である神の現実の一層忠実な反映となるように、現代の退廃的状況の変革を推進しているのである」。

86　Cf. Boff, L., Trinity and Society, pp.7, 11, 119, 120, 134, 163. Cf. also Boff, L., Ecology & Liberation, p.153; Boff, L., Liberating Grace, p.211.

87　Boff, L., Trinity and Society, p.119.

88　Boff, L., Trinity and Society, p.6. Cf. Boff, L., Trinity and Society, p.84.

うるのである。[89]

ボフの見解によると、このような人間の共同体を実現するためには、民主主義が好ましい。ボフのいう民主主義とは、「普遍的な精神と価値を持つものであり、これは、人間に対して一つの実現可能な将来を提供する。現在ラテン・アメリカの多くの集団において構想されている民主主義は、次の五つの基本的要素の共在とその闡明に基づいている」。[90]

(1) 参与（Participation）。参与とは、「新しい人間関係を確立し、いまだ経験したことのない状況を作り出す時に、その一端を担うこと」を意味する。[91]

(2) 連帯（Solidarity）。連帯とは、「自分自身と社会のために他者を受

---

89 Cf. Boff, L., Trinity and Society, pp.11, 15f., 19f. Cf. also Boff, L., Trinity and Society, p.224:「聖書において、人間は本質的に社会的であり、共同体の中に生きる存在である。……創世記は人間を、神の像と似姿において造られたものと表現している。今や私たちは神を、永遠の相互浸透における交流と愛と見なす。したがって、人間は授受の関係に基づく交流を確立することによって、三位一体の像となるのである」; Boff, L., Trinity and Society, p.93:「各位格の間には生命の完全な貫流と完全な平等がある。そこには、後先が無く、優劣も無い。そこにおいてすべては、伝達されえないもの、つまり、相互に区別を行うものを除いて共通であり、相互に伝達される。……これこそ、平等というユートピアの源泉である。差異に対する正しい尊重と十分な交流、そして、正しい関係が、社会と歴史において存在するからである」。

90 Boff, L., Ecology & Liberation, p.106. 次の引用については、cf. Boff, L., Ecology & Liberation, pp.106-108. Cf. also Boff, L., Trinity and Society, p.152:「基本的な民主主義は、人々の間の最大限可能な平等を追求するものであり、それは、人間の個人的存在と社会的存在に関係するすべてに参与する過程を進歩的に発展させることによって達成される。そして、平等と参与を超えて民主主義は、超越的な価値観、人生と歴史の最高度の意味を定義する価値観との交流を追求する」。

91 Cf. Boff, L., Trinity and Society, p.13:「歴史的解放とは神の充全な救済の時間における表現であり、それは、社会生活のすべての領域における、多くの人々による参与、人間の尊厳の向上、すべての人々のための最大限の機会提供において、実践的に表現される」。

容する力であり、他者の世界を維持するために、その世界に入る力である。特にこれは、その生と歴史においてひどい苦悩を味わっている人々、つまり、最も援助を必要としている人々との関係において保持される」[92]。

（3）　平等（Equality）。「参与と連帯の結果、社会の平等はより一層確保される。……個人が連帯の一端を担い、経験すればするほど、人間関係もそれに応じて対称的となり、したがって、一層人間的な関係が出現する」[93]。

（4）　差異（Difference）。「差異を受容し、保護し、促進することは、……あらゆる個人と文化の豊かさを構築することである。……個性を共有し、尊重することによって、差異が差別や不平等に退化することが阻止される」[94]。

（5）　交流（Communion）。交流とは、「人格的相互関係を確立する力で

92　Cf. Boff, L., Trinity and Society, p.149:「三位一体の神は被造物を包含することによって、三位格の存在を超えた開放的な交流を形成する。したがって同様にして、人間は、自分自身の人間関係に集中することによって、一層広範囲の、人間を超えた構造的関係を社会や歴史に対して維持するという理解を排除してはならない」。

93　Cf. Boff, L., Trinity and Society, p.151:「三位一体のモデルに由来する社会は、交わり、機会の平等、個人的・集団的表現のための空間の寛大な確保からなる社会である。すべてのことにおけるすべての人々の参与と交流を社会の基本構造とする兄弟姉妹の社会のみが、自分たちの社会は、宇宙の基盤、最終的な休息所である三位一体の神の（不完全ではあるが）像と似姿であると言う権利がある」。

94　Cf. Boff, L., Trinity and Society, pp.139f.:「キリスト教は神における区別を、神を複数化して三神論や多神論に陥ることなく、統合する。そして、この信仰の告白は、人間や社会に深く関係している。……三位一体の神は、私たちが種々の差異をそのままの状態で受容するようにし、神と宇宙の理想像を、生命の過程に関与する開放的な現実として描写させる。ここでは一致とは、差異の否定を意味せず、差異をすべて一つのものに収束させることを意味しない。一致とは、差異のあるものの交流、相互浸透を表す」; Boff, L., Jesus Christ Liberator, p.93:「彼［イエス］は、すべての人々をその個性において尊重する」。

あり、霊性を育成する力であり、……倫理的、美的、宗教的次元、つまり、人間の共同体を建て上げる全要因を正しく評価することを意味する[95]」。

人間がこのように相互に関係することができるように、三位一体の神は聖霊の力において、御子を通して、人間を神の共同体の中に招き入れる[96]。しかし、問題は依然として残る。神の三位格の間の相互浸透と御子における神性と人性の間の相互浸透が、完全であり、徹底しているのに対して、三位一体の神と人間の相互浸透、つまり、相互関係はそうではないからである[97]。三位一体の共同体と比較して、人間の共同体には常に不完全さが存在するのである。この不均衡を矯正するために、神は「古い世界を新しい世界と交換する」ことはなく、「神は古いものを新しくするのである[98]」。ボフによると、「教会基礎共同体（base church community）」と呼ばれるものが、ここで本質的な役割を果たす。

ブラジルの場合、教会基礎共同体は次の三点を背景として1955年から現れた[99]。第一に、「現代社会は、存在というものの乱暴な原子化、巨大組

95　Cf. Boff, L., Trinity and Society, p.158:「私たちは共に生き、三位一体の交流の中に入るように召されている。社会は、究極的に不正で不平等な人間関係の中に位置づけられているのではなく、三位一体の交流の中で獲得される開放的で、平等な関係へと変革されることが求められている。これこそ、社会と歴史の進歩の最終目標である」。ボフは、この交流（communion）が決して支配関係（dominion）に基づかないことを強調する（Boff, L., Trinity and Society, p.49.）。

96　Cf. Boff, L., Trinity and Society, pp.110, 134, 163; Boff, L., Liberating Grace, pp.178-183.

97　Cf. Boff, L., Trinity and Society, p.136.

98　Boff, L., Jesus Christ Liberator, p.135. Cf. Boff, L., Ecology & Liberation, p.47:「救済は、交換ではなく回復を意味する」。

99　Cf. Boff, L., When Theology Listens to the Poor, pp.9, 25f., 46f.; Boff, L., Saint Francis, pp.109-111; Boff, L., Church: Charism and Power, pp.8-10, 117-137. Cf. also Boff, L. & Boff, C., Introducing Liberation Theology, p.10:「ポルトガル語

織と官僚制の機構という歯車の中における人間の無名化を生み出した。これらの大規模な構造は、行動の統一性、社会的枠組みの統一性、計画や日程等の統一性を作り出す」[100]。第二に、ローマ・カトリック教会は、「高度に階級制度的な枠組みと、キリスト者の間の人間関係の法的な理解」を採用し、「それにしたがって、機械的な不平等と不公正を生み出した」[101]。第三に、地域の共同体に奉仕する叙階された教職者の不足が挙げられる[102]。こうした否定的要因に対して、構成員が実際に相互に知り合い、認め合っているような草の根キリスト教共同体が発展したのである。この共同体は、各々15から20の家族によって構成されており、週に一、二度集まり、自分たちの聖書理解を分かち合い、自分たちの抱える具体的諸問題の解決を試みる[103]。ここでは、「構成員は個人として認められ、自分の意見を持ち、名前を持った個人として歓迎される」[104]。この共同体は、通常の教会より規

の comunidade（スペイン語では comunidad）eclesial de base は、『教会基礎共同体（base church community）』、『キリスト教基礎共同体（basic Christian community）』、『草の根共同体（grass-roots community）』等と訳される。この共同体は、聖書研究、礼典、社会活動等のために集まった小さい集団で、通常、司祭を持たないが、訓練を受けた指導者がいる。教区よりも小さいこの共同体は、社会の『基礎（base）』を成しており、解放の神学の実践の場である」（Cf. also Waltermire, D. E., The Liberation Christologies of Leonardo Boff and Jon Sobrino, pp.9-11.）。「1968年のメデジン会議以降、この教会的現実は市民権を獲得しつつある。そして今日、疑いも無く、世界的な教会刷新運動の偉大な原理の一つである」（Boff, L., Ecclesiogenesis, p.4.）。ボフはまた、この現実が「小規模に具体化された真の、普遍的教会」であると認めている（Boff, L., Ecclesiogenesis, p.20. Cf. Boff, L., Church: Charism and Power, pp.10, 109, 118, 122, 126.）。Cf. also Boff, L., Ecclesiogenesis, p.37: この教会基礎共同体は、「教会内の運動」ではなく、「教会の基盤の中の、人々の中の教会そのもの」である。

100　Boff, L., Ecclesiogenesis, p.1.

101　Boff, L., Ecclesiogenesis, p.1. Cf. Boff, L., Ecclesiogenesis, p.46.

102　Cf. Boff, L., Ecclesiogenesis, p.2.

103　Cf. Boff, L., Church: Charism and Power, pp.125f.

104　Boff, L., Ecclesiogenesis, p.1.

模が小さいので、構成員は比較的容易に相互に深い交流を保持することができる。つまり、そこでは、「厳格な規則、階級制度、職能や資質や肩書きという区別に基づく枠組みの中で規定された関係」が存在せず、兄弟姉妹としての構成員の平等、参与、相互性、連帯が民主主義的に保持されている。[105]

この基礎共同体こそ「教会刷新の発酵の源」であり、「教会全体の永続的パン種」である。[106]ボフは、基礎共同体が「兄弟姉妹の交流、教会共同体、キリストの体、神の民という教会の概念を具体化することによって」、現在の教会を変革すると考える。[107]この点に関して、ボフは教会、特にローマ・カトリック教会の具有する次の二点を非難しているようである。

一つ目は、すでに見たように、教会の階級制度である。この構造において、「教会は、上意下達機関となる。教皇から司教へ、司教から司祭へ、司祭から修道士、修道女へ、そして、信徒へ。これが教会の公式であり、西洋において幾世紀もの間この制度が維持されてきた」。[108]これに対して、ボフは共同体としての教会像を強調する。共同体としての教会においては、性別、国籍、知性、社会的地位に関係なく、すべての構成員は教会に平等に参与し、責任を持つ。他方、異なった必要に応じて、異なった働きや奉仕が存在する。この共同体の各構成員は、教えること、癒すこと、助けること、指導することといった自分の独自の「賜物（charism）」を持っており、それぞれの賜物が共に働いて、共同体全体を建て上げるのである。[109]

二つ目は、「言語中心主義（logocentrism）」である。[110]教会は、西洋の伝

---

105 Cf. Boff, L. & Boff, C., Introducing Liberation Theology, p.59; Boff, L., Ecclesiogenesis, pp.4f.; Boff, L., Church: Charism and Power, pp.9, 128, 155.

106 Boff, L., Ecclesiogenesis, pp.6, 9.

107 Boff, L., Ecclesiogenesis, p.27.

108 Boff, L., Ecclesiogenesis, p.46.

109 Cf. Boff, L., Ecclesiogenesis, pp.28, 46, 93f. Cf. also Boff, L. & Boff, C., Introducing Liberation Theology, p.59; Boff, L., Church: Charism and Power, pp.45, 162f.; Boff, L., Trinity and Society, pp.106f., 154; Boff, L., New Evangelization, p.89.

110 Cf. Boff, L., New Evangelization, p.42.

統が長期間温存してきた言語中心主義の影響を深く受けてきた。これは確かに教会の一つの側面であり、教会はその教理の言語化に比較的専念してきたのである。この傾向の過度の強調に対して、ボフは沈黙の必要性を説く。三位一体の神とその神の被造物の神秘に直面した人間のできることは、ただ敬意を持って沈黙することだけである。人間には、それらを表現する十分な言語が無いからである[111]。しかし、この沈黙は決して単なる静寂主義ではない。ボフにとって、沈黙は実践のもう一つの面である。ボフは他の解放の神学者と同様に、貧者、被抑圧者のための実践こそ、そういう人々に対する単なる理論的状況解説より遥かに重要であることを強固に主張している。

ボフは、教会基礎共同体が、三位一体の神の共同体を原型とする人間の共同体を実現することが可能であり、教会を徐々に変革することが可能であると知っている。この変革を通して、教会自体が「聖霊の力において、すべての善の御父によって、御子の周りに集められた兄弟姉妹の共同体」となるのである[112]。このように、「教会は三位一体の神の交流に基づいて生き、その一体性を神の三位格の間の相互浸透から与えられるのである[113]」。

ボフの関心は教会内に限定されていない。むしろ、それはイエスの究極的目標であった神の国の確立にまで言及するほど、包括的なものである[114]。ボフによると、「『神の国』とは領域を意味するのではなく、神が行為をす

111　Cf. Boff, L., Trinity and Society, pp.8, 217.

112　Boff, L., Trinity and Society, p.22. Cf. Boff, L., Trinity and Society, p.153; Boff, L., New Evangelization, p.88.

113　Boff, L., Trinity and Society, p.225. Cf. Boff, L., 'Christianity with an Authentic Face,' p.161:「教会基礎共同体は、教会の四つの根源的性格に対して、顕著な貢献をした。つまり、御言葉（the word 信徒は聖書解釈と霊的研究の力を受け継いだ)、礼典執行（celebration 新しい礼典の創造と伝統的礼典の新しい解釈)、伝道（ministry 広範囲に及ぶ伝道、信徒の働き、賜物の興隆)、宣教（mission 極めて異なった仕方で、その場の社会状況に根づいた他の共同体の創造）に対する貢献である」。

114　Cf. Boff, L., Ecclesiogenesis, pp.49-51; Waltermire, D. E., The Liberation Christologies of Leonardo Boff and Jon Sobrino, pp.23f.

る方法、神が自己をすべての被造物の主となる手段を意味する。したがって、それは神を否定し、神に反逆するすべてのものからの解放を行い、神の最終的計画である、共有と連帯と正義の生を実現させる神の力の行使を示す」[115]。つまり、「神の国は、……世界、人間、社会のすべてを包括する。現実の全体が神によって変革されるのである」[116]。このような理解は、次の二点に繋がる。第一に、キリスト者であってもなくても、人間はすべて何らかの形で神の国を構成している。「すべての人は、キリスト者の兄弟姉妹である」[117]。そして、そのような者として、すべての人は神の国で自分自身の役割を担っているのである。第二に、人間の共同体を維持するために、人間は生態学的に、グローバルに意識化されなければならない。神の国は、キリスト者でない人々を包含するだけではなく、人間でない物、つまり、自然をも包含するのである。人間は、自ら創造しなかったものを乱用する権利はない[118]。自然を乱用し続けることによって、人間は人間の共同体の成立基盤を確実に破壊し続けているのである。したがって、共同体に対する言及がなされる時はいつでも、グローバルな生態学的共同体をも考慮に入れる必要がある[119]。

ボフの神の国理解は、確かにユートピア的に見えるかもしれない。しかし、ボフは、神の国の「ユートピア（utopia）」がキリストの復活によって

115　Boff, L., Trinity and Society, p.28. Cf. Boff, L., Trinity and Society, pp.167, 180. Cf. also Boff, L. & Boff, C., Introducing Liberation Theology, p.52:「神学概念や聖書概念の中で、この神の国の概念ほど、完全な解放の理想に近い概念は無い」。

116　Boff, L., Jesus Christ Liberator, p.55. Cf. Boff, L., Jesus Christ Liberator, p.239: 神の国は「人間を疎外するすべてのもの、病、死、そして特に、罪からの包括的で完全な解放である」。

117　Boff, L., Jesus Christ Liberator, p.77. Cf. Boff, L., Jesus Christ Liberator, p.76: 神の国において、「隣人と他人の区別はもはや存在しない」。

118　Cf. Boff, L., Ecology & Liberation, pp.30, 88.

119　ボフは、この共同体を「地球的共同体（planetary community）」とも呼ぶ（Boff, L., Cry of the Earth, Cry of the Poor, p.11.）。

「トポス（topos）」、現実となったと主張する[120]。キリストの遍在によって、三位一体の共同体が、あの世ではなく、この世の人間の共同体に現存することになったのである。このことをボフは、「神の国は、人間の現実の全体的、包括的、構造的変貌、革命である。それは、すべての悪が浄化され、神の現実に満ちた宇宙である。神の国は、あの世にあるのではなく、新しい世界に変革された古い世界なのである」と述べている[121]。さらに、神の国は将来の出来事でもない。「神の国は、単に将来において希望されるものではない。それは、イエスの行為においてすでに具体化されているのである[122]」。キリストは、この地においてすでに神の国を開始したのである。

ボフによると、神の国がこの地で徹底的に現実化し、古い世界を変革するために、つまり、全体的な解放が生起するために、「キリストは、二つの根源的な命令をした。彼は、個人的な回心を命じ、そして、人間の世界の再構成を要求した[123]」。「回心とは、自分の思考方法を変え、神に受け入れられる行動をすることを意味する。こうして、内的な革命が生起するのである[124]」。この回心は、各々の人にその取るべき分を与える正義への回心ではなく、むしろ、キリストのように、他者に自己を与える愛への回心である[125]。さらに、この愛の力は、人間が「律法主義、根拠の無い慣習、権威主義、人々を支配する権力からの」構造的解放を実現することを可能にする[126]。また、三位一体の神に由来する自然や存在するすべてのものとの関係において、人間は、人間を含むすべての存在が自己そのもののみにお

120　Boff, L., Passion of Christ, Passion of the World, p.66. Cf. Boff, L., Cry of the Earth, Cry of the Poor, p.199; Boff, L., When Theology Listens to the Poor, p.129; Boff, L., Faith on the Edge, pp.16, 155.

121　Boff, L., Jesus Christ Liberator, p.53. Cf. Boff, L., New Evangelization, p.78; Boff, L., Jesus Christ Liberator, pp.114, 121.

122　Boff, L. & Boff, C., Introducing Liberation Theology, p.54.

123　Boff, L., Jesus Christ Liberator, p.64. Cf. Boff, L., Faith on the Edge, pp.138f.

124　Boff, L., Jesus Christ Liberator, p.64.

125　Cf. Boff, L., Jesus Christ Liberator, pp.69, 71.

126　Boff, L., Jesus Christ Liberator, p.72.

いて充足しているのではなく、すべての物と人は相互的で、補完的であるという意識を深化させる必要がある。[127] このように「私たちは、無限の威光、無限の微小、無限の多様性を持つ被造物全体に対して、敬意、崇敬、同情、兄弟愛、姉妹愛、柔和、友好の態度を至急育成する必要がある」。[128] このような包括的な神の国の実現のために、ボフ自身は、特に、教会基礎共同体が活発な役割を果たすことを期待している。神の国のユートピアは、この教会基礎共同体において先取りされているからである。[129]

7. 結　論

ボフの共同体の概念は、広範囲に及び、かつ実践的である。共同体とは、三位一体の共同体から、御子における神性と人性の交流を通して人間の共同体と神の国までをも意味するものなのである。最後に、ボフの共同体の概念を批判的に評価することによって、彼の議論をまとめよう。

第一に、ボフの解放の神学の中心的主題は、「交流（communion）」であり、その成果である「共同体（community）」であり、この究極の原型は三位一体の神である。ボフによると、「交流とは、三位一体の神の神秘の最初で最後の言葉である」。[130] この交流の解説をするために、ボフは、「相互浸透（perichoresis）」や「フィリオクェ（と御子より Filioque）」といった三位一体論の幾つかの側面に焦点を当て、それらを発展させる。その際、ボフは「スピリトゥクェ（と聖霊により Spirituque）」や「パトレクェ

127　Cf. Boff, L., Ecology & Liberation, pp.87f.

128　Boff, L., Ecology & Liberation, p.90.

129　Cf. Boff, L., Ecclesiogenesis, p.9. Cf. also Boff, L. & Boff, C., Introducing Liberation Theology, p.93:「神の国の絶対的ユートピアを起点として、信仰は資本主義と社会主義に代わる新しい社会への道程を指示することによって、より充実した人間的な社会、自由で解放された社会の形成に貢献することができる」。

130　Boff, L., Trinity and Society, p.16. Cf. Boff, L., Trinity and Society, p.9:「初めに、交流（communion）がある」。

（と御父［に］より Patreque）」という用語を新たに導入し、三位一体論を徹底的に御父、御子、聖霊の均衡の取れた教理にしようとする。それによると、三位格は生きること、愛することにおいて、相互浸透的に交流しており、そのような者として、「御父が御父であること、御子が御子であること、聖霊が聖霊であるという事実を除けば、三位格は一つであり、等しい」[131]。つまり、御父には起源が無く、御子はもうけられ、聖霊は吹き出されるのである。この区別に基づいて一つなのである。したがって、「神が交流を保持しているのは、まさしく、神が三位一体の位格から成っているからである。三位格と一つの交流、そして、一つの三位一体的共同体（Three Persons and a single communion and a single trinitarian community）。これが、キリスト教の神を表現する最高の定式である」[132]。

第二に、ボフは、三位一体論を徹底的に実践的に解釈する。ボフが強調しているように、神は神自身において交流をしているという「信仰の真理を、社会的観点から見ると、『三位一体の神は私たちの真の社会のプログラムである』ということになる」[133]。交流や共同体として表現される三位一体の神の教理は、人間の共同体の真正なモデルを提示するのに役立つ。このモデルによると、人間は差異に対する尊重、他者に対する開放性、相互性、平等性といった三位一体の神の特質を持った、愛に生きる存在であり、そのような者として相互関係を維持しており、特に被抑圧者に対する配慮が重視される。生きている神、愛する神、交流を持つ神をボフが強調することと、この世である人々は肉体的のみならず、人間の尊厳という観点から見ても、死につつあり、無視され続け、孤立させられているという悲惨

131　Boff, L., Trinity and Society, p.88.

132　Boff, L., Trinity and Society, p.133. Cf. Boff, L., Trinity and Society, p.49:「三位一体の神に対する信仰は、三位格が永遠、無限の交流関係にあると理解する。したがって、私たちは、『三位格は一つの交流関係を形成している』と言うことができる」。Cf. also Boff, L., Trinity and Society, p.146.

133　Boff, L., Trinity and Society, p.16. モルトマンの History and the Triune God, p.xiii によると、ボフはこのテーゼをモルトマンから引き継いだ。

な事実とは、無関係ではない。三位一体論はある意味で、キリスト教における極めて複雑で、理論的な問題であるという側面を持つが、ボフはこの教理を現実の日常生活に応用する。「愛と許しと連帯に根差した価値観、抑圧的権力の放棄、他者の受容等を説くキリスト教は、本質的に、社会構造の中における共同体の精神（the communitarian spirit）の創造を志向している[134]」。ボフによると、現代西洋社会とその深い影響を受けたキリスト教に対して、「原始キリスト教は、極めて共同体的（communitarian）であった[135]」。この共同体の精神は、人間存在に関する一層グローバルで生態学的な意識へと繋がる。「動的な交流関係（communing）の結果、『私たちという意識（the us）』、現実の共同体（the actual community）が生まれる。それは、単に社会的、家族的、愛に満ちた共同体ではなく、私たちが一つの全体性の部分となるような存在様態としての共同体である[136]」。このような共同体とは人間の共同体に限定されるものではなく、グローバルな共同体にまで応用されうるものである。共同体とは、あらゆる規模、種類の共同体を包含する三位一体の神の共同体にその真の原型を持っているからである。

第三に、ボフは三位一体の神とその神によって創造された世界全体の神秘を前にして沈黙することの重要性を強調する。多作な学者であるボフは、三位一体の神とその神による被造物の現実は人間の表現力を超越したものであって、敬虔な沈黙がそれらに対する最後の言葉であることを悟っている[137]。「神は実際、実体（substance）でも、性質（nature）でも、本質（essence）でもない。神は、そのような範疇を超越している。したがって、

134　Boff, L., Ecclesiogenesis, p.6. Cf. Boff, L., Ecclesiogenesis, pp.5, 9, 93, 95; Boff, L., Church: Charism and Power, pp.15, 76, 119-121, 123, 125, 128, 133; Boff, L., Ecology & Liberation, p.160; Boff, L., 'Christianity with an Authentic Face,' pp.163f.

135　Boff, L., New Evangelization, p.42. Cf. Boff, L., New Evangelization, p.118.

136　Boff, L., Trinity and Society, p.131.

137　Cf. Boff, L., Trinity and Society, pp.217, 232; Boff, L., Passion of Christ, Passion of the World, p.113. Cf. also Boff, L., Cry of the Earth, Cry of the Poor, p.56. ボフはここで、この態度を、宇宙全体に対する態度にも適用している。

私たちがこれらの範疇を神の現実に応用する時、私たちは類比（analogy）と近似（approximation）によってそうしているのである」[138]。ボフによると、「私たちが、歴史における神の救いの業に関して見ているものは、つまり、世界の神秘として啓示される御父、受肉した御子、マリアに降り、私たちの心に注がれる聖霊は、三位一体の神の現実の在り方と呼応しているのである」[139]。ボフは、経綸的三位一体は、内在的三位一体であり、その逆も真であるというカール・ラーナーのテーゼを認める[140]。しかし、さらに続けてこう言う。内在的三位一体は、経綸的三位一体以上である。人間に啓示されているよりも一層多くのものが存在するのである[141]。このように、三位一体の神の神秘にのみ属しているものに対しては無知であることを自覚して、神の神秘と神に由来する世界全体の神秘に直面する人間は、畏敬の念を持って沈黙を守らなければならない。その結果として、人間は世界を、特に自然を、そのようなものとして注意深く取り扱わなければならない。人間と自然は相互依存的、補完的関係にあり、自然の危機は人間の危機に繋がるからである。すでに見たように、これらのことは、決して人間が静寂主義的に生きるべきであるということを意味しない。それどころか、人間は、特に被抑圧者を助け、乱用される自然を保護することによって、人間に啓示されたことを実践しなければならないのである。

ボフの議論は、その内的論理においてのみならず、その実践的側面においても首尾一貫しているように思える。しかし、次の三点は批判の対象となるであろう。

第一に、ボフは、ラテン・アメリカに三位一体論的交流の精神のみならず、三位一体論的支配を導入する傾向があるように思える。ボフは、ラテン・アメリカの土着の文化や宗教のアイデンティティーを回復させるた

138　Boff, L., Trinity and Society, p.86.

139　Boff, L., Trinity and Society, p.214.

140　Cf. Boff, L., Trinity and Society, p.214.

141　Cf. Boff, L., Trinity and Society, p.215.

めに、それらに対する尊敬の念を推奨している一方で[142]、「すべての文化は、すべての人々と同様に、三位一体の支配（reign）に属している。……種々の文化は、人間の幸福な完成を共有するであろう。その完成において、人間は三位一体の神の生命の中に完全に投入され、そこでは、神がすべての文化においてすべてとなる」と力説している[143]。ボフは、確かに「御父なる神は暴力の神ではなく、愛と自由の神であるから、神の支配は誰に対しても強要されない」と述べるが[144]、彼が三位一体論的宇宙論を熱心に説けば説くほど、三位一体論的交流は質的に三位一体論的支配に一層接近するのである。もし、そうなら、ボフの三位一体論は、彼自身が厳しく非難する「支配の文化（culture of domination）」と呼ばれうるであろう[145]。

第二に、ボフの議論では、平等性は三位一体の神の共同体の不完全な反映としての人間の共同体における最も重要な要素の一つである。三位一体の神の共同体における平等とは、三位格がすべてその存在と行為において本質的に等しいことを意味し、人間の共同体における平等とは、共同体における機会と参与の平等に基づいた兄弟姉妹の関係を意味する[146]。このキリスト教の共同体において、相互に奉仕することは必須の行為である。それは、ボフが、「イエスによると、階級制度（hierarchia）は、異教徒に固有のものであり、聖なる奉仕（hierodulia）こそ、キリスト者に固有のものである」と論じている通りである[147]。もし、そうなら、兄弟姉妹は、「同じ思いとなり、同じ愛を抱き、心を合わせ、思いを一つに」し、「へりくだって、互いに相手を自分よりも優れた者と考え」る必要がある（フィリ

142 Cf. Boff, L., New Evangelization, p.55.

143 Boff, L., New Evangelization, pp.37f.

144 Boff, L., Passion of Christ, Passion of the World, p.59.

145 Boff, L., New Evangelization, p.50.

146 Cf. Boff, L., Trinity and Society, p.151.

147 Boff, L., Jesus Christ Liberator, p.27. Cf. Boff, L., Passion of Christ, Passion of the World, p.18; Boff, L., Church: Charism and Power, pp.158f.

ピの信徒への手紙 2 章 2-3 節）[148]。兄弟姉妹は、決してここでは平等になれとは命じられておらず、お互いに謙虚になり、相手を自分よりも優れたものとして見なすように命じられているのである。その理由は、次の節から明示されている。「キリストは、神の身分でありながら、神と等しい者であることに固執しようとは思わず、かえって自分を無にして、僕の身分になり、人間と同じ者に」なったからである（フィリピの信徒への手紙 2 章 6-7 節）。ラテン・アメリカにおいて、政治的・経済的権利の平等は、人々に確保されなければならないものであるにしても、教会基礎共同体の構成員は同時に、御子に倣って、相互の平等性に固執せず、神の息子・娘として謙遜に相互に、また他者に奉仕することによって、神の支配に置かれた共同体の在り方を証しできるはずであるし、現に教会基礎共同体はそのような集団と言えよう。この点において、謙遜さが平等以上に強調される必要がある。

第三に、ボフの平等性の強調は、彼自身がカトリック教会に依然として属し続けていることとも矛盾するように思える。ボフは、特に「信仰者の万人祭司（the universal priesthood of the faithful）」に関して次のように論じる時、カトリックであるよりも、むしろ、プロテスタントであるという印象を強く残す。「教会においては、あらゆる差異の前に、根源的な平等性が来る。すべての人はキリストにあり、すべての人が聖なる民を形成し、すべての人が自分の和解の祭司職を保有している。……すべての人は神の民の構成員なのである。したがって、階級制に位置づけられている人と信徒の差異は、第一次的なものではなく、第二次的なものである。その差異は、基本的な平等性の中において、平等性に対する奉仕として、平等性の確立のためにのみ存在しうるものであって、人々を支配したり、人々から独立するような形で存在しうるものではない」[149]。さらに、すでに見たよう

148　ローマの信徒への手紙 12 章 10 節、ガラテヤの信徒への手紙 5 章 13 節参照。

149　Boff, L., Ecclesiogenesis, p.92. ルターの立場に関するボフの次の言葉は、ボフ自身の立場を指示していると言ってもよいであろう。「例えば、ルターは、

に、ボフは権威に依存するローマ・カトリック教会の垂直的、階級制度的、中央集権的政治構造を批判し、他方で、人々に参与の機会をより多く与え、民主的に運営する結果、変化と他者と未来に対して一層開放的なプロテスタント教会の政治形態に賛意を示す[150]。教会基礎共同体もまた、プロテスタンティズムの傾向を示している。基礎共同体は、「教会内の小教会(ecclesiola in ecclesia)」を思い起こさせる。「教会内の小教会」は「敬虔派の人々によって発展させられたもので、祈禱や聖書研究のためのキリスト者の小さな集会」を意味し[151]、17世紀末期から、ルター派正統主義に対する改革運動の拠点となったものである。ボフの神学的営為が進展するにつれて、彼は、階級制度、支配、権威といった特質を持つローマ・カトリシズムよりも、むしろ、参与と交流と自由に特徴づけられたプロテスタンティズムに一層接近していっているように思える。

ボフはカトリック教会には残っているようであるが、1992年6月26日司祭職を離れた。今後、ボフがどのような立場を取るかは分からないが、少なくとも一つのことは確かである。ボフは、どこにいようと、実践的な教会改革者であり続けるであろう。

要　旨

L. ボフは、現代ラテン・アメリカを代表する神学者の一人であり、彼の解放の神学における「共同体」思想は、三位一体の神の共同体、キリストにおける神性と人性の交流、人間の共同体を基軸に展開されている。三位一体の神は、御父、御子、聖霊において、差異に対する尊重、他者に対する開放性、相互性、平等性を特徴とする相互浸透的な、生と愛の共同体

新しい教会を作ることも、教会の体を分断することも望まなかった。それまでの他の人々と同様、彼は、教会という機関は、改革される必要があることを認識していたのである」(Cf. Boff, L., Cry of the Earth, Cry of the Poor, p.188.)。

150　Cf. Boff, L., Ecology & Liberation, pp.67f. Cf. also Boff, L., Ecology & Liberation, pp.71-74; Boff, L., New Evangelization, pp.84, 116.

151　Muller, R. A., Dictionary of Latin and Greek Theological Terms, p.100.

をなしている。この神は、特に神であり人でもある御子を通して人間と動的に関係し、三位一体を原型として形成される人間共同体は、参与、連帯、平等、差異、交流を特質とする新しい民主的共同体となりうる。「教会基礎共同体」は、これを実現する具体的形態であり、カトリック教会の階級制度、言語中心主義を矯正し、さらに神の国の一層の実現のための布石なのである。

キーワード

位格（person）　階級制度　解放の神学　カトリック教会　神の国　カリスマ　教会基礎共同体　教会内の小教会　共同体（の精神）　権力　交流（communion）　個人主義　コミュニタリアニズム　差異　産出　三位一体の神の痕跡（vestigium Trinitatis）　三位一体論　参与　実践　実体（nature or substance）　支配　資本主義　社会主義　集団主義　浸透（perichoresis）　スピリトゥクェ（と聖霊により Spirituque）　相互浸透（perichoresis）　賜物　沈黙　発出　パトレクェ（と御父［に］より Patreque）　万人祭司　平等　フィリオクェ（と御子より Filioque）　奉仕　レオナルド・ボフ　民主主義　ユートピア　カール・ラーナー　ヨゼフ・ラッチンガー　ラテン・アメリカ　連帯

文献表

Boff, L., Jesus Christ Liberator　A Critical Christology for Our Time, tr. by Hughes, P., (Maryknoll, New York: Orbis Books, 1978, originally 1972 in Portuguese)

Boff, L., Sacraments of Life　Life of the Sacraments　Story Theology, tr. by Drury, J., (Beltsville, Maryland: The Pastoral Press, 1987, originally 1975 in Portuguese)

Boff, L., 'Christ's Liberation via Oppression: An Attempt at Theological Construction from the Standpoint of Latin America,' Gibellini, R. (ed.), Frontiers of Theology in Latin America, tr. by Drury, J., (Maryknoll, New York: Orbis Books, 1979, originally 1975 in Italian), pp.100-132.

Boff, L., Liberating Grace, tr. by Drury, J., (Maryknoll, New York: Orbis Books, 1979, originally 1976 in Portuguese)

Boff, L., Ecclesiogenesis　The Base Communities Reinvent the Church, tr. by Barr, R.

R., (Maryknoll, New York: Orbis Books, 1986, originally 1977 in Portuguese)

Boff, L., Passion of Christ, Passion of the World The Facts, Their Interpretation, and Their Meaning Yesterday and Today, tr. by Barr, R. R., (Maryknoll, New York: Orbis Books, 1987, originally 1977 in Portuguese)

Boff, L., Faith on the Edge Religion and Marginalized Existence, tr. by Barr, R. R., (Maryknoll, New York: Orbis Books, 1991, originally 1978 & 1980 in Portuguese)

Boff, L. & Boff, C., Salvation and Liberation In Search of a Balance between Faith and Politics, tr. by Barr, R. R., (Maryknoll, New York: Orbis Books, 1984, originally 1979 in Portuguese)

Boff, L., Saint Francis A Model for Human Liberation, tr. by Diercksmeier, J. W., (New York: Crossroad, 1982, originally 1981 in Portuguese) = レオナルド・ボフ（石井健吾訳）『アシジの貧者・解放の神学』（エンデルレ書店, 1985）

Boff, L., Church: Charism and Power Liberation Theology and the Institutional Church, tr. by Diercksmeier, J. W., (New York: Crossroad, 1986, originally 1981 in Portuguese) = レオナルド・ボフ（石井健吾 / 井能哲大訳）『教会・カリスマと権力』（エンデルレ書店, 1987）

Boff, L., When Theology Listens to the Poor, tr. by Barr, R. R., (New York: Harper & Row Publishers, 1988, originally 1984 in Portuguese)

Boff, L. & Boff, C., Liberation Theology From Confrontation to Dialogue, tr. by Barr, R. R., (New York: Harper & Row Publishers, 1986, originally 1985 in Portuguese)

Boff, L. & Boff, C., Introducing Liberation Theology, tr. by Burns, P., (Maryknoll, New York: Orbis Books, 1987, originally 1986 in Portuguese) = レオナルド・ボフ / クロドビス・ボフ（大倉一郎 / 高橋弘訳）『入門　解放の神学』（新教出版社, 1999）

Boff, L., Trinity and Society, [Liberation and Theology 2], tr, by Burns, P., (Kent: Burns and Oates, 1988, originally 1987 in Portuguese)

Boff, L., New Evangelization Good News to the Poor, tr. by Barr, R. R., (Maryknoll, New York: Orbis Books, 1991, originally 1990 in Portuguese)

Boff, L., The Path to Hope Fragments from a Theologian's Journey, tr. by Berryman, P., (Maryknoll, New York: Orbis Books, 1993, originally 1991 in Portuguese)

Boff, L., 'I Changed to Stay the Same (Why I Left the Priesthood),' Boff, L. & Elizondo, V. (eds.), Concilium 1993/2 Any Room For Christ in Asia? (London: SCM Press, 1993), pp.144-148.

Boff, L., 'Christianity with an Authentic Face: Reflections on the Future of the Church in Latin America,' Kuschel, K. J. & Häring, H. (eds.), Hans Küng New Horizons for Faith and Thought, (New York: The Continuum Publishing Company, 1993), pp.152-167.

Boff, L., Ecology & Liberation A New Paradigm, tr. by Cumming, J., (Maryknoll, New

York: Orbis Books, 1995, originally 1993 in Portuguese）

Boff, L., Cry of the Earth, Cry of the Poor, tr. by Berryman P., (Maryknoll, New York: Orbis Books, 1997, originally 1995 in Portuguese）

Boff, L., 'Liberation Theology and Ecology: Alternative, Confrontation or Complementarity?' Boff, L. & Elizondo, V. (eds.), Concilium 1995/5 Ecology and Poverty, (London: SCM Press, 1995), pp.67-77.

Division of Christian Education of the National Council of the Churches of Christ in the United States of America, The Holy Bible containing the Old and New Testaments with the Apocryphal / Deuterocanonical Books New Revised Standard Version, (Oxford: Oxford University Press, 1989）

Moltmann, J., History and the Triune God Contributions to Trinitarian Theology, tr. by Bowden, J., (New York: The Crossroad Publishing Company, 1992, originally 1991 in German）

Muller, R. A., Dictionary of Latin and Greek Theological Terms Drawn Principally from Protestant Scholastic Theology, (Grand Rapids, Michigan: Baker Book House, 1985）

Waltermire, D. E., The Liberation Christologies of Leonardo Boff and Jon Sobrino Latin American Contributions to Contemporary Christology, (New York: University of America Press, 1994）

山田経三「現代世界における解放の神学の役割　レオナルド・ボフの貢献」『社会正義　11 号』（上智大学社会正義研究所，1992）1-16 頁

第2章　黒人神学——J. H. コーン

1. 序　論

本章の目的は、J. H. コーンの黒人神学における共同体思想を明示することにある。コーンを簡潔に紹介してから、コーンの主要著作に基づき、彼の黒人神学、黒い神、黒いキリスト、黒人共同体に関する思想を調べ、彼の黒人神学における共同体思想の中心的役割を解明しよう。

2. J. H. コーン (James H. Cone)

J. H. コーンは、自分の両親とマセドニア・アフリカン・メソジスト監督教会（Macedonia African Methodist Episcopal Church）の人々が、「黒人の人間性のサバイバルそのものにとって本質的なもの」を所有しており、その人たちが、自分の「神学の唯一可能な出発点」であると告白している。[1] そこで、まずコーンのこの出発点を見ておこう。

コーンは、1938年アメリカのアーカンソー州リトルロックの南西約60マイルの所にあるフォーダイスで、白人に非妥協的な父と信仰深い母のもとに生まれ、フォーダイスから14マイル離れたビアーデンで育てられた。[2]

1　Cone, James H., God of the Oppressed, pp.12f. Cf. Cone, James H., Speaking the Truth, pp.77f.:「信仰の黒人共同体は、被抑圧者の傷を癒し、正義を確立する方であるイエスの神と私が実存的に邂逅する機会を提供してくれた」。Cf. also Cone, James H., God of the Oppressed, p.xix.

2　以下については、cf. Cone, James H., God of the Oppressed, pp.1-5. また、コ

ビアーデンは、約800人の白人と約400人の黒人の住む小さな共同体で、白人と黒人というこの二つの調停し難い現実は、コーンの心に鋭い印象を与えた。一方で、黒人教会は、黒人のリズムと感情を通して人生の本質をコーンに触れさせ、コーンは教会での祈禱、讃美、説教を通して神の現存を経験した。これによってコーンは、自由や天国、この世界を超越した現実を渇望した。コーンはこのような現実に対して、10歳の時に教会員となり、16歳で牧会の道に入るという形で応答した。教会との深い関係を通して彼は、この黒人教会が人生の矛盾に悩む黒人を助け、この社会においてさえ生きる意味を創造できるようにしているということを悟った。他方、コーンによると、黒人に対して過酷な現実を突きつける社会を形成しているのは白人である。教会にも集うキリスト者の白人は、神が黒人を白人の下僕として創造したと黒人に信じさせようとし、黒人に土地を耕すこと、家を清掃すること、芝を刈ること、製材所で働くことを期待していた。つまり、白人は神の名において、黒人から黒人の生きる意味を剝奪していたのである。

実践のみならず、学識においてもコーンは、キリスト教に関与していった。大学における学問的圧力のゆえ、「黒人共同体」に関する博士論文を書くことは断念したものの、カール・バルトの人間論に関する博士論文を書き上げ、1965年に正式な教育を終えたが、それと並行してコーンは、大学で教える経験を通して、西洋神学の内容と黒人の日常生活の必要性との間に深淵な乖離が存在することを実感した。社会、教会、そして神学の領域においてさえ白人が支配的であることに対して、コーンは黒人という自分自身の視点から神学を再構築するために立ち上がった。そして、この再構築と共に、キリスト教に関する自分の確信を社会の中で実践していた。この実践の背景には、1950年代の公民権運動や1960年代のブラックパワー、さらには北米での400年近い隷属、隔離状態といった現実が

ーンの神学的自伝として、cf. Cone, James H., My Soul Looks Back.

あった[3]。コーン自身が述べているように、彼の主著『黒人解放の神学（A Black Theology of Liberation）』を書き始めた時、彼は正義のための黒人による闘争に深く関与していた[4]。この本によって彼は、「黒人宗教の意味に対して正式かつ組織的な表現を与え、それを黒人革命という状況の中に位置づけた最初の神学者」と呼ばれ[5]、その後も彼は、黒人霊歌や物語という形態で表現された黒人の経験を活用することによって、黒人神学を一層豊かなものにしている。

3. J. H. コーンの黒人神学

コーンにとって神学とは何か。コーンにとって神学は何を意味するのか。彼の神学の意味を、彼が神学と見なさないものとの対比において解明しよう。

第一に、コーンによれば、神学は神に関する普遍的な言語ではなく、人間の状況によって規定される、神に関する言語である[6]。神は確かに人間に対して普遍的な存在かも知れないが、神は神学をしない。人間が神学をするのである[7]。神がイエス・キリストにおいて人間となったことに基づいて、人間は人間という視点から神に関して語ることができるのである[8]。このように神学は、特定の人間の生きる特定の時と所、つまり「状

3　Cf. Cone, James H., A Black Theology of Liberation, p.xi; Cone, James H., For My Peopie, pp.6-8; Cone, James, H., 'Black Theology and Black Liberation,' Cone, James H. & Wilmore, Gayraud S. (eds.), Black Theology　A Documentary History　Volume One: 1966-1979, pp.108f.

4　Cf. Cone, James H., A Black Theology of Liberation, p.xi.

5　Cone, James H., A Black Theology of Liberation における C. E. リンカーンの推薦文による。

6　Cf. Cone, James H., A Black Theology of Liberation, p.xi.

7　Cf. Cone, James H., A Black Theology of Liberation, p.xix. Cf. also Cone, James H., Speaking the Truth, p.58.

8　Cf. Cone, James H., Speaking the Truth, p.8.

況（context）」に常に関係している[9]。

第二に、第一の点と関係して、神学は中立的ではなく、特定の状況に傾倒する[10]。コーンによると、「革命的な状況においては、党派に属さない神学（nonpartisan theology）は決してありえない。神学は常に、特定の共同体と一体となる[11]」。この共同体は、人種差別の社会に位置しており、その社会において「神は決して色に対して無知（color-blind）ではない[12]」。神は、正義と不義、善と悪に対して無知ではないのである。正義なる神は、被抑圧者や貧者の側にいる[13]。したがって、被抑圧者の神は黒人共同体の側にいる。

第三に、神学は個人主義的な学科ではなく、共同体論的な（communitarian）視点を提示する学科である。もし、神学が黒人共同体に傾倒するのなら、神学は「究極のものに対する共同体論的な見解」を提示する[14]。神学は、ある特定の個人によって個人主義的な視点からなされるのではなく、共同体において共同体論的な視点からなされる。「この点こそ、神学を宗教哲学から区別する点である。宗教哲学は、ある共同体に傾倒しない……。これとは対照的に神学は、神学の形成される共同体から分離されえない[15]」。

第四に、神学は抽象的な概念操作ではなく、具体的、情熱的実践である。抽象的、理論的概念を弄ぶ傾向のある宗教哲学や現代の白人神学と異なり、黒人神学は抑圧された黒人共同体における神の解放の行為を実現するため

9　Cf. Cone, James H., A Black Theology of Liberation, pp.xi, xix; Cone, James H., God of the Oppressed, p.36.

10　Cf. Cone, James H., A Black Theology of Liberation, p.4. Cf. also Cone, James H., A Black Theology of Liberation, pp.40, 70, 120; Cone, James H., For My People, pp.28f.

11　Cone, James H., A Black Theology of Liberation, p.6. Cf. Cone, James H., A Black Theology of Liberation, p.94.

12　Cone, James H., A Black Theology of Liberation, p.6.

13　Cf. Cone, James H., Black Theology and Black Power, p.36.

14　Cone, James H., A Black Theology of Liberation, p.1.

15　Cone, James H., A Black Theology of Liberation, p.8.

の実践的な研究である[16]。コーンが強調しているように、「『アテネはエルサレムとどういう関係があるのか』というテルトゥリアヌスの質問は、私たちの中心的な質問ではない。テルトゥリアヌスの関心は、神学の論述において、理性より信仰が第一義的であることを述べる点にあった。私たちには別の関心事があり、私たちの文化の歴史という観点からその質問を言い換えなければならない。『アフリカはエルサレムとどういう関係にあるのか。そして、イエスは、北米で抑圧されているアフリカの人々にとって、どういう意味があるのか』[17]」。コーンは、具体的にアフリカと北米で抑圧されているアフリカの人々に関心があり、イエスを苦しむ人々に情熱的に関連づけようとしている[18]。

第五に、神学は単に霊的解放のみならず、経済的、政治的、社会的解放に参加する[19]。苦しむ黒人は霊的に苦闘しているかもしれないが、むしろ黒人は、自分たちに敵対的な経済的、政治的、社会的構造に起因するおぞましい抑制の中で苦しんでいる。まさしく、黒人の生活は社会の全側面に巻き込まれているため、神学はそれらに参加し、全面的な解放を実現しなければならない。

ここで、コーン自身の言葉を引用して神学の定義をまとめよう。「キリスト教神学は、解放の神学である。それは、抑圧された共同体の実存的な状況という観点から、世界における神の存在を理性的に研究する。そして、解放の力を福音の本質、つまりイエス・キリストに関係づける[20]」。コーン

---

16 Cf. Cone, James H., A Black Theology of Liberation, pp.3, 10, 59; Cone, James H., God of the Oppressed, p.34; Cone, James H., Speaking the Truth, p.10.

17 Cone, James H., God of the Oppressed, p.15.

18 Cf. Cone, James H., A Black Theology of Liberation, p.18. Cf. also Cone, James H., A Black Theology of Liberation, p.17:「黒人神学は、サバイバル神学であるため、被抑圧者の傷の深みと一致した情熱を持って語らなければならない」。

19 Cf. Cone, James H., A Black Theology of Liberation, p.3.

20 Cone, James H., A Black Theology of Liberation, p.1. Cf. Cone, James H., Black Theology and Black Power, p.117; Cone, James H., A Black Theology of Liberation, pp.v, 4f.; Cone, James H., God of the Oppressed, pp.7f.; Cone, James H., Speaking

にとって本質的に重要なことは、北米において抑圧されているということと、黒人であるということの密接な関係である。「人々が黒人であるために、抑圧されている社会では、キリスト教神学は黒人神学とならなければならない」[21]。コーンの神学は、北米における被抑圧者との一致から登場し、黒人の状態という観点からイエス・キリストの福音を解釈しようとする点で、特定の神学である[22]。しかしこれは、コーンの神学が状況の変遷に完全に左右される一過性の流行神学の一つであることを意味しない。コーンは、黒人神学の資料と規範を明示することによって、一つの真正な神学を再構築するために、まず神学方法論を検討する。

「資料（sources）」でコーンが意味していることは、ある神学の特質を決定する形成要因である[23]。コーンは、黒人神学の資料として次の六点を挙げる[24]。

（1）　黒人の経験。黒人の経験は、白人の人種差別という組織の中での屈辱と苦難の生活である[25]。この経験は、「赤子が拷問を受け、女性が陵辱され、男性が撃たれる」という状況にあるように、現実的、具体的なものである[26]。

---

the Truth, p.4; The Committee on Theological Prospectus, The National Committee of Black Churchmen, 'Black Theology Statement by the National Committee of Black Churchmen, June 13, 1969,' Cone, James H. & Wilmore, Gayraud S. (eds.), Black Theology A Documentary History Volume One: 1966-1979, p.38.

21　Cone, James H., A Black Theology of Liberation, p.v.

22　Cf. Cone, James H., A Black Theology of Liberation, pp.4f.

23　Cone, James H., A Black Theology of Liberation, p.21. Cf. Cone, James H., 'Black Theology and Black Liberation,' Cone, James H. & Wilmore, Gayraud S. (eds.), Black Theology A Documentary History Volume One: 1966-1979, pp.110-112.

24　コーンが Cone, James H., A Black Theology of Liberation, p.29 で述べているように、この順序は重要性の順序ではない。

25　Cf. Cone, James H., A Black Theology of Liberation, p.23.

26　Cone, James H., A Black Theology of Liberation, p.24. Cf. Cone, James H., God of the Oppressed, pp.16-28.

（2） 黒人の歴史。黒人の歴史は、アフリカから北米への移送から現代の人種隔離に至るまでの隷属の歴史である。[27] この歴史を通じて、黒人は「非人間（non-persons）」であるかのごとく扱われてきた。

（3） 黒人の文化。文化とは、人々がこの世界に生きる様式のことである。文化は、人々の思考方法を形成する。黒人の文化は、音楽、詩作、物語、その他の芸術形式をまとって、黒人共同体の中で表現される。[28]

（4） 啓示。啓示とは、ヤーヴェが出エジプトにおいてなしたこと、イエスが被抑圧者のためになしたこと、そしてさらに、復活したイエスが現在黒人共同体にすることである。[29] 啓示は、黒人の経験、歴史、文化に見られるように、具体的に共同体において明示される。[30]

（5） 聖書。聖書は、神の啓示に対する特殊な証言であり、この証言は、神が解放の神であることを指摘する。[31] この聖書は、「それを読むことによって、共同体が復活したイエスに邂逅することができ、それゆえ、すべてのことを地上での自由のために危険に晒すように促される」という意味で、霊感されている。[32]

（6） 伝統。伝統とは、キリスト教の特質に関する、教会の神学的考察の歴史的蓄積である。[33] しかし、黒人神学は、「真正な福音の精神が、しばしば『正統的』な伝統よりも、『異端者たち』によってよりよく

---

27 Cf. Cone, James H., A Black Theology of Liberation, p.25.

28 Cf. Cone, James H., A Black Theology of Liberation, p.27; Cone, James H., For My People, pp.117f.

29 Cf. Cone, James H., A Black Theology of Liberation, pp.29f.

30 Cf. Cone, James H., A Black Theology of Liberation, p.29.

31 Cf. Cone, James H., A Black Theology of Liberation, p.31. Cf. also Cone, James H., God of the Oppressed, pp.28-35. ここで重要なことは、「白人の根本主義者とは対照的に、黒人説教者は、聖書の言葉の奴隷になったことはない。聖書のテキストは、人々の実存と一致した解釈のための出発点として役立ったのである」（Cone, James H., The Spirituals and the Blues, p.37.）。

32 Cone, James H., A Black Theology of Liberation, p.33.

33 Cf. Cone, James H., A Black Theology of Liberation, p.33.

表現されている」ことを主張する。[34]ルター、カルヴァン、ウェスレーといった『正統的』な神学者たちは、被抑圧者と奴隷の徹底的な擁護者ではなかったからである。黒人神学は第一に、アメリカにおける黒人教会の歴史に依存し、第二に、西洋の白人のキリスト教に依存する。黒人の聖職者たちが自由と平等を説いたのに対して、アメリカの白人教会は誤った聖書解釈に基づいて奴隷制を正当化したからである。[35]

これらの六つの点は、次の二点に集約することができる。黒人の伝統（黒人の経験、歴史、文化）とキリスト教の伝統（啓示、聖書、伝統）である。コーンがこのキリスト教の伝統に関して、一般の神学者と徹底的に異なる点は、コーンが「正統的」なキリスト教を拒否する点である。「正統的」と言われるキリスト教は、教理において正統的とされているが、コーンにとっては実践においては言わば異端的なのである。このような「正統的」なキリスト教に対して、コーンは上記の資料に依拠した聖書解釈に基づいて、聖書で表現されている神は解放の神として最もよく表現されることを論証し、この聖書の伝統を黒人の伝統に関連づけようとする。

コーンは、自分の再構築が個人的、恣意的なものではないことを示すため、神学の「規範（norm）」に言及する。神学の規範とは、「資料の重要性を判別し、妥当なデータと妥当でないデータを区別することによって、資料がいかに使用されるかを明示する時に決定的な役割を果たす解釈原理」である。[36]規範は、特定の神学者にではなく、共同体自体に、特に、ヤーヴェとイエスにおいて実現した神の啓示と邂逅した黒人共同体に由来しなければならない。[37]どのような点で、黒人共同体と神の啓示は相互に

34　Cone, James H., A Black Theology of Liberation, p.34.

35　Cf. Cone, James H., A Black Theology of Liberation, pp.34f.

36　Cone, James H., A Black Theology of Liberation, p.35. Cf. Cone, James H., A Black Theology of Liberation, pp.21, 60f.

37　Cf. Cone, James H., A Black Theology of Liberation, pp.36f. Cf. also Cone, James

邂逅するのか。コーンにとって、ここで重要な用語は、「解放」である。

コーンは、「解放」の神が旧新約聖書の中心的主題であると考える。ヤーヴェがイスラエルの民を神の民として選んだという事実（出エジプト記 19 章 4-5 節）は、イスラエルの民がエジプトで抑圧されていたという状況と関係がある。このことは、「神がイスラエルの民の歴史にかかわり、その民を隷属状態から解放する被抑圧者の神として啓示されている」ことを示している[38]。イスラエルの歴史の後期においても神は引き続き、特にイスラエルの共同体の中の被抑圧者に配慮し、イスラエルの共同体に正義をもたらすために預言者を送った[39]。したがって、コーンはこの視点を神学に導入する。「神学は究極的な現実に関する理性的な論述であるだけではなく、明確に、強勒に、妥協なく語らなければならない神の正義に関する預言的な言葉でもある[40]」。神が正義を実現するためにイスラエルの共同体に預言者を送ったように、神学は白人に抑圧されている黒人共同体に正義を回復するため預言的な言葉を送らなければならないのである。

「解放」という主題は、イエス・キリスト自身によっても肯定されている（ルカによる福音書 4 章 18-19 節）。富める人、権力のある人とのイエスの対立、そして、貧しい人、弱い人の中でのイエスの宣教は、「イエスの働きが被抑圧者の解放を目的とするものであった」ことを示している[41]。

H., A Black Theology of Liberation, p.38:「黒人神学の規範は、二つの現実を深刻に受容しなければならない。実際、それは一つの現実の二つの側面であり、黒人の解放とイエス・キリストの啓示である」。

38　Cone, James H., A Black Theology of Liberation, p.2. Cf. Cone, James H., God of the Oppressed, pp.57-66; Cone, James H., Speaking the Truth, p.5.

39　Cf. Cone, James H., A Black Theology of Liberation, p.2. ここでもコーンは、「神の義は、ギリシャ哲学にあるような神の存在における抽象的な特質ではなく、むしろ、歴史に積極的に介入し、人間の間違いを正す行為である」と強調している（Cone, James H., A Black Theology of Liberation, p.2. Cf. Cone, James H., Black Theology and Black Power, pp.43f.）。

40　Cone, James H., A Black Theology of Liberation, p.xii.

41　Cone, James H., A Black Theology of Liberation, p.3. Cf. Cone, James H., Black Theology and Black Power, p.35; Cone, James H., A Black Theology of Liberation,

被抑圧者の解放が、イエスの宣教の出発点である[42]。この宣教においてイエスは、真理を物語の形態で語った。イエスにとって、「神の真理は、抽象的な律法ではなく、歴史に発生する神の救いの出来事だからである」[43]。イエスが物語の語り手であったということは、黒人神学にとって重要な意味を持つ。黒人は、自分たちの宗教思想を物語の形態で語るからである[44]。その物語には二つの段階がある。第一に、アフリカでの思い出、北米への移送、奴隷や差別の経験といった黒人全体に関する話がある。第二に、闘争における個人的な勝利に関する話があり、これは奴隷の物語や個人の証言に記録されている[45]。したがって、このような黒人の伝統の上に再構築された黒人神学は、「抑圧という極度の状況の中で解放のために戦った黒人の物語」から成り立っている[46]。

このように聖書の伝統と黒人の伝統に共通する二つの特徴がある。第一の特徴は、聖書に登場する人物と黒人の被抑圧的状況であり、第二の特徴は、このような被抑圧的現実の表現とその克服の方法として物語を語ることである。黒人神学は、聖書の伝統と黒人の伝統を一つの物語に織り込んだ神学である。次に、この神学によって提示される神のイメージを検討しよう。

---

p.5; Cone, James H., God of the Oppressed, pp.66-74.

42　Cf. Cone, James H., A Black Theology of Liberation, p.19.

43　Cone, James H., God of the Oppressed, p.86. 例えば、「私の隣人とは誰か（ルカによる福音書 10 章 29 節）と問われた時、イエスは人間の義務の限界と意味に関する抽象的な倫理的議論を提示しなかった。イエスは単に、略奪され、暴力を受けた人の話について語った……」（Cone, James H., God of the Oppressed, p.86.）。

44　Cf. Cone, James H., God of the Oppressed, p.49.

45　Cone, James H., God of the Oppressed, p.96.

46　Cone, James H., God of the Oppressed, p.49. コーンはさらに次のように続ける。「その結果、思想と実践、礼拝と神学には明確な区別はない。黒人神学の神論は、黒人による自由のための苦闘から発生したからである。白人神学者は論理的組織を建て上げたが、黒人は物語を語った」（Cone, James H., God of the Oppressed, p.49.）。Cf. Cone, James H., God of the Oppressed, pp.49-56.

4. 黒い神

神は、神の啓示を通して人間に知られる。人間はすべて、ある一定の状況に位置づけられていることを考慮すると、神の啓示は、文化的状況を通して、文化的状況において、人間のもとに来る。北米の黒人にとって、この状況は被抑圧的な状況であり[47]、黒人は聖書の中に、イスラエルの民をエジプトでの隷属状態から解放した神、被抑圧者を解放するために、イエス・キリストにおいて抑圧された一人のユダヤ人となった神を見いだした。その結果、黒人は、同じ神が同様にして、現在抑圧されている状態にある自分たちを解放するという結論を下した[48]。このように、黒人にとって神の啓示とは、被抑圧者を隷属状態から政治的、経済的、社会的に解放することと同一なのである[49]。

このことは、神の啓示が歴史的背景と共同体の信仰と深く結び付いていることを意味する[50]。もしそうなら、聖書における啓示から独立した神認識である「一般啓示」という伝統的な神学概念は、修正されなければならない。一般啓示には、現実の人間の問題と神の啓示の具体的な接触が欠如しているからである。コーンによると、すべての人間に対して一般的に啓示されていることは、「人間を抑圧することは、聖という概念に矛盾し、解放に向けてのすべての戦いは、神の働きである」という内容である[51]。イエス・キリストを中心とする聖書の啓示に基づく神認識である「特

---

47 Cf. Cone, James H., A Black Theology of Liberation, p.28; Cone, James H., For My People, pp.78f.

48 Cf. Cone, James H., A Black Theology of Liberation, pp.47, 60-64; Cone, James H., The Spirituals and the Blues, p.66.

49 Cf. Cone, James H., A Black Theology of Liberation, p.45. Cf. also Cone, James H., A Black Theology of Liberation, p.42:「啓示とは、……存在論的現実に関する共同体の主張の認識論的説明である」。

50 Cf. Cone, James H., A Black Theology of Liberation, pp.46f.

51 Cone, James H., A Black Theology of Liberation, p.51.

別啓示」というもう一つの伝統的な神学概念も、再定義されなければならない。イエス・キリストにおいて、黒人は真正な解放の力を見いだし、白人による人種差別を破壊する力を得る[52]。これが、黒人に特別に啓示されていることである。

コーンは、自分が真正な啓示と見なすものに基づいて、伝統的な神概念を否定する。もし、創造者である神が、創造後の被抑圧者の地上における解放から独立し、それとは無関係な神を意味するなら、この神概念は拒否されなければならない。コーンにとって、「神は創造者であると言うことは、私の存在は神の中にその源泉を持つということを意味する。私が黒人であるのは、神が黒いからである！創造者として神は、私の黒さ（存在）の基盤であり、宇宙における意味と目的の言及点である」[53]。神は、黒さの創造者でもある。つまり、神は黒人の中に具体的に内在しているのである。しかしこれは、黒人神学が神の超越性という現実を否定することを意味しない。「神は常に私たちの経験する神以上の方である」[54]。例えば、抑圧されたイエス・キリストの死と復活は、人間的出来事を凌駕する神の超越性を表現しているし、この神の超越性に基づいて、黒人は自由のために戦う力を与えられるのである。このように、内在と超越は「空間的（spatial）」な概念ではなく、むしろ黒人にとって「特別な（special）」意味を持つものである。さらに、コーンは神の摂理という伝統的な神概念をも拒否する。この概念はしばしば、「神を愛する者たち、つまり、御計画に従って召された者たちには、万事が益となるように共に働くということを、わたしたちは知っています」（ローマの信徒への手紙 8 章 28 節）という聖句との関係で語られる[55]。「600 万人のユダヤ人の死、アメリカ原住民の大量虐殺、黒人の奴隷化と黒人に対する暴力、その他の非人間的行為」[56]は、この聖

52　Cf. Cone, James H., A Black Theology of Liberation, pp.xix, 51f.

53　Cone, James H., A Black Theology of Liberation, p.75.

54　Cone, James H., A Black Theology of Liberation, p.77.

55　Cone, James H., A Black Theology of Liberation, p.79.

56　Cone, James H., A Black Theology of Liberation, p.80.

句に対する楽観的な解釈によっては決して説明し去られるものではないからである。コーンにとって、摂理とは「未来に関する言明ではなく、神を愛する者にとってすべてが益となるだろうということも意味しない。摂理とは、現在の現実に関する言明であり、被抑圧者の解放の現実である」[57]。

従来の伝統的な神概念に対峙して、コーンは、神は黒いと主張する。コーンにとって、「神」という語は、「世界における現実の深みを開示する象徴である」[58]。したがって、神は北米における黒人の現実の深みを開示し、さらに、黒さを身にまとうことによって黒人の深みへと下っていく。黒人神学は、「神の黒さを主張する神論から始まる。神の黒さとは、神が抑圧された状況を神自身の状況としたことを意味する」[59]。一方で、黒さは白人によって抑圧された黒い肌の人々の生理学的な特徴を意味し、他方で、抑圧からの解放に参加するすべての人の存在論的な象徴を意味する[60]。そして、究極的にこの解放に参加しているのは神である。この点を強調するため、コーンは、神が存在論的に黒いと主張する。

黒い神という神の存在論的な特質は、三位一体の神という神の存在論的な特質と密接に結び付いている。コーンが論じているように、黒い神は本質的に解放の出来事に三重の方法でかかわってきた。「創造者として神は、抑圧されたイスラエルと一体となり、この民を存在させることに参加した。救済者として神は、すべての人を抑圧から自由にするため、一人の被抑圧

57　Cone, James H., A Black Theology of Liberation, p.81. コーンはまた、神は愛であって、怒りは神の性質ではなく、人間の性質であるという見解も拒否する。「神の性質の象徴としての怒りを除去することによって、この解釈は、抑圧者から被抑圧者を解放する神という聖書の中心的真理を弱めてしまう」（Cone, James H., A Black Theology of Liberation, p.69.）。

58　Cone, James H., A Black Theology of Liberation, p.57.

59　Cone, James H., A Black Theology of Liberation, p.63. Cf. Cone, James H., A Black Theology of Liberation, p.7.

60　Cf. Cone, James H., A Black Theology of Liberation, p.204.n.5. 他方、「この国が、白人であることを世界中で支配する力とし続ける限り、白さというものは、反キリストの象徴である」（Cone, James H., A Black Theology of Liberation, p.8.）。

者となった。聖霊として神は、解放の働きを継続している。聖霊は、今日私たちの社会で人間の解放の力として働く創造者、救済者である神の霊である」[61]。神は御父、御子、聖霊として、現在もこの世界で解放を実現すべく一致して働いているのである。

三位一体の神が、被抑圧者を解放するということは、また、三位一体の共同体が被抑圧者の共同体を解放するということを意味する。黒人は歴史的に、奴隷市場で自分たちの共同体を失ってきた。奴隷市場によって、家族、親戚、友人などが、分散していったのである[62]。しかし、「奴隷制によってもたらされた共同体や家族の破壊にもかかわらず、……創造者である神と救い主であるイエス・キリストは、その人たちを救いの計画へと招き入れた。……自由へと向けて戦う聖徒から成る真正な共同体は、破壊された存在のただなかにおける神との邂逅と結び付いている。神は、共同体である！（God is the Community!）」[63]。共同体である神は、神の共同体の中へ分散した被抑圧者を招き入れ、「母なき者の母、父なき者の父」として、その人々を厚遇する[64]。このようにして、神は究極的な家族共同体を形成し、そこにおいて、分散した人々を再会させることを約束する。

5. 黒いキリスト

前述したように、神は存在論的に黒く、被抑圧者の解放者である。もし

61　Cone, James H., A Black Theology of Liberation, p.64. したがって、黒人神学は「聖書的信仰と三位一体論的神学における解放という本質的主題を、根本的な社会変革のための文化的、政治的方策に結び付けた実質上唯一残れる徹底した視点」を提示している（Wilmore, G., ‘A Revolution Unfulfilled, but not Invalidated,’ Cone, James H., A Black Theology of Liberation, p.156.）。Cf. Cone, James H., Black Theology and Black Power, pp.56f.

62　Cf. Cone, James H., The Spirituals and the Blues, p.59.

63　Cone, James H., The Spirituals and the Blues, p.60.

64　Cone, James H., The Spirituals and the Blues, p.60. Cf. Cone, James H., God of the Oppressed, p.132.

そうなら、その神の御子であるイエス・キリストはどのように定義されるのか。黒人神学におけるイエス・キリストの意味を解明しよう。

黒人神学がキリスト教神学であるのは、神がイエス・キリストにおいて究極的に自己を啓示されたからである。イエス・キリストは、神学の出発点でもあり終着点でもある[65]。イエス・キリストは神の御子であるだけではなく、ある一定の歴史的な状況に生きた人間でもある。これらの二つの側面は、イエスにおいて一つの現実であり、このため、史的イエス像の解明は神の本質の究明につながっている。満ち足りた白人神学者たちに対峙して、コーンの関心は、「歴史のイエスと信仰のキリストの関係を議論する」ことにはなく、むしろ、「貧しい人々に食事を与えなさいというイエスの命令の深みを精査すること」にある[66]。コーンにとって、新約聖書の「歴史的核心は、被抑圧者としてのイエスの表明であり、そのイエスの存在は、イエスの生きた地域の被抑圧者と結び付いていた[67]」。この点を明示するため、コーンはイエスの生、死、そして復活に言及する。

イエスは家畜小屋で生まれ、飼い葉桶に寝かされていた。宿屋にはマリアたちのための部屋がなかったためである（ルカによる福音書2章7節）。そして、コーンがここで指摘しているように、「飼い葉桶（manger）」という語は、スラム街のビール箱と同一語である[68]。このことは、イエスが屈辱的な立場に置かれた者の一人として誕生したことを意味する[69]。また、イエスにおいて、神は抑圧された貧しいユダヤ人となり、イエスは苦難を受ける者の一人として生まれたことを意味する。つまり、神は永遠の言葉としてとどまることなく、普遍的な人間となることもなく、ある特定の人

65　Cf. Cone, James H., Black Theology and Black Power, p.34; Cone, James H., A Black Theology of Liberation, pp.5, 110.

66　Cone, James H., God of the Oppressed, p.48.

67　Cone, James H., A Black Theology of Liberation, p.113.

68　Cf. Cone, James H., A Black Theology of Liberation, p.114.

69　Cf. Cone, James H., A Black Theology of Liberation, p.115; Cone, James H., Speaking the Truth, p.6.

間として受肉し、「人性と神性の両方が、抑圧と解放から分離されえない」ことを啓示した。[70] 黒人にとって、受肉は、神が白人の抑圧の原因である黒さを身にまとうことを意味し、黒人をこの抑圧から解放することを意味する。[71] したがって、黒人神学にとってキリスト論の中心課題は、イエスにおける人性と神性の関係だけではなく、むしろ、イエスにおける黒さと神性の関係である。 黒人神学は、イエスにおける人性と神性との両方が、解放の行為と本質的に関係しているため、両方がイエスにおいて一つの現実であるということを、キリスト論において主張する。[72] コーンは、黒人神学のキリスト論を一言で、「イエスは、黒いキリストである！（Jesus is black Christ!）」と表現する。[73]

キリストの黒さには、密接に関連した二つの意味がある。つまり、字義的意味と象徴的意味である。キリストの黒さは、字義通りイエスの肌の色に関して語っているのではない。ここでこれは、適切な問題ではない。[74] キリストの黒さが字義通りに意味していることとは、前述したように、イエスが抑圧された黒人と一体となり、黒人の苦難を自分の苦難として身に

70　Cone, James H., A Black Theology of Liberation, p.85. Cf. Cone, James H., A Black Theology of Liberation, p.121; Cone, James H., God of the Oppressed, pp.51, 104.

71　Cf. Cone, James H., A Black Theology of Liberation, p.12:「神は、黒人の状態を神の状態とすることを選択したのである！これは、20世紀アメリカにおける受肉の継続である」。

72　Cf. Cone, James H., God of the Oppressed, p.33. Cf. also Cone, James H., God of the Oppressed, p.13:「私は、ニカイアとカルケドンで決まったこと、キリスト論に関して教父たちが神学的に貢献したことを尊重する。……しかし、同一本質（homoousia）という問題は、黒人の問題ではない。黒人は、イエスが御父と一つであったかどうか、神であり人でもあったかどうかと問わない。正統派の定式は、黒人の言葉の中には意図されているけれども。黒人は、イエスが黒人と共に歩んでいるかどうかを問う」。

73　Cone, James H., A Black Theology of Liberation, p.121.

74　Cf. Cone, James H., A Black Theology of Liberation, p.123. Cf. also Cone, James H., For My People, pp.66f.

まとうことである。さらに、「キリストの黒さは、『はっきり言っておく。この最も小さい者の一人にしなかったのは、わたしにしてくれなかったことなのである』（マタイによる福音書25章45節）という最後の審判に関するイエスの真実な譬えのアメリカ的表現」であり、ここでキリストの黒さは字義的にも象徴的にも、黒人が最も小さい者として神の貧しい民であり、その民を解放するためにキリストが人として訪れたことを意味する[75]。

被抑圧者とのイエスの一体性は、イエスの公的宣教活動においても一貫している。悔い改めた罪人のための洗礼である、洗礼者ヨハネの洗礼を受けることによって、イエスは自分が罪人と共に歩むことを示した[76]。ルカによる福音書4章3-12節に見られる悪魔の誘惑に対するイエスの態度は、イエスが「抑圧的、虚栄的権力のいかなる形態とも自己を一致させなかった」ことを意味している[77]。公的宣教活動において、イエスは命題や神学概念ではなく、「解放の出来事、政治的自由のために苦闘する抑圧された人々の人生における出来事」であることを示した[78]。

イエスの解放の出来事は、十字架と復活において頂点に達する。イエスの十字架上での死は、地上におけるイエスの限界を意味しているのではなく、神が死をも含む人間の現実のすべての側面を身にまとい、特に、抑圧的な権力者の手によって課せられた十字架刑に至る状況をも受け入れるという神の自由の啓示を意味する。イエスの復活は、「神が抑圧に打ち負かされず、抑圧を自由という可能性へと変革することを開示した出来事」に他ならない[79]。この可能性は、甚大な意味を持つ。復活は、イエスの生きた一世紀のパレスチナ地方に限定されず、権力者たちによって人々が隷属

75　Cf. Cone, James H., God of the Oppressed, p.125.

76　Cf. Cone, James H., A Black Theology of Liberation, p.115.

77　Cone, James H., A Black Theology of Liberation, p.115.

78　Cone, James H., God of the Oppressed, p.32. Cf. Cone, James H., God of the Oppressed, p.71.

79　Cone, James H., A Black Theology of Liberation, p.118. Cf. Cone, James H., Speaking the Truth, pp.5f.

状態に置かれている時、所なら、今ここでも有効なものである[80]。まさしく、イエスが復活させられたからこそ、イエスは今日も存在し続け、被抑圧者の解放を、特に黒人共同体において自由に実現しているのである[81]。さらに、イエスの復活は、未来の次元をも内包している。コーンが論じているように、「もし、イエスが、神と共に生きていて現存しているのなら、私たちも死から復活させられ、神との交わり（communion）という永遠の自由を与えられることを信じるのももっともである[82]」。黒人にとって、復活とは未来の自由を現在の抑圧された社会において実現する希望なのである[83]。

6. 黒人共同体

復活したイエスが今日も黒人共同体において現存しているということは、コーンによれば、黒人共同体に聖霊が現存しているということと深く関係している。黒人共同体における聖霊の働きについて検討するにあたり、まず、黒人共同体の直面してきた永続的危機について分析しよう。

コーンが観察しているように、奴隷制を通して「アメリカは、白人にとってのみ自由の国となり、黒人にとって隷属の国となった[84]」。そしてこのことは、アメリカの基本的な社会構造に影響し、人種差別という悪しきシステムを生み出した。人種差別は、肌の色を人間関係の究極的判断基準とするものである[85]。このシステムは、「黒い存在（black being）」を「非存在

80　Cf. Cone, James H., A Black Theology of Liberation, p.3; Cone, James H., God of the Oppressed, p.110.

81　Cf. Cone, James H., A Black Theology of Liberation, p.30. Cf. also Cone, James H., A Black Theology of Liberation, pp.5, 37, 121, 123; Cone, James H., God of the Oppressed, p.73.

82　Cone, James H., God of the Oppressed, p.162. Cf. Cone, James H., God of the Oppressed, p.97.

83　Cf. Cone, James H., A Black Theology of Liberation, p.3.

84　Cone, James H., The Spirituals and the Blues, p.20.

85　Cf. Cone, James H., A Black Theology of Liberation, p.14.

(nonbeing)」、または「無（nothingness）」に変えてしまうものである[86]。神学的に言うと、この非人間化の要因は、罪である。

コーンは、罪を共同体の枠組みの中で定義する。罪とは、人間の倫理的な行動に関する抽象的な概念ではない。罪とは宗教的概念であり、「人間の状況を、その共同体の本質から分離するもの」として定義される[87]。例えば、イスラエルの共同体において罪とは、出エジプトにおいてその共同体を解放したヤーヴェの契約から逸脱することであった[88]。このことは、罪とは、人間が共同体の価値や目標―イスラエルの共同体の場合、解放である―にではなく、自分の個人的な利益に基づいて生きることを示している。この意味における罪は、支配的な白人が奴隷制において貧者、弱者をその本来の共同体から分離し、その人たちから生きる意味や目的を剥奪する時にも、白人において明白に現れている。しかし、コーンによると、利己的かつ政治的な利益に基づいて働いたアメリカ奴隷制の担い手としての白人は、自分自身の罪を認識することができない。罪とは、共同体概念であるため、抑圧された共同体にいる人によってのみ認識されうるのである。ここに悲劇がある。このように、罪とは単に宗教的な違反ではなく、共同体に対する政治的、経済的、社会的抑圧である[89]。

黒人奴隷は、どのようにして白人による奴隷制と人種差別によって被る苦難と格闘したのか。黒人霊歌とブルースは、黒人の苦痛を和らげ、いやむしろ、意味あるものとする際に大きな役割を果たしている。確かに、黒人奴隷は、「信仰共同体の枠組みの中で」白人による奴隷制が罪であることを認識していたし[90]、黒人は「黒人奴隷が苦しんでいた時、神も苦し

86　Cf. Cone, James H., Black Theology and Black Power, pp.7, 106.

87　Cone, James H., A Black Theology of Liberation, p.104. Cf. Cone, James H., A Black Theology of Liberation, p.51:「ある人が自己の存在理由を喪失したということは、共同体の認識である」。

88　Cf. Cone, James H., A Black Theology of Liberation, p.104.

89　Cone, James H., Speaking the Truth, p.41.

90　Cone, James H., The Spirituals and the Blues, p.54.

んでいた」ことを知っていた[91]。「被抑圧者の痛みは、神の痛みでもある……」[92]。一方で、「苦難は、もし兄弟姉妹があなたと共に谷に下り、祈ってくれるのなら、それほど重荷ではない」[93]し、神が常に共にいることを知っていたが[94]、他方、一体なぜ他者ではなく、自分たちが苦しまなければならないのかは知らなかった。黒人の苦悶と苦闘を表現するために、黒人は黒人霊歌を歌い、ブルースを口ずさんだ。

黒人霊歌とブルースの背後には、黒人の経験した奴隷制度と隔離状態がある。こうした過酷な現実を背景として、黒人霊歌は神の現実に言及し、ブルースは人生の具体的な矛盾を取り扱い、神には言及していない[95]。コーンが論じているように、黒人霊歌とブルースは共に、「黒人のサバイバルの苦闘における力ある歌」[96]であり、黒人の共同体に対して主要な重要性を持っている[97]。これらの歌の重要性に焦点を当てよう。

黒人にとって、黒人霊歌は黒人が共同体を建て上げていくことを助け、北米という異国の地で黒人の存在を肯定することを助けてくれるものである[98]。ヤーヴェやイエスは被抑圧者を隷属状態から解放する者であるという主題を持つ黒人霊歌を共に歌うことによって[99]、黒人は相互に一致を

91　Cone, James H., The Spirituals and the Blues, p.62.

92　Cone, James H., God of the Oppressed, p.161.

93　Cone, James H., The Spirituals and the Blues, p.58.

94　Cf. Cone, James H., God of the Oppressed, p.177:「黒人の苦難の意味は、神の御心の神秘の中に隠されたままである。しかし、個人の社会状況におけるイエスの現存は、実際に神が隷属状態から黒人を解放するために働いていることを啓示している」。

95　Cf. Cone, James H., The Spirituals and the Blues, p.103; Cone, James H., God of the Oppressed, p.24.

96　Cone, James H., The Spirituals and the Blues, p.1.

97　Cf. Cone, James H., The Spirituals and the Blues, p.3.

98　Cf. Cone, James H., The Spirituals and the Blues, p.30; Cone, James H., God of the Oppressed, p.65.

99　Cf. Cone, James H., The Spirituals and the Blues, p.32:「奴隷状態から被抑圧者を解放する神は、黒人霊歌における中心的神学概念である」。Cf. also Cone,

深め、共同体を強固なものとした[100]。したがって、黒人霊歌における「私」とは、個人の回心のような何らかの宗教的個人主義を意味するものではなく、黒人の苦難の共通経験における代表的な「私」を示している。この「私」は、「彼、または、彼女の存在（his or her being）と共同体における存在（being-in-community）を指し示している。これら二つは不可分だからである[101]」。こうした主題を持った黒人霊歌は、神が黒人の共同体に共にいて、解放の働きを担っていることを黒人に確信させた。そして、黒人は解放運動に参加することを促された。コーンが表現しているように、「歌は世界と世界の中に存在する共同体に対する共同体の見解を表現したものであった。……黒人霊歌において黒人奴隷は、自分たちの父祖たちの思い出とキリスト教の福音とを合体させ、地上における隷属からの解放に参加する自分たちの存在形態を作り出したのである[102]」。

聖霊の働きは、この共同体にとって必須である。コーンの解釈によると、「黒人の音楽は、……黒人を一致と自己決定へと導く神の霊について私たちに語ってくれる[103]」。奴隷業者や奴隷所有者が、巧みに黒人共同体の一致を破壊し、黒人の運命を恣意的に決定するのに対して、聖霊は黒人を統合するために活発に働いており、黒人がその共同体において黒人の存在を肯定することを助けてくれる。コーンはこの点を解説するために、「価値のある者であること（somebodiness）」という語に言及する。「奴隷にさせられることは、『価値のない者（nobody）』と宣言されることであり、このような存在形態は、神が人々を神の子どもに創造したことと矛盾する。黒人は自分たちが神の子どもであると信じていたからこそ、自分たちが価値の

James H., The Spirituals and the Blues, pp.43, 65.

100 Cf. Cone, James H., The Spirituals and the Blues, p.5.

101 Cone, James H., The Spirituals and the Blues, p.61.

102 Cone, James H., The Spirituals and the Blues, p.30. Cf. Cone, James H., The Spirituals and the Blues, p.31:「黒人霊歌は、リズムにおける共同体であり、生の躍動に呼応する」。

103 Cone, James H., The Spirituals and the Blues, p.6.

ある者であることを主張し、自分たちの隷属状態と神の啓示を調停させることを拒否したのである」[104]。聖霊は、黒人がその共同体において価値のある者であることを主張することを助け、『あなたは人間なのです』ということを悟らせ[105]、神の子どもとして自由で価値のある存在であることを教える。したがって、こう言うことができよう。奴隷業者や奴隷所有者が、黒人をその家族、親戚、友人などの共同体から分離することによって、黒人を非人間化するのに対して、聖霊は、黒人霊歌を通して黒人をその共同体の中で統合させることによって、黒人を人間化し、究極的に黒人を神の子どもとして神の共同体、神の家族の中で統合させることによって、黒人を神格化する。コーンは、決してこうした非人間化の実行者に対する辛辣な非難を忘れてはいない。「人々を人間的にし、人々を奴隷制という悪に対して闘争することを可能にする諸力の内に神がいるように、奴隷制に貢献している非人間的な諸力の内にサタンがいる。サタンの地上での代表者とは、奴隷所有者、奴隷捕獲者、奴隷業者である」[106]。つまり、聖霊が非人間化された黒人共同体と共にいるのに対して、サタンは非人間化を実行する白人の一人ひとりと共にいるのである[107]。

聖霊はまた、教会の礼拝にも現存している。コーンは、自分の教会にお

104　Cone, James H., The Spirituals and the Blues, p.33. Cf. Cone, James H., Black Theology and Black Power, p.52. 自己の肯定という主題は、ブルースにおいても特徴的なものであり、この点において、黒人霊歌とブルースは神学的に相互に深く結び付いている。したがって、コーンはブルースを「世俗的な黒人霊歌」と呼ぶ（Cone, James H., The Spirituals and the Blues, p.97.）。Cf. also Cone, James H., The Spirituals and the Blues, p.100:「ブルースが世俗的（secular）であるのは、その関心を専ら直接的な事柄に向けているからであり、性的な表現を含む黒人の魂の肉体的表現を肯定するからである。ブルースが黒人霊歌（spirituals）でもあるのは、黒人経験の真理に対する探究も内包しているからである」。

105　Cone, James H., The Spirituals and the Blues, p.29.

106　Cone, James H., The Spirituals and the Blues, p.73. Cf. Cone, James H., Black Theology and Black Power, pp.40f.

107　Cf. Cone, James H., The Spirituals and the Blues, pp.74-77.

いて聖霊の働きを他の人と共に経験している。教会において、「霊は『救いに至らせる神の力』であった。……霊は、人々と共にいる神であり、実践の勇気と力を与える神の意志であった」[108]。コーンは、教会において、また教会を通して起こった出来事を、起こるはずの出来事を神学的に解説している。

コーンによると、「新約聖書において、教会（ecclesia）とは、聖霊を受容した共同体であり、現在も、福音を実践するために必要なことをいつでも行う共同体である」[109]。この福音を実践するために、教会は三つの機能を持っている。

(1) 「説教（kerygma）」において、教会はイエス・キリストの生と死と復活に基づいて、神の解放の現実を宣言する。
(2) 「奉仕（diakonia）」において、教会は解放の闘争に活発に参加する。
(3) 「交わり（koinonia）」において、教会は解放された共同体を見える形で表現する。

これらは、教会の機能が単に、その告白的宣言にあるのではなく、むしろ解放に対する政治的傾倒にあることを意味している[110]。しかし、コーンは、「彼が黒人礼拝の六つの内容と呼ぶ、説教、歌、叫び、回心、祈り、証し」

---

108 Cone, James H., The Spirituals and the Blues, pp.1f.

109 Cone, James H., A Black Theology of Liberation, p.130. 以下については、cf. Cone, James H., A Black Theology of Liberation, pp.130ff.; Cone, James H., Black Theology and Black Power, pp.65-71; Cone, James H., Speaking the Truth, pp.115, 124. 黒人共同体と黒人教会の密接な関係をここで明示しておくことが重要である。「黒人教会は、黒人共同体における唯一、最も重要な機関である。18世紀後半に始まり、現代に至るまで、黒人教会は、最古で、最も独立したアフリカン・アメリカンの組織である。ある学者の言うように、黒人教会こそ黒人共同体であり、両者は分離されるとそれぞれの主体性を喪失するほど、両者の関係は重要である」（Cone, James H., For My People, p.99.）。

110 Cone, James H., Speaking the Truth, p.123.

を軽視する意図はない[111]。これらは、必ずしも直接的には政治的行動とは結び付いてはいない。前述したように、説教とは神の霊が神の物語を情熱的にリズミカルに語る場であり、歌もまた、聖霊が自由に会衆のもとへ下る時の背景である。この良き歌は、回心体験を示している叫びにつながる。回心とは、聖霊の働きに対する人々の応答である。祈りは、聖霊との交わりを継続する一つの方法であり、証しは、人々がある目標へ向けて聖霊と共に歩み行く決心についての話である。したがって、コーンが簡潔に述べているように、「黒人の礼拝は、本質的に黒人の生の真理に関する霊的経験である。この経験が霊的であるのは、人々が神の霊の現存に邂逅するからである[112]」。もし、黒人礼拝が本質的に霊的であるなら、この霊的礼拝と、解放に対する教会の傾倒とは、コーンの神学において一つの現実でなければならない。では、この二つの点はいかにして一つの現実であるのか。

コーンによると、聖霊が教会の礼拝においてある人のもとに訪れる時、聖霊はその人の「人間性（personhood）」に、白人社会におけるその人の地位とは全く対照的な新しい意味を与える[113]。これが回心体験であり、この体験において、人は「価値のある者」となる。黒人は、白人社会において六日間、「価値のない者（nobody）」であると見なされるのに対して、日曜日は聖霊の現存を経験し、「自分の人間性（humanity）のもう一つの定義」、自分たちの生の意味を与えられるのである[114]。そして、このような新しい人間性をまとって、黒人は白人社会に浸透していき、それを変革するのである。

それでは、この新しい人間性は、社会において何を具体的に達成する

111　Cone, James H., Speaking the Truth, p.22. 以下については、cf. Cone, James H., Speaking the Truth, pp.22-29; Cone, James H., God of the Oppressed, p.132.

112　Cone, James H., Speaking the Truth, p.18.

113　Cf. Cone, James H., Speaking the Truth, p.27.

114　Cone, James H., God of the Oppressed, p.12. Cf. Cone, James H., God of the Oppressed, p.55:「被抑圧者が、隷属状態における自己の存在を正当化するような概念的定義を無視する最も容易な方法は、自己が人間として受容されているもう一つの現実に関する物語を語ることである」。

のか。コーンの神学においては、この問題は神の国の実現と関係している。「新約聖書によると、神の国は歴史的な出来事である。神の国は、神が被抑圧者を歴史的に解放する現実と人間の存在とが向き合う時、人間に対して起こる出来事である。……神の国は、物質的な安全性の達成ではなく、神的なものとの神秘的な交わりでもない。神の国は、人間の存在の質と関係がある（It has to do with the quality of one's existence）。そこにおいて人間は、「人間（person）が所有物（property）よりも重要であることを悟る」[115]。したがって、次に新しい人間性がどのような神の国を具体的に実現するかを検討しよう。

第一に、新しい人間性は「自由」の国を実現する[116]。コーンは、人間と所有物を明確に区別する。「人間であるということは、自分の運命を支配することであり、自己や、自己との関係にある他者の動きに一定の制限を課すことである。それは、働くことと働かないことにおいて、笑うことと泣くことにおいて、愛することにおいて、そして、食べて、一日の終わりに寝ることにおいて自由であることである。……所有物であるということは、結局、自己の存在を自己の所有者によってのみ決定してもらうことを意味する」[117]。所有物が、自己を支配する自由を持たないのに対して、人間は自分の運命を自分で決定する自由を享受する。黒人は、白人社会が黒人を奴隷とし、隔離するとき、所有物にさせられたのである。しかし、神の解放の行為の現実に直面した黒人は、その社会を変革する力を受けたのである。こうして、解放者である神が、黒人に、黒人が神の像に創造されたことを思い起こさせる[118]。神の像としての黒人は、創造において本質的に自由であった神に倣って自由かつ創造的であり、御父、御子、聖霊において三つの「位格（person）」である神に倣って、「人間性（personhood）」を

115　Cone, James H., A Black Theology of Liberation, p.124.

116　Cf. Cone, James H., A Black Theology of Liberation, pp.87-103.

117　Cone, James H., The Spirituals and the Blues, p.21.

118　Cf. Cone, James H., Black Theology and Black Power, p.137; Cone, James H., A Black Theology of Liberation, p.93.

宿しているのである。さらに、黒人は神の像に創造されただけではなく、神の子として神に受容されたのであり、他者の奴隷、所有物とされたのではない[119]。つまり、神は抑圧された黒人を自分自身の民とし、その民を神の娘、息子として自由にしたのである[120]。

第二に、新しい人間性は「関係性」の国を実現する。自由は、対人関係において追求されるという点で、自由は対人関係と深く結び付いている。コーンにとって、自由とは社会的、歴史的現実から分離した神学的概念ではなく[121]、個人の利益に基づいた自由な決定でもない。むしろ、自由とは解放のために苦闘している人々の運動に参加し、抑圧され苦しむ人々のために解放をもたらす決心をすることにある[122]。コーンが強調しているように、「すべての人間は相互に関係づけられており、一人の人の自由はすべての人の自由に依存している。すべての人が自由になるまで、誰一人として自由になりえない[123]」。自由であることは、被抑圧者の解放に参加することであり、またそのような参加を通して人々と関係を持つことであるから、自由の特徴は関係性である。この点は、コーンの基本的な人間観を示す、「私たちの存在は、……常に他者との関係における存在（being in relation

---

119　Cf. Cone, James H., The Spirituals and the Blues, p.35.

120　Cf. Cone, James H., A Black Theology of Liberation, p.56; Cone, James H., God of the Oppressed, p.110; Cone, James H., Speaking the Truth, pp.84f.

121　Cf. Cone, James H., A Black Theology of Liberation, p.95; Cone, James H., The Spirituals and the Blues, p.42.

122　Cf. Cone, James H., A Black Theology of Liberation, pp.94, 97. Cf. also Cone, James H., Black Theology and Black Power, pp.41f.

123　Cone, James H., A Black Theology of Liberation, p.xvii. Cf. Cone, James H., A Black Theology of Liberation, p.88; Cone, James H., God of the Oppressed, p.135; Cone, James H., Speaking the Truth, pp.71f. この最後の言葉は、マーティン・ルーサー・キング・ジュニアに由来する。「あなたがあるべき姿でないうちは、私も決してあるべき姿であることはできない。私があるべき姿でないうちは、あなたも決してあるべき姿であることはできない」（Cone, James H., A Black Theology of Liberation, p.xvii.）。

to others）である」という句と一致している[124]。対人関係の確立は、人間が非人間化社会において実現すべきことである。ここで忘れてはならないことは、抑圧者が奴隷制に参加する時、抑圧者は自分自身の欲望と利益の奴隷となっているのであり、自己を非人間化しているのである[125]。この意味で、抑圧者は「人間性」とは対蹠的な位置にいる。

第三に、新しい人間性は「正義」の国を実現する。対人関係はさらに、正義によって確立されうる平等の関係に基づく点において、対人関係と正義とは深く結び付いている。もし、被抑圧者がその対人関係において神の娘、息子であるなら、その人たちは相互に支配関係を持たない平等な対人関係を保持している。このような対人関係にある人々は、この関係を一層広く社会においても実現する力を与えられる。この力は、神の愛の力に由来する。神が、すべての人間を神の愛の対象として平等に価値のある者として愛していることを、その人たちは知っているからである[126]。神のこの愛は、神の正義と矛盾していない。「黒人宗教思想において、神の正義ほど卓越した主題はない。黒人は常に、悪人を罰し、抑圧の犠牲者を解放することによって、義を確立する神の生きた現存を信じてきた。……神の正義は、神による弱者の解放と同一である……」[127]。そして、この弱者の解放は神の愛の表現である。コーンが述べているように、「義とは、黒人解放を通して表現される神の愛の一側面である」[128]。

最後に、神の国は、天国における未来の出来事ではなく、むしろ、地上

124　Cone, James H., A Black Theology of Liberation, p.97. Cf. Cone, James H., God of the Oppressed, p.xiii:「人間はお互いに対して造られたのであり、誰一人として、他者の十分な人間性の実現に参加することなく、自己の十分な人間性を実現することはできない」。

125　Cf. Cone, James H., A Black Theology of Liberation, p.103.

126　Cf. Cone, James H., Black Theology and Black Power, p.50.

127　Cone, James H., Speaking the Truth, p.84. Cf. Cone, James H., The Spirituals and the Blues, p.92.

128　Cone, James H., A Black Theology of Liberation, pp.73f. Cf. Cone, James H., A Black Theology of Liberation, pp.72f.

における現在の出来事として実現されるものであることを強調しなければならない。黒人にとって、神の国は単に未来に属し、待ち侘びる対象ではない。イエスの生と死と復活という過去の出来事に対する黒人の理解が、現在の解放運動への参加に影響したように、自分たちの復活という未来の出来事に対する期待も同様にして、自分たちの現在の不完全な存在に影響を与え、人間性を身にまとった存在へと現時点において誘う[129]。また、初期のある黒人にとって天国とは、超越的な場所であるだけではなく、むしろ、具体的にアフリカ、カナダ、合衆国北部という自由の国でもあったという意味で、天国に対する黒人の理解が現実的であったのと同様に[130]、黒人は、時間と空間を超越した新しい天国を将来的に希望しているだけではなく、新しい地を今ここで希望しているのである[131]。この新しい地は、どのような個人によっても実現されえない。すべての人間は自分の属する共同体に深く結び付けられており、それゆえ、この新しい地は、その共同体によって実現される。そして、その共同体と共に、神の三位一体の共同体がそこに現存している[132]。

7. 結　論

前述したように、コーンの神学は、神、キリスト、聖霊、共同体のどれに言及する時も、被抑圧者の解放という主題を取り入れているという点で、徹底している。この神学が神学一般に対してどのような貢献をしているか

129　Cf. Cone, James H., A Black Theology of Liberation, pp.17, 135-142; Cone, James H., The Spirituals and the Blues, p.95; Cone, James H., Speaking the Truth, p.20.

130　Cone, James H., The Spirituals and the Blues, pp.80f., 87f. Cf. Cone, James H., For My People, p.63.

131　Cone, James H., God of the Oppressed, p.128. Cf. Cone, James H., A Black Theology of Liberation, p.127; Cone, James H., Speaking the Truth, p.89.

132　Cf. Cone, James H., A Black Theology of Liberation, p.138. Cf. also Cone, James H., Black Theology and Black Power, p.126.

を明示するために、この神学の特徴を三点取り上げよう[133]。

第一に、黒人神学は、従来不当にも周辺に追いやられていた「黒さ、黒人性（blackness）」というマイナーな主題に中心的役割を与えたという点で、大きな意味を持つ。そうすることによって、黒人神学は決してマイナーな神学になったのではなく、逆に、解放の神学の一つとして神学一般に創造的に貢献している。コーンは、抑圧され苦闘する状況と密接に関係している「黒さ」という主題が、神学の再構築に否定的な要因であるとは考えない。コーンは自分の経験から、この苦しみから信仰が生まれること[134]、また、創造的な神学が非人間化の社会における苦闘から生まれることを十分に認識している。なぜなら、この神学は、非人間的社会において人間として生きる意味を創造していかなければならない人々の苦闘を反映しているからである[135]。非人間化の社会は、人々を生と死の緊張状態の中に位置づける。つまり、黒人は、自分自身の威厳に従って生きて、殺されるか、または、白人に服従することによって霊的に死んで、肉体においてのみ生きるかという選択をしなければならないのである[136]。黒人神学は、かつては死の象徴であった黒さというものを復活させ、死の縁にいる人々の生を反映させた神学であるという点で、真にキリスト教神学であると言えよう。

第二に、このような限界状況から生まれた黒人神学は、決して純粋に抽象的、理論的な神学ではありえない。この神学は、全く「実践的」、「具体的」である。コーンの黒人神学において、愛とか真理という語は、決して抽象的な概念ではない。愛とは、神が人間の必要に人間の状況において具体的に応えるということを意味する[137]。真理とは、人間の生における神の

---

133 Cf. Cone, James H., For My People, pp.79-86.

134 Cf. Cone, James H., God of the Oppressed, p.x.

135 Cf. Cone, James H., God of the Oppressed, p.39; Cone, James H., Speaking the Truth, p.57; Cone, James H., For My People, p.51.

136 Cf. Cone, James H., A Black Theology of Liberation, pp.11f.

137 Cf. Cone, James H., A Black Theology of Liberation, p.74.

解放の出来事である[138]。愛と真理は、神において行動的、実践的意味を内包しているので、愛である神はこの世界を愛し、真理である御子をこの世界に送り、そしてそれ以上に、黒人共同体のために具体的に黒いキリストとなった[139]。神のこのような実践的な側面は、この世界において解放運動を実践するように人間に勧める。コーンが述べているように、「実践とは、キリスト教の従順という理念と結び付いている。そして、実践は、信仰の垂直的次元の水平的な実行と同一である[140]」。したがって、コーンは、神を知ることが被抑圧者の側に立つことを意味し、黒い神、黒いキリスト、黒い人々と共に、黒くなることであると論じる[141]。黒人は、限界状況の中から生まれた黒人霊歌やブルースを通して、キリスト教の実践的側面を経験してきた。これらの歌は、純粋に理論的な神学論争に言及することなく、黒人の生の現実を具体的に取り扱っている。これらの歌は人々を教えることなく、ただ黒人の精神を感じ取ることができるように、人々を招くのみである[142]。

第三に、黒人神学は、「共同体」という枠組みで実践される。もし、実践が被抑圧者の解放を意味するなら、つまり、他者のために何かを行うことを意味するなら、実践は、人間が他者と共に生きる場である共同体を前提とする。コーンの黒人神学において、「共同体」という語は、中心的な役割を担っている。奴隷時代に白人が、自分たちの利益に従って個人主義的に、自由に行動していたのに対して、黒人は、自分たちの意思に反して鎖につながれ、奴隷にさせられたとコーンは観察している[143]。したがって、

138　Cf. Cone, James H., God of the Oppressed, pp.99, 223.

139　Cf. Cone, James H., A Black Theology of Liberation, p.83; Cone, James H., God of the Oppressed, pp.28, 31.

140　Cone, James H., Speaking the Truth, p.44.

141　Cf. Cone, James H., A Black Theology of Liberation, pp.65, 123; Cone, James H., God of the Oppressed, p.57.

142　Cf. Cone, James H., The Spirituals and the Blues, pp.4, 43f.

143　Cf. Cone, James H., The Spirituals and the Blues, p.40; Cone, James H., God of the Oppressed, p.49.

白人の影響下にある西洋神学は、アメリカのプロテスタンティズムのように個人主義と資本主義を強調し[144]、奴隷制のような歴史的背景を持った黒人のための黒人神学は、現実認識において「共同体論的（communitarian）」な見解を提示する。黒人神学は、共に鎖に縛られたという共同的な経験を、否定的な経験ではあったけれども、神学再構築において積極的要因に変革したのである。そうすることによって、コーンは、分散させられた黒人を究極的に統合する神を「共同体（the Community）」と呼び、キリストを黒人共同体のための黒いキリストと解釈し、教会を聖霊の現存する共同体と見なし、罪を共同体概念として定義し、黒人霊歌を共同体構築の一要因として評価する。

このように、コーンの神学は、複雑な背景を持つ黒人共同体とその価値観に献身的に傾倒したもので、必然的に利点と共に、批判を招来するような限界も内包している。例えば、「アフリカの人々は、アフリカ文化に関するアメリカの黒人神学者たちの知識不足を指摘し、ラテン・アメリカの神学者たちは、階級分析の欠如を明示し、アジアの神学者たちは、キリスト教以外の宗教の知識の重要性を示し、フェミニスト神学者たちは、黒人神学の性差別的傾向を示し、合衆国の他のマイノリティーの人々は、合衆国及び世界における正義のための共同闘争の必要性を示した[145]」。コーンはまた、カール・バルトやパウル・ティリッヒといった白人神学者たちの新正統主義神学に、彼の黒人神学が過度に依存しているということに対する批判も熟知していた。この批判に対するコーンの応答から始めて、コーン

144　Cf. Cone, James H., Black Theology and Black Power, p.33.

145　Cone, James H., Speaking the Truth, p.109. Cf. Cone, James H., A Black Theology of Liberation, pp.xv-xx. Cone, James H. & Wilmore, Gayraud S. (eds.), Black Theology　A Documentary History　Volume One: 1966-1979, 第五部と第六部、Cone, James H. & Wilmore, Gayraud S. (eds.), Black Theology　A Documentary History　Volume Two: 1980-1992, 第四部と第五部、Cone, James H., For My People, 第六章、第七章、第八章は、特にフェミニスト神学や第三世界の諸神学に言及することによって、自分の黒人神学に対する一層包含的、世界的視点を示している。

の黒人神学に対する批判的評価を三点提示しよう[146]。

第一に、コーンは、黒人神学のために、ナチスという当時の権力と苦闘した新正統主義神学の精神を活用するということを積極的に試みていない。コーンによると、「バルト、ティリッヒ、ブルトマンは、……白人による人種差別という社会的状況の中で自分たちの理念を形成したのではない。したがって、私たちを私たちの窮地から助け出すことはできなかった」[147]。しかし、ナチズムとの苦闘という精神は、白人の権力と苦闘した黒人神学が共有できるものである。コーンの神学が構造的にバルト神学と白人の神学範疇に依存しているという批判に対して、コーンは、バルト神学の有用性を容認しつつも、黒人霊歌やブルースに表現された黒人の伝統や歴史を黒人神学に統合していった。この方法論上のシフトはコーンの神学の内容と一貫しているが、同時に、コーンは一層積極的にバルト神学を、特に、当時のナチズムの政治的権力との苦闘から生まれた神学的帰結を活用できるはずである。確かに、コーンは、神学におけるイエス・キリストの中心性を強調しているが、バルト神学においてそれがナチズムとの苦闘から生まれている点を強調していないように思われる。同様のことは、ティリッヒの神学に関して言える。コーンはしばしば、バルトと同様にナチズムと苦闘したティリッヒによって提示された「存在（being）」とか「非存在（non-being）」という概念に言及している。したがって、バルトやティリッヒといった神学者にコーンが依存していることは、もしコーンがこれらの神学者たちの神学が被抑圧的状況から生起したものであることを強調するなら、何ら問題ではなく、これらの神学はそのようなものとして、黒人神学にとって適切であり、有用であると言えよう。コーンは、白人神学の範疇に基づいた神学を黒人神学が構築しているという批判に対して応

146　Cf. Cone, James H., For My People, pp.86-98.

147　Cone, James, H., ‘Black Theology and the Black Church: Where do we go from here?’ Cone, James H. & Wilmore, Gayraud S. (eds.), Black Theology A Documentary History Volume One: 1966-1979, p.267. Cf. Cone, James H., A Black Theology of Liberation, pp.43f.

答しようとするが、バルトやティリッヒの神学も、黒人神学と同様に、その初期段階から被抑圧的な範疇に基づいた神学なのである。

第二に、「『必要ならどのような手段を使ってでも被抑圧者を解放する』というマルコムXの主張をコーンは肯定している」が、これは誤解を招き易く、もっと具体的に定義される必要があるだろう[148]。コーンはしばしば、黒人が適切と見なすどのような手段によってでも被抑圧者を解放するということを肯定している[149]。この「手段」は、具体的に何を意味するのか。初期のコーンは、「不買運動、ボイコット、示威行進、反乱でさえ」必要と見なしており[150]、「もし組織的な悪なら、革命的暴力も正当化されうるし、必要である」と考えていた[151]。しかし、後期のコーンは、「手段」を限定する傾向があるように思われる。コーンは、「私は、合衆国における正義の達成のための方法として、暴力を完全に拒否する……」と述べている[152]。しかし、これはコーンが暴力に直面している被抑圧者に非暴力と受動性を助言していることを意味しない。また、コーンは「私は、いかなる復讐行為も支持しない」と述べている[153]。復讐行為は、神のみに属することであるからだけではなく、自己の人間性を破壊するからである。それでは、暴力に実際に直面している被抑圧者はどうすべきなのか。コーンは、その時の手段を「自己防衛（self-defense）」と定義している。つまり、これは「身体的に攻撃された時に身を守ること」であり、コーンによると、「一貫した動機に基づいた暴力の黒人犠牲者は、白人であるから黒人に暴力を加

148　Williams, D, S., 'James Cone's Liberation: Twenty Years Later,' Cone, James H., A Black Theology of Liberation, p.194.　Cf. Cone, James H., Martin & Malcolm & America, p.x:「私は、キリスト教に対する視点をマーティン・キングに形成され、黒人の意識をマルコムXによって決定された、アフリカ系アメリカ人神学者である」。

149　Cf. Cone, James H., A Black Theology of Liberation, pp.5, 15.

150　Cone, James H., Black Theology and Black Power, p.6.

151　Cone, James H., Black Theology and Black Power, p.143.

152　Cone, James H., Speaking the Truth, pp.65f.

153　Cone, James H., Speaking the Truth, p.69.

える権利があると想定している白人の嫌悪集団の蛮行に対して、自分たちを道徳的にも法的にも防衛する権利がある」[154]。しかし、いかにして黒人は、暴力に依存せずに、身体的暴力から自己を防衛できるのだろうか。暴力や防衛という定義困難な問題は、コーンのみならず、他の神学者たちも直面しなければならない課題であるが、コーンに暴力の対抗手段の具体的定義を行うことを期待されているのは、コーン自身が被抑圧的黒人共同体に属しているゆえに、彼自身がその定義を行う十分な資格と特権があると思われるからである[155]。

第三に、コーンは、黒人神学が北米における真正な形態の神学であると主張するが、コーンはこの主張を行うことを待たなければならないであろう。広く知られているように、人口統計学的に言うと、遅かれ早かれ白人が少数派になり、ヒスパニックや黒人などの非白人が多数派になる時が来る[156]。その時、黒人神学は、白人と白人神学に対する攻撃を停止することができるだろうか。黒人神学は、少数派となったがゆえに、被抑圧的状況

154　Cone, James H., Speaking the Truth, p.70.

155　後にコーンは、Cone, James H., Martin & Malcolm & America, pp.160, 246-271 で、マーティン・ルーサー・キングによる非暴力とマルコム X による自己防衛は、相互に補完的で、矯正的であると述べている。「相互の対立において、マーティンとマルコムは非暴力と自己防衛の関係について私たちに教えてくれる。両者の関係は、強調と状況の差異の問題であり、アメリカに対する視点の問題である。非暴力も自己防衛も、両方が強調されなければならない。前者は公的な示威行動において、後者は人間の尊厳において強調されなければならない。両者の間の選択をする必要は、今も昔もない」(Cone, James H., Martin & Malcolm & America, p.303.)。Cf. Cone, James H., Martin & Malcolm & America, pp.315f.

156　「米国では、ヒスパニックの移民増や出生増が現在のペースで進めば、約79% の白人比率が 2060 年代に 50% を割り、二十二世紀にはヒスパニックが最大の民族になるとの人口予測も出ている」(『朝日新聞　朝刊　1999 年 1 月 16 日』)。米国国勢調査局によると、2008 年において白人は米国人口の「約 66%」を占めるが、2042 年にはヒスパニックやアフリカ系、アジア系などのいわゆるマイノリティー（少数派）が「半数を超え」ると報じられている(『朝日新聞　朝刊　2008 年 8 月 17 日』)。

下にある白人の側に立つことができるだろうか。またコーンは、「人々が黒人であるために、抑圧されている社会では、キリスト教神学は黒人神学とならなければならない」[157]と語ったように、「人々が白人であるために、抑圧されている社会では、キリスト教神学は白人神学とならなければならない」と語ることができるだろうか。もし、黒人神学が一貫して少数派―それが白人であっても―の側につき、それゆえ被抑圧的状況にある人々を支持し続けるなら、黒人神学はその時、まさしく真正な神学と呼ばれうるであろう。そして、その時、黒人神学の「色、つまり、特質（colour）」が再び輝き渡るであろう。

要 旨

現代アメリカの代表的な黒人神学者であるJ. H. コーンの神学は、自己の実存的背景に基づいて、神学を黒人とその解放という観点から再構築する。聖書の神は抑圧された人々を解放する神であり、ヤーヴェはイスラエルの共同体をエジプトの圧政から解放し、イエスは当時の被抑圧者を解放した。聖霊は、教会礼拝や黒人霊歌を通して黒人共同体の結束を強め、解放の力を与え、非人間的な社会一般においても、神の与える人間性の具体的表現である自由、関係性、正義を重んじる神の国の実現を可能にする。

キーワード

アフリカ　解放　解放神学　価値のある者（somebody）　価値のない者（nobody）　神の国　関係性　教会　共同体　共同体論　黒い神　黒いキリスト　黒さ（blackness）　啓示　J. H. コーン　黒人　黒人神学　黒人霊歌　個人主義　三位一体論　自己防衛　実践　自由　出エジプト　正義　存在　罪　天国　奴隷制　人間性　白人　非存在　非人間　被抑圧者　ブルース　暴力　抑圧　隷属

157　Cone, James H., A Black Theology of Liberation, p.v.

文献表

朝日新聞『朝日新聞　朝刊　1999 年 1 月 16 日』（朝日新聞，1999）

朝日新聞『朝日新聞　朝刊　2008 年 8 月 17 日』（朝日新聞，2008）

梶原寿『解放の神学　人と思想 133』［Century Books］（清水書院，1997）

Cone, James H., Black Theology and Black Power, (Maryknoll, New York: Orbis Books, 1997, originally 1969）=J. H. コーン（大隅啓三訳）『イエスと黒人革命』（新教出版社，1971）

Cone, James H., A Black Theology of Liberation　Twentieth Anniversary Edition, (Maryknoll, New York: Orbis Books, 1986, originally 1970）=J. H. コーン（梶原寿訳）『解放の神学　黒人神学の展開』（新教出版社，1973）

Cone, James H., The Spirituals and the Blues　An Interpretation, (Maryknoll, New York: Orbis Books, 1972）=J. H. コーン（梶原寿訳）『黒人霊歌とブルース　アメリカ黒人の信仰と神学』（新教出版社，1983）

Cone, James H., God of the Oppressed, (Maryknoll, New York: Orbis Books, 1997.2ed., originally 1975）=J. H. コーン（梶原寿訳）『抑圧された者の神』［現代神学双書 60］（新教出版社，1976）

Cone, James H., My Soul Looks Back, (Maryknoll, New York: Orbis Books, 1986, originally 1982）=J. H. コーン（梶原寿訳）『わが魂の遍歴』（新教出版社，1987）

Cone, James H., For My People　Black Theology and Black Church, (Maryknoll, New York: Orbis Books, 1984）

Cone, James H., Speaking the Truth　Ecumenism, Liberation, and Black Theology, (Grand Rapids, MI: William B. Eerdmans Publishing Co., 1986）

Cone, James H., Martin & Malcolm & America　A Dream or a Nightmare, (Maryknoll, New York: Orbis Books, 1991）=J. H. コーン（梶原寿訳）『夢か悪夢か　キング牧師とマルコム X』（日本基督教団出版局，1997, 再版）

Cone, James H. & Wilmore, Gayraud S. (eds.), Black Theology　A Documentary History 1966-1979, (Maryknoll, New York: Orbis Books, 1979）

Cone, James H. & Wilmore, Gayraud S. (eds.), Black Theology　A Documentary History　Volume One: 1966-1979, (Maryknoll, New York: Orbis Books, 1993. 2 ed.）

Cone, James H. & Wilmore, Gayraud S. (eds.), Black Theology　A Documentary History　Volume Two: 1980-1992, (Maryknoll, New York: Orbis Books, 1993）

第3章　フェミニスト神学——R. R. リューサー

1. 序　論

本章の目的は、R. R. リューサーのフェミニスト神学における共同体思想を明示することにある。リューサーを簡潔に紹介してから、主要著作に基づき、リューサーの説くフェミニスト神学、「女 / 神」と「地の神」の概念、キリストとマリアの役割、そして、生命共同体の重要性について検討することにより、フェミニスト神学における共同体概念の意義について論じよう。

2. R. R. リューサー（Rosemary Radford Ruether）

1936年生まれのローズマリー・リューサーは、世界の代表的なフェミニスト神学者の一人であり、11個の名誉博士号を持つ。そのうち、最近のものに1994年のエジンバラ大学からのものがある[1]。

リューサーは、アメリカのミネソタ州セント・ポールに生まれ、主として首都ワシントンにて白人ローマ・カトリックの家庭で育てられた。しかし、リューサーの家族は宗教的にエキュメニカルであった。リューサーの母は、自由な思想を持つカトリックであり、父は、米国聖公会会員であり、

1　リューサーの略歴については、cf. Ruether, R. R., Liberation Theology, pp.5, 88; Ruether, R. R., Gaia & God, pp.10f.; Ruether, R. R., Women and Redemption, pp.221-224; Ruether, R. R., New Women, New Earth, pp.xii-xvi; Ruether, R. R., Disputed Questions.

最も親しかった叔父はユダヤ人であり、さらに、リューサーの親族の中には、メキシコ人、ユニテリアン、クエーカー、ロシア正教会会員もいた。こうしたエキュメニカルな環境は、リューサーの学問的関心と共に深められていった。リューサーは1954年から1958年まで、カリフォルニア州クレアモントのスクリップス大学（Scripps College in Claremont, California）で古典学を学び、キリスト教を含むすべての宗教に対する宗教史的研究方法を修得した。この研究方法によってリューサーは、キリスト教以外の古代の宗教的伝統を積極的に評価するようになると共に、社会正義を確立しようとする批判的、預言者的要因を持つユダヤ教と初期キリスト教の伝統に興味を持った。

リューサーの学問的研究は、社会正義の追求という点において一貫している。つまり、リューサーは、1960年代に公民権運動（the civil rights movements）に深く関与すると同時に、1965年には古典学と教父学における博士号の学位をカリフォルニア州クレアモントのクレアモント大学院（Claremont Graduate School in Claremont, California）から取得している。1966年から1976年までは、ハワード大学宗教大学院（Howard University School of Religion）で歴史神学を教え、その間、1972年から1973年までハーバード大学神学大学院（Harvard University Divinity School）でローマ・カトリック研究のチョーンシー・スティルマン教授職（the Chauncey Stillman Professor of Roman Catholic Studies）を務めた。1970年代初期からリューサーは、第三世界の人々、特に、ラテン・アメリカ、アフリカ、アジア、アラブのフェミニストとの対話を活発に行っている。現在は、イリノイ州エバンストンのギャレット・エバンジェリカル神学校においてジョージア・ハークネス応用神学教授（Georgia Harkness Professor of Applied Theology at Garrett-Evangelical Theological Seminary, Evanston, Illinois）として、キリスト教神学や歴史と、社会正義の相互関係に関する講義を担当している。

3. R. R. リューサーのフェミニスト神学

宗教史的研究方法に基づいてリューサーは、主要な宗教はすべて、ある個人が日常の断片的な意識を啓示的経験によって相互に結び付け、「生の全体（the whole of life）の意味を解明する解釈学上の象徴」を提示することから始まるということを前提として考える[2]。この個人による啓示的経験は、形成されつつある共同体の中で共通の意識に根差される時、社会的な意味を持つ。こうした過程が進展すると共に、この形成されつつある共同体は、社会的のみならず、中心に象徴を宿す歴史的な共同体ともなる。

リューサーによると、ユダヤ教を母体とするキリスト教も、こうした一般的過程の例外ではない。ユダヤ教もキリスト教も、モーセ、預言者、イエスといった男性を中心として父権的社会において形成された宗教であり、これらの男性がその共同体において神的な存在と遭遇することによって革新的経験を経て、追随者を歴史的に蓄積していき、父権的な社会をさらに確立していったのである。しかし、これらの経験には、女性の経験が欠落している。したがって、父権的社会における男性の経験の上に構築された伝統的なキリスト教神学は、極度に偏っていると言える。

こうした傾向に対してリューサーは、フェミニスト神学が女性の経験を一層広範囲に援用することによって、伝統的な神学を真正な神学へと変革することができるし、またしなければならないと主張する。「フェミニスト神学の決定的な原則は、女性の十分な人間性の促進にある」[3]。しかし、これはフェミニスト神学が男性の経験を不当に縮小したり、無視したりしようとすることを意味しない。もし、フェミニスト神学がそうするならば、それは伝統的な神学がその構築において女性の経験を重要でないものとして周辺に追いやったのと同様の過ちを犯すことになる。リューサーが論じ

2　Ruether, R. R., Sexism and God-Talk, p.13.

3　Ruether, R. R., Sexism and God-Talk, p.18.

るように、「人類の侮蔑された半分として女性は、包括的な人間（inclusive humanity）という絶えず拡大し続ける定義に向けて邁進しなければならない。それは、両方の性別とすべての社会的集団と人種を含む包括的な人間の定義である。人間のある集団を十分に人間的でないとして周辺に追いやる宗教や社会の原理は、それがどのようなものであっても、私たちすべての人の存在を縮小してしまうのである」[4]。つまり、女性は、男性中心主義（androcentrism）だけでなく、あらゆる形態の狂信的排他主義（chauvinism）をも排除し、一層均衡の取れた普遍的な人間経験を重視し、真正な神学の再構築のために大きな貢献をしなければならないのである。

このような目的を具体的に実現するためにリューサーは、五つの援用可能な伝統を提示する[5]。

第一に、フェミニスト神学は、聖書の預言者的・解放的伝統（prophetic-liberating tradition）が聖書解釈の規範であり、また、社会的抑圧を行う組織を拒絶するための規範であると主張する。ここで、女性はこの社会的抑圧の被害者であったということを指摘しておく必要がある。聖書の預言者的・解放的伝統は、神が被抑圧者を解放し、支配的な権力組織を転覆させると論じる。またこの伝統は、預言者的に来るべき新しい時代の理想像を提示する。その時代は、現在の不正が歴史的にこの地において神の正義の支配に取って代わられ、その不正の組織を支持している宗教的イデオロギーが浮き彫りにされ、かつ、非難される時である。

第二に、フェミニスト神学は、キリスト教史において周辺に押しやられ、抑圧されてきたキリスト教の異端的伝統を活用する。例えば、古代教会においてモンタヌス主義は、男性と同様女性も預言者的権威を持ち、通常の伝道の働きに参与できると理解していた。聖霊の預言者的賜物は、男性と女性の両者に等しく注がれるからである[6]。神を御父とする伝統的な理解に反して、グノーシス主義のある形態のものは、神を男性であると同

4　Ruether, R. R., Sexism and God-Talk, p.20.

5　以下については、cf. Ruether, R. R., Sexism and God-Talk, pp.20-45.

6　Cf. Ruether, R. R., Women and Redemption, pp.51-53.

時に女性でもあると考えていた。[7]近代キリスト教において、マーガレット・フェル（Margaret Fell）やその夫ジョージ・フォックス（George Fox）といったクエーカーたちは、神の像（imago dei）に造られた者として、女性と男性の平等の地位を主張した。[8]クエーカーに由来するシェーカーたちはさらに、人間を女性と男性に、神の像に造られた神が両性具有の（androgynous）性質を持つと思索した。[9]こうした分派は、伝統的に異端的に取り扱われてきたが、その宗教的概念は実際、神や人間に関する新鮮な理解に満ちている。リューサーが強調しているように、「取り除かなければならない最後の異端は、まさしく、救済的なもの、革命的なものはすべて、歴史的なユダヤ・キリスト教の伝統によってのみもたらされうるということを前提とする『キリスト中心主義（Christocentrism）』なのである」。[10]

第三に、しかしリューサーは、支配的な古典的神学の重要な主題を排除しない。[11]リューサーは、キリスト教の組織神学の基本的なパラダイムを活用するが、それはリューサーがそれに同意するからではなく、むしろ、古典的神学における父権的要素が厳格に否定されるような徹底して革新的な形で、重要な主題の意味を再発見するためである。

第四に、近東地域の宗教や、ギリシャ・ローマ時代の宗教や哲学は、非キリスト教的であるものの、フェミニスト神学を構築する際に重要であり、また役に立つ。ユダヤ教、キリスト教、イスラム教の三つの唯一神論的宗教は、多神教的自然宗教を単に誤りとして拒否したが、[12]これらの自然宗教は潜在的に、人間の自然の生態学的関係に対する理解があり、女神

7　Cf. Ruether, R. R., Women and Redemption, pp.55-58.

8　Cf. Ruether, R. R., Women and Redemption, pp.135-145.

9　Cf. Ruether, R. R., Womanguide, pp.33-35; Ruether, R. R., Women and Redemption, pp.147-159; Ruether, R. R. & Keller, R. S. (eds.), Women and Religion in America, pp.63-65.

10　Ruether, R. R., Liberation Theology, p.191.

11　Cf. Ruether, R. R., Gaia & God, p.10.

12　Cf. Ruether, R. R., Gaia & God, pp.10f. 非キリスト教的宗教における種々の概念を解説した有益な研究書として、cf. Ruether, R. R., Womanguide.

（Goddesses）の概念は、女性の役割とアイデンティティーを明示するもう一つの要因を準備している。

第五に、私たちは現在、世俗的な時代に位置づけられているということを考慮すると、フェミニスト神学は、キリスト教以後の批判的世界観に通暁していなければならない。リューサーは、それらの中から三つのフェミニスト世界観を指摘する。自由主義フェミニズム（liberal feminism）は、民主主義社会において女性と男性の平等の確立を目指し、社会主義的フェミニズム（socialist feminism）は、そのような平等が生産手段の所有者と労働者の間の適切で正しい関係なしには確立されえないことを主張し、急進的フェミニズム（radical feminism）は、男性支配的な社会組織を支持するイデオロギーを私たちが監視していなければならないと確信している[13]。

フェミニスト神学は、単にこのような伝統を活用しようとしているだけではなく、むしろ、これらを新しい形で統合しようとしているのである。この統合を実行するためにリューサーは、神学が教会共同体のみに関与する学問分野であってはならないと論じる。神学は、非キリスト教の伝統を、さらには非宗教的な伝統をも内包する広範囲の人間共同体の中で一定の場を確保しなければならないのである[14]。また、神学は、両方の性別、すべての社会集団や人種の間の適切な関係だけでなく、動物、植物、土壌、空気、水を含む自然全体と人間の間の生態学的な関係にも関心を払わなければならない。もし、現代神学の一つとしてのフェミニスト神学が、生態学的、地球規模の共同体を神学の背景として強く意識しないならば、人間と同様すべての生物の生命を危険に晒す地球規模の緊迫した悲劇を未然に防ぐための解決案を提示することはできないであろう。

歴史的に言えばフェミニスト神学は、政治的にも支配的であったコンスタンティヌス的キリスト教から脱皮し、いわゆる異端的な伝統や、非キリスト教的、非宗教的伝統を利用することによって、被抑圧者と破壊された

13　Cf. Ruether, R. R., Sexism and God-Talk, pp, 99-109, 216-232; Ruether, R. R., Gaia & God, p.2.

14　Cf. Ruether, R. R., Liberation Theology, p.2.

自然のための解放の福音とならなければならない。これらの周辺的伝統は、古代、中世史におけるキリスト教化と近代史における世俗化の過程を通して出現したものである。こうした伝統に基づいてフェミニスト神学は、男性と女性との関係、階級間の関係、人種間の関係、人間と自然の関係に関するもう一つ別の在り方、つまり、同等性（equivalence）と相互性（mutuality）を特徴とする関係を提示する[15]。この関係は、神に関する新しいフェミニスト的解釈に基づいて形成される。それでは、フェミニストの解釈は、どのような神概念を提示するのか。次に、フェミニスト神学の神概念に移ろう。

4.「女 / 神（God/dess）」と「地の神（Gaia）」の概念

リューサーは、「神々（Gods）」と「女神たち（Goddesses）」と「神（God）」と「女 / 神（God/dess）」という用語の意味を明確に区別する[16]。古代近東の神的存在に言及する時、リューサーは「神々」や「女神たち」という用語を使用して、男性概念と女性概念が対になっていることを明確にし、ユダヤ・キリスト教における神的存在に言及する時、リューサーは「神」や「ヤーヴェ（Yahweh）」という用語を使う。しかし、「神」という用語は、その男性一般形のため、フェミニスト神学において追求される神的存在の理想像を明示するには不正確であり、不適切である。したがってリューサーは、一層十分な神的存在を指示する新しい用語を鋳造した。それは「女 / 神（God/dess）」という用語であり、「神（God）」と「女神（Goddess）」の双方を含む合成語である。便宜上造られたこの単数形の用語は、ユダヤ・キリスト教の唯一神論を保持すると同時に、神的存在の男性的・女性的性質双方を含む記述上の象徴である。この発音不可能な用語は、神的存在が呼びかけられる礼拝にはふさわしいものではない。礼拝

15　Ruether, R. R., Sexism and God-Talk, p.22.

16　以下については、cf. Ruether, R. R., Sexism and God-Talk, pp.47-71.

において信仰者は、神の他の名前、「聖なる方（Holy One）」や「聖なる知恵（Holy Wisdom）」が使用されるべきであろう。

神的存在の女性的性質が回復されるために、つまり、「女 / 神」の概念が明示されるために、リューサーは、ユダヤ・キリスト教とそれ以外の宗教の両方の伝統を検討する。リューサーの研究によると、最も古代の異教において人間の描いた神の像は、男性ではなく女性であり、したがって神の原初の像は、「原初の母胎（the Primal Matrix）、神々と人間、大空と大地、人間と人間以外の存在、すべてのものが生み出される偉大な子宮」と呼ばれうる[17]。神は「存在の根底（Ground of Being）」であり、生命の究極の源泉かつ刷新者である[18]。

古代の神話において神や女神は、階級的な概念ではなく、また、相互に補完的な存在でもなく、両者が神的存在の同等の像であるという点を指摘しておくことは重要なことである。

これより後のユダヤ・キリスト教における神概念もまた、幾つかの女性の像として表現されている。イザヤ書42章13-17節において、神は陣痛時の女性に譬えられており、罪人に対する神の無条件の愛と哀れみが強調されている[19]。また特に、多くの初期キリスト教文書において、聖霊は女性として言及されている。例えば、グノーシス主義のある文献において、三位一体は父と母と息子として表現されている。しかしリューサーは、フ

17　Ruether, R. R., Sexism and God-Talk, p.48. Cf. Ruether, R. R., Womanguide, Chapter 1. Gender Imagery for God/dess. ここで次の点に留意しておくことが重要である。「母とか娘という母系的系統が、……実際、私の生に強く根付いている。恐らく、このため、私は常に本能的に、神を父親のような超越的自我としてではなく、力付ける母胎として考える」（Ruether, R. R., Disputed Questions, p.24.）。

18　Ruether, R. R., Mary, pp.11, 14は、「存在の根底」という概念がパウル・ティリッヒに由来すると示している。

19　Cf. Ruether, R. R., Sexism and God-Talk, p.56:「フィリス・トリブル（Phyllis Trible）が指摘するように、同情や哀れみという概念の元の言葉は、ヘブル語では、子宮（rechem）を意味する」。Cf. also Ruether, R. R., Womanguide, pp.9f.

ェミニスト神学が、支配的な男性形の神の女性的な側面として従属的立場にある神概念を超えていかなければならないと論じる。事実、ユダヤ・キリスト教の神概念は、神的存在の男性像を一層強調するため、この概念によって発展させられた男性的唯一神論は、神と女神が対になった像を持つ宗教の場合とは異なって、父権主義的な階級化を促進させた。そして、ユダヤ・キリスト教において表現される神は、父権主義的な支配者階級の人間像のモデルとなっていったのである。[20]

それにもかかわらずリューサーは、ユダヤ・キリスト教の正典である旧新約聖書を再検討することによって、神の男性的概念化と男性的神概念による父権制社会の正当化という悪循環を断ち切る努力をする。リューサーは、次の点が脱父権主義化に役立つと考える。[21]

(1) 出エジプトの出来事が示しているのは、イスラエル部族の神としてヤーヴェが、抑圧されたイスラエルの民を解放する役割を担うことによって、哀れみと正義を特徴とするということである。ガラテヤの信徒への手紙3章26-29節にあるように、キリストは信仰によって人々を贖い、階級、人種、性別による分裂はキリストにおいて克服される。

(2) 父なる神の主権性は、しばしば人間の王や父親の下での隷属状態

---

20 Cf. Ruether, R. R., Sexism and God-Talk, p.53:「この階級主義的秩序は、旧約聖書の父権的律法の構造において明白である。そこでは、男性の家長だけが、直接的に言及されている。……新約聖書では、この階級主義的『秩序』は、コリントの信徒への手紙一11章3, 7節にあるように、宇宙の原理として現れている」。

21 父権制の意味については、cf. Ruether, R. R., Sexism and God-Talk, p.61:「父権制とは、単に、男性に対する女性の従属ではなく、父親に支配された社会の全構造を意味する。つまり、農奴に対する貴族、奴隷に対する支配者、臣下に対する王、植民地民に対する領主も含まれる。階級主義的構造化を補強する宗教は、神をこうした特権と統制の組織の頂点に位置づけるために利用する」。

を打ち切る。神に呼び出されたアブラハムは、先祖との関係が深く根を下ろす故郷を離れて旅に出たし、イエスに従った弟子たちは、自分たちの家族との繋がりを断ち切った。その代わり、これらの追随者たちには、神を「父（Abba）」と呼ぶ特権が与えられた。この呼称は、階級主義的な呼称ではなく、子どもが父親を呼ぶ時のような親密な呼称である。

（3）　聖書の伝統において偶像礼拝が禁止されているという事実は、「父（Abba）」という用語から、文字通り神を男性と解釈してはならないという禁止を意味する。「父（Abba）」という呼称から神を男性と解釈することは、まさしく、神を男性偶像化することに他ならないからである。燃える柴の箇所で、モーセに啓示された神秘的な神の名前である「わたしは、あるというものである（I am what I shall be）」（出エジプト記3章14節）は、神が階級、人種、性別によってではなく、神だけによって決定された何かに基づいて表現されうることを示している。

（4）　福音書の幾つかの譬えでは、パン種を粉に混ぜて膨らます女（ルカによる福音書13章20-21節）や、無くした銀貨を探す女（ルカによる福音書15章8-10節）を通して、神が「（創造者である）母や父ではなく、失われた者を探し、歴史を変革する（救済）者として」描かれている[22]。

こうした研究に基づいて、リューサーは神概念を再構築し、「女/神（God/dess）」という像が女性の経験と、より一般的に言って、あらゆる種類の被抑圧者の経験を回復しなければならないと考える。したがって、リューサーが主張しているように、「私たちは、十分な人間性（personhood）を育成する方である解放者、救済者としての神という用語から開始する必

22　Ruether, R. R., Sexism and God-Talk, p.68.

要がある……」[23]。「女 / 神」は、単に生命の源泉であるだけではなく、被抑圧者を解放し、人間関係を人格的な関係へと救済することによって、生命を刷新する方である。

リューサーは後の本『地の神と天の神（Gaia & God）』（1992）で、さらに神学に「地の神（Gaia）」という新しい概念を導入する。「女 / 神（God/dess）」という用語が、文字通り取り扱いにくい用語だからである[24]。ギリシャ神話で地の女神を表す「地の神」という用語によってリューサーは、ユダヤ・キリスト教の伝統における天に座す唯一神論的・父権主義的な神に対して、生きた聖なる大地を意味する。地の神を、大地に内在する人格的な神的存在と定義するのである。つまり、地の神は、聖なる大地である。地の神は、単に神に創造されたものではなく、むしろ、統一的な有機体として生きているものである。この新しい概念は、創造論や自然に対する人間の態度との関係において、伝統的な神概念に変革的な貢献をする。

キリスト教の創造論は、創世記の最初の幾つかの章を、その中心的、規範的創造物語として重視する[25]。しかし、この創造物語の背景として、より古いバビロニアの創造物語がある。この創造物語では、原初の母が天と地を造り出し、また、神々や女神たちをも生み出す。この神々や女神たちは、都市国家の支配者階級を象徴している存在である。しかしここで、神々や女神たちは、決して天や地に先在していない。この母系的物語に対して、旧約聖書の創造物語によると、神は天と地に先在し、それらを原初の形のないものから創造した。リューサーの考えでは、バビロニアの創造物語における「母」が、旧約聖書の創造物語における、この「原初の形のないもの」に矮小化されたのである。

さらに、旧約聖書の創造物語では、人間は比類なき方法で神の像に造られ、すべての動物、植物、大地に対する支配権を与えられた。ここで神と神の像に造られた人間は、祭司階級の人々をモデルに描かれており、祭司

23 Ruether, R. R., Sexism and God-Talk, p.70.

24 以下については、cf. Ruether, R. R., Gaia & God, pp.1-4.

25 以下については、cf. Ruether, R. R., Gaia & God, pp.15-31.

たちは当時の社会において、命名の儀式を通して、いわば、すべてのものを具体的に存在させることができた。この旧約聖書の創造物語は、母という要素が殆ど無に帰せられており、父なる神とは対蹠的な形で造られた大地を、神の像である人間が支配するという意味において、明らかに父権主義的である。リューサーは、こうした父権主義的物語の強調が、人間による自然破壊を助長すると考える。したがって、神々と天地に同等の存在論的地位の与えられているバビロニアの創造物語を考慮に入れて、リューサーは、大地、つまり、自然は、神のように生きた聖なる「地の神」として認識されなければならず、そのようなものとして強奪の対象に引き下げられてはならないのであると論じる。

5. キリストとマリアの役割

リューサーにとって、フェミニスト神学において探求されるべき神的存在が男性と女性の両方の性質を包含しなければならないように、イエス・キリストの古典的な男性像もまた、一層包括的な像へと変革されなければならない。再びリューサーは、周辺に追いやられたキリスト論から始める。

リューサーによると、黙示的ユダヤ教と新プラトン主義哲学の背景を持つ古典的キリスト論は、来るべき天の救い主なる王と不変の存在である超越的ロゴスという二つの概念を統合している[26]。この統合の背景には、重要な解釈上の変更が潜んでいる。箴言8章で言及されている神の知恵は、神と人とを結び付ける役割を持つ女性像として描かれていたが、新約聖書で神の子、ロゴスと同一視されるようになった。他方、グノーシス主義キリスト論は、知恵を霊的人間の創造と救済の源泉と見なし続けた。また、古典的キリスト論では、キリストは教会の頭であり、花婿であると見

26　以下については、cf. Sexism and God-Talk, pp.116-138; Ruether, R. R., Womanguide, Chapter 3. Stories of Creation & Chapter 6. Redeemer/Redemptrix: Male and Female Saviors; Ruether, R. R., To Change the World, Chapter IV Christology and Feminism: Can a Male Saviour Save Women?

なされるため、必然的に男性と認識される。リューサーが指摘するように、「キリストの必然的な男性的性格の議論の背後に、神は男性であるという神学的想定がある」[27]。ここで明らかに、古典的なキリスト論は、古典的な神論と結び付けられている。

これに対してリューサーは、もう一つ別のキリスト論を提示するために、両性具有キリスト論（androgynous Christology）と霊的キリスト論（spirit Christology）を導入する。キリスト・イエスにおいては男も女もなく、皆一つであるというパウロの言葉（ガラテヤの信徒への手紙 3 章 28 節）から、両性具有キリスト論は、キリストが男でも女でもなく、両方の性質を具備し、そのためキリストは、女性と男性両方の新しい代表者であり、救済者であると考える[28]。預言の霊が男女両方の僕に注がれるという使徒言行録 2 章 18 節の言葉に依拠して、霊的キリスト論は、復活のキリストが男性預言者と女性預言者の両方を通して働き続けると主張する。その時キリストは、女性を含む新しい人間像と内的に本質的に関係するのである。

フェミニスト神学のキリスト論は、キリストの女性的性質だけではなく、女性に対するキリストの哀れみに満ちた行為をも強調する。キリストは、儀式的に最も不浄と見なされた流血を持つ女性を癒し、道徳的に最も排斥されていた遊女を義とした。キリストは、最も抑圧されていた人たちと親密な関係を持ったのである[29]。こうした場面で描かれているキリスト像は、全知全能の父なる神をモデルとした、僕に君臨する支配者である王からは程遠い。キリストの像はむしろ、被抑圧者の十分な人間性を回復するために苦しむ僕であり、自分自身の命を人々のために捧げることさえ実行する。リューサーが述べているように、イエスは、「神と人間の間の新しい関係を実現する際、王としてではなく、むしろ、僕なる救い主として語るので

27　Ruether, R. R., Sexism and God-Talk, p.126.

28　Cf. Ruether, R. R., Sexism and God-Talk, p.127:「この神話では、アダムは最初、男性と女性の両方を兼ね備えていた」。

29　Cf. Ruether, R. R., Sexism and God-Talk, p.136; Ruether, R. R., New Women, New Earth, pp.63-66.

ある」[30]。

古典的なキリスト論は、神性と人性（the divinity and the humanity）の間の存在論的一致という難解な神学を中心に展開されたが、フェミニスト神学のキリスト論は、神と人が相互に奉仕する関係に一層の関心を持ち、さらに、キリストと抑圧された女性の関係や、キリストにおける女性と男性の性質の関係に関心を持つ。この神と人が相互に奉仕するという側面は、次のマリア論においても顕著に表れている。

父なる神と神の御子イエス・キリストという男性中心的神概念に対して、マリアはイエス・キリストの母として必然的に女性である。フェミニスト神学においてマリアは、最も重要な役割の一つを果たしているはずである。しかし、伝統的なカトリックのマリア論の幾つかは、依然としてリューサーの非難の対象となっている[31]。無原罪懐胎説（The doctrine of the Immaculate Conception）は、マリア自身、罪無きキリストの母として、肉欲的な誕生（carnal reproduction）とは無関係に生まれたため、懐胎の瞬間から原罪が無かったと教える。聖母被昇天の教理（The doctrine of the Assumption）は、この無原罪懐胎説の論理的結末であり、さらなる思索である。もし、マリアが原罪を免れていたなら、死を被ることはなく、死のように見える出来事—それは実際、一時的な眠りに過ぎない—の後に、キリストによって、体と魂が共に昇天したと説く。

リューサーは、このような教理の背景に、罪と死を、また、罪と肉体の性的性質を密接に結び付ける思考方法が存在すると見抜いている。つまり、カトリックのマリア論は、マリアから通常の女性の持つ死せる肉体を、罪の原因として取り除き、マリアの十分な人間性を否定しているのである。ここで女性の肉体における性的性質（female sexuality）は、単に罪のためのスケープゴートとされ、また死の原因とされている。このような理由でリューサーは、これらの教理を強く非難する。「私たちを私たちの死せる

30　Ruether, R. R., Sexism and God-Talk, p.136.

31　Cf. Ruether, R. R., Sexism and God-Talk, pp.149-152; Ruether, R. R., Mary; Ruether, R. R., New Women, New Earth, pp.46-59.

肉体から分離しようとし、女性を死と罪の原因と見なす、こうした努力そのものが、真の罪である」[32]。

リューサーは代わりに、自分の関心を解放のマリア論へと向ける[33]。ルカによる福音書1章46-55節のマリア賛歌、特に、1章51-54節を強調するこのマリア論において、イエスの誕生と共に究極的に開始された救いは、明白な経済的、政治的変革と結び付けられている。力ある者は、その王座から引き摺り下ろされ、豊かな者は追い返される。ここでマリアは、抑圧された人々や屈辱を受けた人々を代表しており、こうした人々は神によって解放され、高く上げられるのである。このようにして、新しい人間関係が実現する。

リューサーによると、この変革は、神の強制や一方的な介入によって可能となるのではなく、むしろ、神に対する人間の自由な応答性によって可能となる。「はい、私、主のはしためはここにおります。あなたのお言葉通りのことが、私に起こりますように」（ルカによる福音書1章38節）という、神に対するマリアの応答は、明らかに、「マリアが母となることを自由に選択していることを示している。天使が来た時、マリアはヨセフに相談せず、自分自身で決断している。ルカは、この自由な選択をマリアの信仰の表現と見なしている」[34]。リューサーはここから、一方で、マリアの

32　Ruether, R. R., Sexism and God-Talk, p.152. マリアの処女性や誕生とイエスの関係については、cf. Ruether, R. R., Mary, pp.34f.:「若いマリアは、子どもを産むには若過ぎる年で婚約した女性と考えられていたかもしれない（当時、こうしたことは珍しくなかった）。そして、月経がマリアの生殖能力を示す最初の証明として与えられる前に、彼女は懐胎したのかもしれない。ラビ文献によると、このような母胎からの誕生を『処女降誕』と呼ぶ。したがって、神の奇跡的な介入は、ヨセフの生物学的な役割を排除する必要が無い。……つまり、処女降誕は、イエスに関する言明であって、マリアに関するものではない。それは、イエスが懐胎した時から神に特別に『選ばれている（chosenness）』ことを主張するものである。処女としてのマリアの優越性を宣言したのではない」。Cf. also Ruether, R. R., Mary, p.54.

33　Cf. Ruether, R. R., Sexism and God-Talk, pp.152-158.

34　Ruether, R. R., Sexism and God-Talk, p.153.

ような信仰者はこの世の変革のために神に祈り深く依存し、他方、神は逆説的に、神の命令を自由に実行する人々に依存していると考える。リューサーが強調するように、「このような信仰がなければ、奇跡は起きない。このような信仰のない時、キリストは何もできないのである」[35]。人間に依存する神という考えは、父権主義的神学においては考えられない着想である。しかし、神と人間の相互依存こそ、被抑圧者の解放とこの世の解放を実現する鍵なのである。

6. 生命共同体

この世がいかに変革されうるのかを明示するために、最初に、リューサーが非難するこの世の罪の特徴を連記しておこう。

リューサーによると、人間だけが罪を犯すことができる[36]。人間だけが人間と自然を含む他のものを利用し、均衡の取れた関係を歪曲することによって、他のものに対して罪を犯すことができる。罪とは、個人的なも

35　Ruether, R. R., Sexism and God-Talk, p.154.

36　Cf. Ruether, R. R., Sexism and God-Talk, pp.88, 160f., 181; Ruether, R. R., Gaia & God, p.256. Cf. also Ruether, R. R., Gaia & God, p.255:「キリスト者とキリスト教の世俗的追随者は、罪の問題に関して二つの定義を継承している。ヘブライズムの伝統において、罪の問題は、不服従の意志と関係している。神の命令は義の道を開示するが、私たちは不義を選択する。しかしながら私たちは、自由であり続ける。私たちは、不義の道を選択することができ、したがって、贅沢な生を送ることもできる。罪の解決は、歴史の外側にはなく、歴史的実存の境界内に求められる。ギリシャの伝統では、過ちは形而上学的なものである。私たちは、永遠の知性と死すべき肉体の二元論から成り立っている。解決は、知性へと退却し、肉体を統制することにある。究極的に解決は、死を超えたところにあり、肉体を捨て去る時に与えられる。そして、そうする力は私たちの中にある。私たちは、真に知っていることを実行できる。キリスト教は、これら二つの見解を統合し、罪の理解を複雑にした。罪とは、歴史的であると同時に、形而上学的である。また、罪のため、私たちは完全に有罪とされているが、同時に、私たちは罪を解決するために自分自身では何もできないのである」。

のではなく、むしろ、関係論的に、共同体論的脈絡の中で現れるものである。さらに、罪は、単に他のものとの歪曲された関係を意味するだけではなく、歴史的な側面をも内包している。「継承される罪（inherited sin）という概念において、私たちはまた、悪が単に個人の決断の集積ではないことを認識する。私たちは、白紙の状態（a clean slate）から始まるのではなく、私たちの知性と意志を否定的に偏向させる文化的・社会的制度という歴史的組織を継承しているのである」[37]。したがって、罪は複雑な構造をしており、その現象を明確に整理することは困難であるが、次の点を、罪の主要な特徴として挙げることができるであろう。

第一に、罪は、肉体に対する知性または魂の抑圧的な関係として、また、女性に対する男性の抑圧的な関係として現れる。この点に関してキリスト教は、悪が物質的な世界に存在し、特に、知的活動を行う知性とは対立的な肉体に存在するというプラトン主義哲学の見解とグノーシス主義におけるその誇張された形態による影響を被った[38]。肉体に対する知性のこうした優越性が、さらに、女性に対する男性の優越性と関連づけられたのは、女性の方が、子どもを産んだり、料理を作ったりすることによって再生産の過程に直接従事しているため、肉体に一層近い存在であるという表面的な観察がなされたためである。したがって、肉体として定義された女性は、肉欲的で、それゆえ劣等であると見なされた。もし、女性が肉欲的であるなら、女性は罪を犯す傾向を持っていると見なされる。

こうした考えと一致して、聖書の堕落物語やヘシオドスによる黄金時代のギリシャ神話では、女性が、特に、妻が苦しい陣痛や肉体の死というような否定的出来事の責めを負うべきであるとされている。創世記2章の場合、女性は男性の脇腹から取り出される形で造られたという記述は、聖書

37　Ruether, R. R., Gaia & God, p.142.

38　Cf. Ruether, R. R., Liberation Theology, pp.17, 19, 99f, 102; Ruether, R. R., Sexism and God-Talk, pp.74, 95-98, 165, 174, 182; Ruether, R. R., Gaia & God, pp.21, 122, 143f. 以下については、cf. Ruether, R. R., Womanguide, Chapter 4. Humanity: Male and Female & Chapter 5. The Origins of Evil.

の伝統が、支配する夫と夫の傍らで助け手として派生的に仕える妻という父権主義的関係を命令しているという意味に理解されている。リューサーによると、女性は男性より罪深いのではなく、女性に対する男性の知的・霊的優越性を説くような父権主義的理解そのものが、実際歴史的、構造的に罪深いのである。罪はむしろ、歪曲された関係性としての性差別にあり、女性に対する男性の抑圧にある。この差別において女性は、神の像を十分に持つ男性に対して、神の像の一部分として見なされるのである。

第二に、権力者と被抑圧者の間の階級的関係が、罪のもう一つの形態であり、弱者に対する強者の優越性という構造を持つ女性と男性の階級的関係と深く関係している。これもまた、解放の神学における一般的主題の一つであり、それは、異なった階級、人種、性別の人々の間に均衡の崩れた関係があり、そのうちの一部の人々は不当に抑圧されていることを指摘する[39]。つまり、社会的支配構造が存在するのである。それは例えば、労働者に対する経営者、非白人に対する白人、女性に対する男性などである。ここでリューサーの警告に留意することが重要である。他のものを支配しようとする男性的自我は、人種間、国家間の紛争の安直な解決手段としての暴力的・組織的支配関係、軍国主義と容易に結び付く[40]。

第三に、階級的関係としての罪は、人間でない自然に対する人間中心的態度の中にも現れる。私たちは現在、核戦争が自然を含めた地球全体を全滅させる可能性があることを痛いほど知っている。つまり、人間中心的思考方法は、自然のような人間以外の存在を無視する傾向がある。リューサーによると、自然の上に人間を位置づけるという階級制度の背後に、存在の階級的連鎖（the hierarchical chain of being）という西洋神学の伝統がある。この連鎖は、「存在の連鎖の源泉としての非物質的な霊（神）から始まり、存在の連鎖の最底辺にあり、命令の連鎖の中で最も劣っており、価値のない、支配された状態にある、非霊的な物質に至る」[41]。生命を刷新す

39　特に、cf. Ruether, R. R., Liberation Theology, Chapters 1, 8, 9, 12.

40　Cf. Ruether, R. R., Gaia & God, p.266.

41　Ruether, R. R., Sexism and God-Talk, p.85.

る自然は、この連鎖において底辺に位置づけられているため、人間によって搾取されるべきものとして取り扱われる。それは、生命を生み出す女性が、父権制社会の底辺に位置づけられているため、男性によって支配されているのと同様である。この存在の連鎖において、神は悪に対する絶対的な善であり、それゆえ、他のより低次の存在を破壊する権限を持つというような思考方法は、人間が神と同一視されることによって、または、神の代理人と見なされることによって、人間による自然破壊の正当化を助長してしまう[42]。さらに悪いことに、直接的に自然破壊を意図していないとしても、人間の人口は近年爆発しており、自然資源を徐々に枯渇させ、動物、植物、大気、水、土壌といった環境の汚染を増大させている[43]。

リューサーは、こうした罪の諸形態の背後に潜む共通の傾向を正確に指摘する。それは、主体と客体の二元論（subject-object dualism）である[44]。ここでこの二元論は、知性と肉体、男と女、経営者と労働者、白人と非白人、人間と自然という形で表現されており、主体である前者が後者を所有され利用される客体として抑圧する構造をしている。このようにして、種々の形態の関係は歪曲され、前者のみが、善悪二元論の絶対的善となるのである。最も悪辣なのは、このイデオロギーが常に、悪や罪の責めを抑圧されている側に担わせ、抑圧者自身を不当にも正当化する点にある。

それでは、いかにしてこのような悪辣な仕組みは、変革されうるのか。何が、このような均衡の崩れた関係を贖い、正義を回復させるのか。リューサーは、こうした問題を解決するために、私たちは創造と救済、自然と恩寵といった二元論に陥るべきではなく、こうした二項の全体論的な見解を保持すべきであると論じる[45]。神学的に言えば、天地を「創造した」神

42　Cf. Ruether, R. R., Gaia & God, pp.6f., 83f.

43　Cf. Ruether, R. R., Gaia & God, pp.111, 263.

44　Cf. Ruether, R. R., Liberation Theology, p.19; Ruether, R. R., Sexism and God-Talk, pp.160, 165; Ruether, R. R., Gaia & God, pp.115f.

45　Cf. Ruether, R. R., Liberation Theology, pp.7f.; Ruether, R. R., Gaia & God, pp.208, 229. Cf. also Ruether, R. R., Liberation Theology, pp.63f.:「救済（Redemption）

は、この堕落した世界において歪曲された関係を「贖う」神と同一の神である。リューサーは、こうした見解を解放の神学としてのフェミニスト神学との関係で次のように表現する。解放の出来事は神の恩寵から始まり、その後、悔い改めの可能性が出てくる。この順序は逆ではない。解放は悔い改めの報酬ではなく、「私たちの状況の中で生起する無償の自由の神秘（a gratuitous mystery of freedom）から始まる。……解放は、『上からの（from above）』無償の賜物（a free gift）として経験されるものなのである。この無償で超越的な自由の神秘においてのみ、解放は私たちが受けるに『値』しなくとも（without our "deserving" it）、私たちのもとへ到来する。……しかし、解放の賜物は、罪という状況とは疎遠で、罪に対して超越的であるものの、『私たちの性質（our nature）』から疎遠ではなく、人間の原初の基盤と同じ『根底（ground）』に由来するものである。したがって、解放の賜物は、特に『超自然的（supernatural）』なものと見なされるものではなく、人間がその真の自己に回復され、被造物が『神の国（God's Kingdom）』という真の目標と再統合される状態と見なされるのである」[46]。

神の恵みは、自由にまた無償で、主権的に人々を導き、不正な関係を悔い改めさせ、真正な関係へと回復させる。この際、超自然的にではなく、神秘的にかつ現実的にこの世界の自然との関係において人々を導くのである。神の主権的行為によって可能となるこの回復は、前述した罪の諸形態に対して、次のような形で表現されうる。

第一に、父権主義的で抑圧的な人間関係は、人格的な人間関係へと回復されうる[47]。リューサーは、人格的な関係（personal relationship）が真正な

は、単に社会と被造物を拒絶することではなく、社会と被造物を、疎外された抑圧的状態から、この地にあって真に神の現存の器となりうるようなものへと変革することを指す」。

46　Ruether, R. R., Liberation Theology, p.9. リューサーのこの頁の言葉によると、救済を創造から分離し、恩寵を自然から分離する思考は、元々グノーシス主義によってもたらされたものである。

47　以下については、cf. Ruether, R. R., Sexism and God-Talk, pp.174, 178; Ruether, R. R., Gaia & God, p.265. メアリー・デイリー（Mary Daly）のフェミニスト神

人間関係であると論じる。この人間関係において、男性は十分な人間性を持ち、十分創造的な働きの場を与えられた女性と同等な関係を維持する。女性の権利と尊厳が維持されなければならないのは、単に女性が不当に権利と人権の侵害を被ってきたからではなく、人間全体の中の否定的部分として女性を抑圧することが、女性と男性の両方の人間性を破壊することになるからである。男性が女性をそのようなものとして客体化し、女性の人間性を破壊することによって、男性は自分自身の人間性を破壊しているのである。リューサーは、男性のこのような破壊的行為に対して洞察力のある思索を行っている。男性のこのような行為は、男性が自分自身の能力の中で劣等な部分を自分自身のアイデンティティーに統合することができないため、その劣等な部分を女性に投影しているに過ぎない。この意味で、否定的な要因を抱えていると男性が考える傾向にある肉体は、本質的に悪いものではなく、むしろ、日常生活において、または霊的生活において正しく活用されるなら、神に奉仕しうるものなのである。

女性と男性の両性を活かした統合的な人間性に基づいた真正な人間関係は、「我と汝の関係（I-Thou relationship）」とも呼ばれる[48]。ここでリューサーは、マルティン・ブーバーの「我と汝の哲学」に依拠している。女性と男性の間における我と汝の関係は、女性が「それ（it）」と見なされ、非人格的に取り扱われる客体と見なされるような「我とそれの関係（I-It relationship）」ではない。この我と汝の関係は、神と人間とのより根源的な我と汝の関係によって実現するものである。「偉大な汝（the great Thou）」である神は、「宇宙のプロセスの人格的中心点」として人間と邂

学に対するリューサーの批判については、cf. Ruether, R. R., Gaia & God, p.171:「メアリー・デイリーによる分派的視点は、男性が同胞の人間として認められないような終局点にまで、フェミニストの父権制批判を推し進める。このような視点は、フェミニズムの人道的（humanist）約束を傷付けるため、社会における男性と女性の間の闘争を解決するという真の希望を提示できない」。Cf. also Ruether, R. R., Women and Redemption, pp.215-221.

48 Cf. Ruether, R. R., Liberation Theology, pp.29, 106; Ruether, R. R., Sexism and God-Talk, pp.161, 174; Ruether, R. R., Mary, p.78.

返し、「すべての小さな人格的存在の中心点と対話をなしつつ、継続的に世界を創造し、再創造する」[49]。偉大な汝である神に遭遇した男性は、女性に対して我と汝の関係を確立する力が与えられるのである。

第二に、階級主義的な人間関係は、相互依存的で同等の関係へと変革されうる。我と汝の関係は、権力者が積極的で、時として、攻撃的な役割を担うような、片務的、もしくは一方的な関係ではない。真正な人間関係は、相互依存と相互高挙を特徴とする[50]。男性であろうと女性であろうと、経営者であろうと労働者であろうと、白人であろうと非白人であろうと、真正な人間関係において、これらの人々は主体と客体ではなく、むしろ、主体と主体、さらには、人間と人間でなければならない。こうした人間関係において両者共に、特定の役割を担った個人であり、そのような者として、相互に依存しつつ、協力関係を確立し、健全な社会を建設しなければならない。

もし、これらの人々が相互に依存し合い、高め合うなら、そこに平等性が実現する。各自の役割の遂行において、ある人が他の人に奉仕するのと同様に、他の人がその人に奉仕するからである。リューサーによると、イエスは女性に同等の人間として接し、女性が自分の弟子となることを認可した[51]。つまり、イエスは、共同体を主人と僕という人間関係から解放し、

49　Ruether, R. R., Gaia & God, p.253. 王ではなく汝としての神については、cf. Ruether, R. R., Sexism and God-Talk, pp.10f.:「自分の僕である諸国家に君臨する王という神概念は、まさしく、十字架におけるイエスの死によって廃止させられた。イエスの死と共に、天の統治者である神は、天を去り、自分の血によってこの大地に注がれたのである。新しい神が私たちの心に生まれ、天を押し下げ、大地を高く挙げ、主人と奴隷、支配者と隷属者のいない新しい世界を創造することを、私たちに教えてくれた。男でさえ、女を背後に柔順に従えさせて、先頭に立つことはない」。

50　Ruether, R. R., Sexism and God-Talk, pp.163, 179, 231; Ruether, R. R., Gaia & God, p.265; Ruether, R. R., New Women, New Earth, pp.26, 31; Ruether, R. R., Mary, p.80.

51　Cf. Ruether, R. R., Sexism and God-Talk, pp.5f. Ruether, R. R., Sexism and God-Talk, pp.8-11 は、女性であるマグダラのマリアが、復活したイエスの証人とな

相互の奉仕に基づく同等の友人関係へと変革したのである。[52]

第三に、自然に対する人間中心的態度は、すべての生命存在の間の生命愛的相互関係（biophilic relationships）へと変革されうる。この関係は、特に、人間と自然の関係において重要である。[53]リューサーが繰り返し強調しているように、人間はこの地球においては後期の登場者である（latecomers to the earth）ことを深く認識していなければならない。[54]人間はそのような者として、自分たちが生命の源泉ではないし、むしろ、自分たちの生命を維持するために直接的に自然に依存しているということを認識しなければならない。もし、人間が自然を搾取すべき対象として取り扱い続けるなら、人間は確実に大破局に遭遇するだろう。その時、人間は水、大気、土壌、動物、植物といった生命を維持する組織を失うのである。したがってリューサーが論じているように、人間は生態学的な共同体である自然に対して我と汝の関係を確立しなければならないのである。この関係において自然は、前述したように、地の神であり、言わば、神格化された大地である。生命の源泉であり刷新者であるこの地の神と人間は、新しい人格的関係に入る必要がある。一方で、人間は地の神の管理人として、地の神を回復可能な範囲内で保護しなければならない。他方、人間は自分たちの生命を地の神に依存しているのである。人間と地の神は、片務的な階級的関係ではなく、むしろ、相互依存的な関係に入る必要があり、そのようなものとして両者は、分かち難い同一の生命を共有しているのである。

こうした理解はさらに、人間の共同体が生態学的共同体から分離されえ

るという決定的役割を果たした点を指摘する。当時は、男性のみが、イスラエルの真の共同体構成員であり、証人となる資格を持っていた。

52　Cf. Ruether, R. R., Sexism and God-Talk, pp.64f.

53　以下については、cf. Ruether, R. R., Liberation Theology, p.18; Ruether, R. R., Sexism and God-Talk, pp.85-92; Ruether, R. R., Gaia & God, pp.48, 56f., 139, 141, 226f., 250, 256, 258.

54　Cf. Ruether, R. R., Gaia & God, pp.5, 47, 254; Ruether, R. R, 'Ecofeminism: The Challenge to Theology,' Hessel, D. R. & Ruether, R. R. (eds.), Christianity and Ecology, p.103; Ruether, R. R. & Hall, D. J., God and the Nations, pp.85, 89.

ず、両方の共同体は、相互依存の関係を持つ一つの生命共同体として存在しているという意識に結び付く。人間は現在、個人主義的で人間中心主義的生活様式を停止し、共同体論的、生命愛的生活様式へ回心しなければならない時代に位置づけられている。生命存在はすべて相互に関係しており、そのようなものとして、共同体論的な生命へと誘われているのである。どういう存在であっても、この共同体に生きるものを傷付けることは、生命共同体の全体のどこか一部分を危険に晒すことになり、その生命組織の調和を維持する機能に悪影響を与えることになる[55]。この意味で、生命存在は、どのような小さなものであっても、生命共同体の中で威厳ある役割を果たしているのであり、尊重されなければならない。

リューサーは、この生命愛的意識と一致する考えとして、聖書の伝統における安息の規則（sabbatical legislation）を取り上げる。リューサーによると、「この規則は、一連の同心円的な周期、つまり、七日の周期、七年の周期、そして、七年の七倍の周期の後のヨベルの年について記述している。それぞれの周期において、土地と動物と人間は、根本的に、また徹底的に休息し、回復しなければならず、五十年目に『一巡を最終的に終える(permanent revolution)』[56]」。このことを通してイスラエルの民は、大地とそのすべての生きものが、人間にではなく、神に属するということ、そして、神が生きものを癒し、原初の状態を回復させるということを学んだ。神が尊重するものを、人間も尊重しなければならないのである。

要するにリューサーは、肉体と知性の同等性、女性と男性の同等性、異なる社会的、人種的背景を持つ人々の間の同等性、地域や国家を別にする

55　Ruether, R. R., Gaia & God, p.248 はまた、最近の物理学がいかに関係性を解釈しているかについて言及している。それによると、「原子内のレベルでは、物質とエネルギーという古典的な区別は、成り立たない。物質は、一定のパターンを持つ関係性の中を動くエネルギーである。絶対最小のレベルでは、物理学上の『もの（stuff)』の姿は、隙間のある網目状の関係性の中へと消える。この関係性の中で、全宇宙は最終的に相互に結び付けられており、観測者もまた、この過程の一部分を構成しているのである」。

56　Ruether, R. R., Gaia & God, p.211.

人々の間の同等性、そして、人間共同体と生態学的共同体の同等性を提唱しようとしているのである。しかしリューサーにとって、特に生命共同体を維持するためには、これだけでは十分でない。人間はさらに、生命存在の世代間の調和、つまり、現在生きているものとこれから生まれてくるものとの間の調和も考慮に入れなければならない[57]。したがって、人間は自分たちが歴史的に社会的に生命共同体の一部であるということを鋭意認識していなければならない。この共同体において人間は、一時的に生かされているのであって、他のものを非人間化したり、自然を破壊したりすることは、究極的に自分自身を非人間化し、破壊することなのであり、将来に対しても永続的に否定的影響を及ぼすことになるのである[58]。

それでは、誰が現在のこの世の共同体を変革し、生命愛的共同体を建て上げる主体となるべきなのか。リューサーは、女性の役割の重要性に言及する[59]。リューサーの指摘によると、歴史的に女性は、一般の被抑圧者と同様、悪と容易にまた深刻に結び付いた自己中心的権力を行使する機会が比較的少なかったし、人間性、関係性、相互性、生命愛といったものを男性よりも比較的適切に維持してきた。したがって、女性が、この世の自己中心的傾向を批判する資格があると言える。

この批判運動を継続していくために、リューサーは女性だけでなく、被抑圧者も意識的に祝宴と抵抗（celebration and resistance）の基礎共同体（base communities）を強固に建て上げることを提唱する。「基礎共同体」とは、「ある地域で、人が生活と労働と祈禱を共に行う、顔見知りの集団のこと」である[60]。こうした共同体は、新しい生命愛的共同体の意識と霊

57　Cf. Ruether, R. R., Gaia & God, p.258.

58　Cf. Ruether, R. R., Sexism and God-Talk, p.231; Ruether, R. R., Gaia & God, p.251.

59　以下については、cf. Ruether, R. R., Liberation Theology, p.124; Ruether, R. R., Sexism and God-Talk, pp.20, 180, 231f.; Ruether, R. R., Gaia & God, p.143.

60　Ruether, R. R., Gaia & God, p.269. Cf. also Ruether, R. R., Liberation Theology, p.125.

性を祝う礼典を共同で執行し、家庭や学校や職場などの機関を活用して、生態学的霊性を広め、地域、国家、地球全体のコミュニケーション網を張り巡らすために集められたものである。

フェミニストの基礎共同体は、制度的教会の変革に対しても決定的な役割を果たす。リューサーは、この基礎共同体を「救済を父権制からの解放とする理解を考察し、祝い、実践することに対して責任を取る、自律的で自発的な共同体」と定義する[61]。制度的教会は、特に次の点で、一層創造的で開放的な共同体へと解放されうるし、解放されなければならない。

第一に、制度的教会は、その強調点を階級性から平等性へと移行させなければならない。キリスト教神学において、女性の最も顕著な象徴は、キリストの花嫁としての教会である[62]。しかし、リューサーによると、新約聖書、特に、エフェソの信徒への手紙5章では、「キリストが教会の頭であるということが、キリスト者の結婚における父権主義的な夫と従属的な妻の関係の妥当なモデルとなっている。……これは、夫がその妻の救済者と見なされるべきであるということを提示している。逆に妻は、夫の救済的権威に対する服従を通して、傷のない、完全で、罪のない（処女のような？）者となるべきなのである[63]」。この誇張された夫と妻の父権主義的関係は、兄弟姉妹のような一層平等な関係にならなければならないとリューサーは訴える。夫と妻は、両者共にキリストの弟子なのであり、そのような者として、すべてのものの僕なのである[64]。キリスト教において、夫と妻はお互いに対して同等の僕なのである。

第二に、制度的教会における聖職者中心主義（clericalism）もまた、解体され、信徒の役割に対する新しい意識を生み出さなければならない[65]。

61　Ruether, R. R., Sexism and God-Talk, p.205.

62　Cf. Ruether, R. R., Sexism and God-Talk, p.139.

63　Ruether, R. R., Sexism and God-Talk, p.141.

64　Cf. Ruether, R. R., Sexism and God-Talk, pp.121, 136; Ruether, R. R., Mary, pp.84f.

65　Cf. Ruether, R. R., Sexism and God-Talk, pp.206-210.

聖職者中心主義は、聖職者に権威を与えることによって、信徒と聖職者の区別を強調する。しかし、リューサーが論じているように、伝道の働き（ministry）をディアコニア（diaconia）、つまり、奉仕（service）とする福音書の理解は、支配力としての権力を空洞化させるものである。この意味で伝道の働きは、信徒に対する聖職者の優越的な働きを意味しない。むしろ、それはすべての信仰者が相互に力付け合うような関係を目指している。すべての信仰者は、自分自身の比類なき賜物を与えられており、それを通して、新しい解放的な共同体において各々の役割を果たすのである。

第三に、制度的教会を聖職者中心主義から解放することは、聖礼典を再定義する必要性と深く関係している[66]。聖礼典は、教会において神の恩寵を象徴する表現である。例えば洗礼は、ガラテヤの信徒への手紙3章27-29節で記されているように、性別、人種、階級にかかわりなく、平等な人々の間の新しい社会的関係を実現するものと再定義される。悔い改めは、聖職者によって信徒を訓練する手段ではなく、相互に赦し合うことの印である。最も重要なのは、聖餐式である。「聖餐式（Eucharist）は、割かれたパンやカップのぶどう酒といった具体的なものが、神秘的な形でキリストの体と血になった（transformed）ことを示しているのではない。むしろそれは、人々が、教会の民（the ecclesia）が、新しい命の血を送り込まれることによって、新しい人間性を宿した団体（the body）へと変革される（transformed）ことを示している。パンやぶどう酒といった象徴は、共同体的な現実（communal reality）の直中に立ち、その現実を表しているのである[67]」。この解釈によると、実際に変化するものはパンやぶどう酒ではなく、教会が新しい共同体へと変革されるのである。

このように、フェミニスト神学の説く基礎共同体は、制度的教会に新しい息吹を吹き込むことによって教会を活性化させる。しかし、これは話の一側面に過ぎない。つまり、たとえ基礎共同体が活発に機能しなくなった

66　Cf. Ruether, R. R., Sexism and God-Talk, pp.26, 33.

67　Ruether, R. R., Sexism and God-Talk, p.209.

り、単に消滅したとしても、制度的教会は基礎共同体の持っていた知恵を記憶し、それを他の共同体や次の世代に伝達することができる[68]。したがって、基礎共同体と制度的教会は、相互依存という弁証法的関係を持っており、この点において必ずしも敵対的、または、分離的関係を持っているわけではない。

最後に、キリスト教生命共同体に対する以上のような新しい理解が、終末論に対して、特に、神の国（the Reign of God）の解釈に対して、どのような影響を与えるかについて考察しよう[69]。リューサーによると、神の国の到来とは、天における超自然的な、または、あの世的な出来事ではなく、主の祈りにあるように、神の意志が天において実現しているのと同様、この大地においても実現することを示している。神の国はまた、未来において摂理的に定められた時というより、むしろ、被抑圧者が保護される時、支配と服従の組織が解体される時をも示している。要するに、神の国は単に時間や場所の問題ではなく、むしろ、最初の者が最後になり、最後の者が最初になる出来事を意味している。

死は、このような終末論的出来事を人間に想起させる決定的な出来事の一つである[70]。死は、性別、階級、人種における人間の相違点をすべて解消する。死は、誰であってもすべての人に平等に到来し、人々を大地の中へと解体する。リューサーは、この事実をこう解釈する。死において、「私たちの存在は、個別化された自我的有機体（ego/organism）としては終わりを迎え、物質とエネルギーの宇宙的母胎の中へ解体されて帰っていく。そして、この母胎から個別化された新しい中心点が出現する。『永続的（everlasting）』なのは、私たちの個別化された存在の中心点ではなく、

68　Cf. Ruether, R. R., Sexism and God-Talk, pp.205f.

69　Cf. Ruether, R. R., Liberation Theology, p.56; Ruether, R. R., Sexism and God-Talk, pp.30, 119-122; Ruether, R. R., Womanguide, Chapter 11. The New Heaven: Personal and Cosmic Eschatology.

70　Cf. Ruether, R. R., Sexism and God-Talk, pp.215, 235-258; Ruether, R. R., Gaia & God, pp.53, 253.

むしろ、この母胎であり、この母胎こそ来るべき存在の誕生、個別化された存在の消滅、そして、全世界の基底に存立しているのである」[71]。したがって、死とは、個別化された人間存在が、自分の由来する偉大で永遠の母胎の一部となる転換点のことである。もし、個々人が死んで大地に葬られるなら、その人々は死んで有機体となり、別の生命体のために栄養素を提供することによって、生態学的共同体の周期の中で永遠に生きるのである。

それにもかかわらず、ある心理療法医によると、男性は、自分自身の死後の永続性を期待する傾向がある。女性は、むしろ、愛する人と死後も出会えることを希望する傾向がある。女性の関係論的意識と男性の個人主義的思考方法の関係は、共同体論的かつ部族的自己を強調するヘブライ的伝統と個人という意識を強調するヘレニズム的伝統の関係と並行現象をなしている。ヘレニズム的伝統の影響を受けて、復活の概念は発達したのである。しかし、前述したように、罪が個人的なものではなく関係論的なものであるのと同様に、死や復活も関係論的なものである。リューサーの分析によると、死と復活の出来事における救いの概念の個人主義化は、罪の概念の個人主義化の裏返しであり、また、偉大な汝である神に対して、人間の個別化された自己を絶対視する試みである。

リューサーはさらに、教職者独身主義（celibacy）の内にも個人主義の一形態を見る。祈禱と研究に専心する姿勢（singleness of mind）を崩さない聖職者の生活様式が、聖書的な意味における救いをもたらす希望を持ちつつ、神の国を建て上げる倫理となりうるかと疑問を呈する[72]。むしろ、

71　Ruether, R. R., Sexism and God-Talk, p.257. ここで、リューサーは続けてこう述べる。「個人の不死の問題は、存在の全体的共同体に対して、個人的、個別的自我をそれ自体永遠のものとして絶対化しようとする努力によって作り出される」（Ruether, R. R., Sexism and God-Talk, p.257.）。

72　Cf. Ruether, R. R., Liberation Theology, pp.51-64. リューサーによると、「マタイによる福音書24章2-26節、マルコによる福音書13章5-27節、ルカによる福音書21章8-26節といった箇所は、神の国のために妻や子ども、社会的な繋がりを残して去ることが、子どものいない、結婚をしない状態を制度化することを意味していない。むしろ、これらの箇所が意図しているのは、当

リューサーが論じているように、独身制は、女性が肉欲を抱いた存在であるとする見解に基づいて確立されている。ここにおいてもまた、肉体と知性という二元論的禁欲主義が伏在している。しかし、このような独身主義は、創造と救済に関するリューサーの全体論的理想像と矛盾していることは言うまでもない。人間が救われるのは、その人の肉体的生を通してであり、その人の肉体的性においてであって、決して、その人の肉体から分離された形でではないのである。

7. 結　論

リューサーの提示するフェミニスト神学の射程は実に幅広く、単に神と人間の関係だけでなく、人間における肉体と知性の関係、女性と男性の関係、様々な階級の人々の関係、人間と自然の関係をも取り扱っている[73]。神学史と宗教史に関する該博な知識に基づいた神学的考察において、リューサーは実践的態度を取り、また、フェミニスト神学の領域以外においても妥当する実質上普遍的な要素を具備させるような形で、フェミニスト神学の幅を広げ、深みを与えている。この結論において、評価と批評という形で、リューサーのフェミニスト神学をまとめてみよう。

第一に、リューサーのフェミニスト神学は、人間と同様、神の全体論的像を提示している点が、特に賞賛されるべきであろう。リューサーは、伝統的な父権主義的神学において、神と人間の像が断片化され、両極化している点を見抜いている。この神学において、神の像は他のものに対する男性主権者として描かれており、それゆえ、男性が安易にこのような神の像

然のようにすでに結婚し、親となっている人々が、すべての制度的繋がりを断ち切らなければならないということである。制度化された独身状態は、このような救い主を待望する倫理の自然な発展から程遠く、実際には、そのような救い主を待望する倫理が意味を持つような脈絡全体を廃棄してしまうのである」(Ruether, R. R., Liberation Theology, p.58.)。

73　Cf. Ruether, R. R., Sexism and God-Talk, p.71; Ruether, R. R., Gaia & God, p.1.

と結び付けられる。その結果、男性は、不当にも女性や自然に対して主人として君臨することが正当化される。この思考枠組みにおいては、男性と結び付けて考えられる知性が、女性と深い関係にあるとされる肉体に対して優勢であると見なされる。自然と神、女性と男性、肉体と知性といった二元論に対して、リューサーは、真正な神学が神と人間に関して一層全体論的で統合的な像を提示するはずであると主張する。

つまり、神は単に、天に座している超越的な存在ではなく、地の神として大地に内在している存在でもある。したがって、大地の自然は人間によって搾取されるべき物ではなく、地の神の居住する場であり、すべての生命存在を育んでいる。リューサーによると、神が男性と女性の両方の性質を持っているように、神の像に造られた人間も男性と女性の両方の経験を自分自身の内に統合させるべきである。もし、男性が女性の経験を蔑視するなら、男性は女性だけでなく男性自身をも非人間化しているのである。男性と女性は、完全に相互から独立して生きることができず、必然的に、何らかの点で人間として共に生きているからである。例えば、明らかに、もし、男性か女性のどちらかが存在していなければ、人間そのものは誕生を通して存在することはない。女性も男性も、その生において本質的でかけがえのない役割を果たしているのである。

第二に、女性と男性の人間関係における同等性に言及する時、リューサーは、その関係における相互性と躍動性を強調する。リューサーは、女性と男性がその社会生活において異なった役割を果たしており、そのようなものとして、すべての点で同等を維持することができないことを十分承知している。しかしその代わりに、女性と男性が、自分たちの潜在的な役割を回復し、それぞれの役割を遂行することによって、相互に等しく奉仕し、躍動的に高め合う関係を確立する可能性が残っている[74]。歴史的に言って、女性の潜在的な役割は抑圧され続け、男性の指導的な役割は過度に強調されてきた事実を考慮すると、女性の潜在能力を再発見し、それを回復させ

74　Cf. Ruether, R. R., Sexism and God-Talk, pp.30, 65, 188, 230.

ることに力が注がれるべきである。

リューサーは、中世後期のドミニコ修道会の文献の中から、女性に対する父権主義的見解を見つけ出している。それによると、「女性（Femina）という用語は、信仰（Fe）と足りない（Minus）という用語に由来する。女性は、信仰を持ち、それを維持する力が一層弱いからである」[75]。この主張は、単に500年前の逸話ではなく、父権主義的社会においてはいつでもどこでも出現しうるものである。リューサーは、教会が解放の共同体として、基礎共同体として、また、特に女性が、率先的にそのような社会を一層平等的な共同体へと変革するようにと勧め、また励ましている。歴史的に男性ほど他者を非人間化する機会のなかった女性の方が、人格的で平等的な人間関係を構築するのが上手だからである。この新しい相互関係において、男性と女性は主体と客体ではなく、主体と主体であり、さらには、人間と人間なのである。従属的な奴隷的状態（slaves）から、真正な自己（selves）へと変貌することによって、女性は自分自身だけでなく、男性をも人間らしくし、最終的に、人間全体を人間らしくするのである。

第三に、リューサーのフェミニスト神学における真正な神概念、人間概念、自然概念との関係で言及された主要な用語の中には、調和（harmony）や共同体（community）という用語がある[76]。リューサーにとって、真正な神概念は、ユダヤ・キリスト教の伝統における概念ではなく、むしろ、「女／神（God/dess）」という概念であり、後に提唱した「地の神（Gaia）」という概念である。リューサーが述べているように、この「女／神は、私たちをこの誤謬と疎外の世界から解放するのであるが、その解放は、……絶えず突破口を開き、同時に、私たち自身を原初の母胎、つまり、最初の調和（harmony）の中へ再び位置づけるという新しい可能性を指し示すも

75　Ruether, R. R., Sexism and God-Talk, p.170. Cf. Ruether, R. R., New Women, New Earth, pp.19, 98.

76　Cf. Ruether, R. R., Sexism and God-Talk, pp.65, 71, 76-78, 89, 90-92, 120, 161, 163, 201-206, 233, 266.

のである」[77]。言い換えると、「女 / 神」は、女性と男性の性質が統合されている最初の調和状態であり、女性と男性の性質が拮抗している状態ではない。したがって、この概念は、男と女、肉体と知性、自然と人間といった二元論に基づいたあらゆる種類の不均衡な関係を克服する動機を私たちに与える。「女 / 神」は、このように、二元論的な関係を調和させ、平等性に基づく共同体を創出し、人間だけでなく、他の生命存在である自然や地球自体を含む平等な生命共同体を確立する。

ここでリューサーは、比較的小さな人間共同体を超えて、遠大な地球規模の生態学的共同体にも視点を向けている。人間は確かに、人種や国家や文化の異なった人々と調和を持って共に暮らしていかないと、生き残ることはできないであろう。これと同様に重要なのは、人間は自然と調和して生きていかないと、生き残ることができないということである。自然は、人間が生きていくために必要な実質的要素を提供しているからである。この意味で、生態学的共同体は、すべての生命存在がその生命を与えてもらっている生命共同体である。したがって、この生命共同体の中で中心的役割を担っている自然に対する永続的な破壊は、人間自身の生命を危険に晒すことになるのである。

人間は今や、次世代の共同体のことにも留意しなければならない時代に位置づけられている。リューサーは、私たち人間が地球において後期の登場者であり、そして、そのような者として、自然に対して僭越に行動してはならないということを私たちに思い起こさせてくれる。しかし、同時に私たちは、次世代の人々に対しては、早期の登場者であり、そして、そのような者として自然に対する私たちの行動に責任を持たなければならないということを心に銘記しておく必要があると言えるだろう[78]。

リューサーのフェミニスト神学において、神とは原初の母胎であり、人間化（humanisation）と調和化（harmonisation）を実現するものであると

77　Ruether, R. R., Sexism and God-Talk, p.71.

78　Ruether, R. R., Gaia & God, pp.258-268 は、生態学的な生活様式の具体例を示している。

言えるであろう。しかし、この人間化と調和化が、リューサーのフェミニスト神学において一貫して、具体的に実現されているであろうか。リューサーが述べているように、「最終的で決定的なフェミニスト神学というものはないし、すべての人間の経験を包括し、性差別を批判し、利用可能なすべての歴史的伝統を活用する、最終的な統合もない[79]」。すべての神学は、その方法論、視野、内容に関して限定的なのである。リューサーのフェミニスト神学も、この神学原則に対して例外ではない。次の点に絞って、リューサーのフェミニスト神学を批評しよう。

第一に、リューサーのフェミニスト神学において人間化（humanisation）のモチーフは、終末論において一貫した機能を果たしていないようである。リューサーによると、人間が死ぬ時、人間は大地へと解体され、自然の生命周期の一部分としての役割を果たすという。しかし、もし、人間が単に大地の一部となるだけなら、次の生命存在を生み出す母胎の一部となるだけなら、その人間自身は実質上、非人間化されていると言わざるをえない。ある一定の場所、時間に生きた特定の人間としての存在は、単に消滅するからである。もし、人間が死後も復活して生き、十分な人間として他者と共に、また、神と人間の関係において、自然と人間の関係において、調和を持って生き続けると私たちが主張できるならば、この主張の方が、リューサーの人間化と調和化の体系に一層的確に一致していると言えるだろう。

第二に、リューサーは、両性具有キリスト論や霊的キリスト論といった、歴史的に周辺へと追いやられたキリスト論を自分のフェミニスト神学に導入するが、キリストにおける男性と女性の性格の調和は、キリスト自身を曖昧で抽象的な調停者（mediator）にしてしまっている。リューサーの主張は確かに、キリストが単に、神と人間の間の調停者だけではなく、むしろ、男と女の調停者でもあるという点で洞察力に満ちている。従来、伝統的神学は、キリストが神と人間の間の調停者であることのみを執拗に論証

79　Ruether, R. R., Sexism and God-Talk, p.20.

し続けてきたからである。しかし、両性具有のキリストは、人間が礼拝をする具体的な調停者としての姿からは程遠いと言うこともできるであろう。リューサーが強調しているように、「人は、現実的で具体的な状況と献身においてのみ、人を愛し、人に奉仕することができる」[80]。もし、そうなら、同様にして私たちは、両性具有のキリストや霊のみのキリストよりは、むしろ、一人の男性ユダヤ人である方、つまり、具体的な状況の中で生まれ、生き、死んだイエス・キリストを愛し、礼拝することができると言えるであろう。

同様の批判は、リューサーの鋳造した「女 / 神」という概念に対しても向けられうるであろう。この神概念は明らかに、抽象的でぎこちない表現である。リューサー自身も、この発音できない用語は、礼拝には不適切であり、礼拝などでは、むしろ、「聖なる方」といった呼称を使うようにと勧めているほどである。しかし、リューサーは、例えば、その「聖なる方」という概念を、フェミニスト神学の枠組みの中でそれほど発展させていないようである。「女 / 神」という概念はさらに検討され、「地の神」という概念が、ユダヤ・キリスト教の神概念に対して導入されている。この新しい概念を導入することの問題点は、リューサー自身が厳格に批判する二元論に自分自身で陥ってしまっている点にある。リューサーは「天の神（God）」という存在を完全に否定していないようであるから、ここに至って、言わば、「天の神（God）」と「地の神（Gaia）」という二元論的神概念が成立するからである。この二元論は、リューサーが次のように述べる時、明白である。「私たちは自然から神（divinity）の二つの声を聞く。一つは、『汝、すべし。汝、するなかれ。』と男性的で雷鳴的な調子で山頂から語る声である。それは、権力と律法の声であるが、力なき人を保護し、権力者の力を制限する命令として、弱者のために（最も真正な形で）語る声である。もう一つの声がある。それは、物事の核心部分から語る声である。その声は、長い間、男性的な声によって打ち消されてきたが、今日、再び

80　Ruether, R. R., Liberation Theology, p.63.

その声を取り戻している。この声は、地の神（Gaia）の声である。その声は、律法や知的知識に変換されることなく、私たちを交わり（communion）へと導く。これら二つの声、天の神（God）の声と地の神（Gaia）の声は、両方共に私たち自身のための声である」[81]。ここで明らかに二つの声が両立しており、それらは二元論的に私たちに関係する。一つは、私たちを律法へと導き、もう一つは、交わりへと導く。リューサーの神学において、これら二つの声は、いかなる仕方で調和し、その後に人間にいかなる形でかかわるのか不明確である。

第三に、リューサーのフェミニスト神学は、リューサー自身カトリック神学者であるにもかかわらず、多くのプロテスタント的傾向が見られる[82]。もし、リューサーが実践的な神学者であるなら、リューサーはいかにして、自分自身の神学と実践的なカトリック信仰を調停するのであろうか。例えば、前述したように、リューサーは、カトリックの主要な伝統から逸れたキリスト教や他宗教の伝統を広範囲に活用し、無原罪懐胎説や聖母被昇天といったカトリック特有の教理に対して否定的評価を下す。また、カトリック教会の聖職者中心主義や階級主義や聖職者独身主義を非難する。また、リューサーが解放を、改悛の報いではなく、上からの無償の賜物と呼ぶ時、リューサーは人間的功績を否定して、神の無償の恩寵を主張するプロテスタント神学者であるような印象を残している。リューサーは自分のフェミニスト神学において、カトリックと密接な関係を持つ諸教理や実践や制度を論駁するばかりで、それらを少なくとも同程度には評価していない。リューサーがカトリック・キリスト教にとどまり続ける神学的根拠は一体何なのであろうか。

最近リューサーは、キリスト教の生態学的神学における契約的伝統（the covenantal tradition）と聖礼典的伝統（the sacramental tradition）の両方を保持すると述べている。リューサーの分析によると、一般的にプロテスタン

81　Ruether, R. R., Gaia & God, p.254.

82　Hessel, D. R. & Ruether, R. R. (eds.), Christianity and Ecology, p.647; Ruether, R. R., Disputed Questions, p.12.

トによって強調されてきた契約的伝統は、「自然に対する道徳的関係や人間同士の関係の基盤を説くものである。この基盤は、正しい関係の在り方を命令し、これらの正しい関係を、濫用に対する最終的な保証としての律法に正式記載する」が、これとは対照的に、比較的カトリックの伝統と深い関係にある聖礼典的伝統は、「道徳的関係が心と霊の込められない形で進展していくことのないように、我と汝の喜びの経験、人格的な交わり、つまり、心」の重要性を主張する[83]。この意味でリューサーは、カトリックの聖礼典的神学を評価しているようであるが、必ずしも、プロテスタントの契約的伝統を排除してはいない。したがって、リューサーは、カトリック神学者というよりも、むしろ、エキュメニカルな神学者と呼ばれうるであろう[84]。

しかし、少なくとも私たちは、リューサーがカトリック教会における改革者として活躍し続けるであろうし、それ以上に、地球規模の生態学的共

83　Ruether, R. R., 'Conclusion: Eco-Justice at the Center of the Church's Mission,' Hessel, D. R. & Ruether, R. R. (eds.), Christianity and Ecology, p.605. Cf. Ruether, R. R., Gaia & God, pp.205-253; Ruether, R. R. & Hall, D. J., God and the Nations, pp.89f.

84　リューサーが述べているように、「神はキリスト教徒でもユダヤ教徒でもイスラム教徒でもない。神は全世界を創造し、人間であれ、その他のものであれ、その中にあるすべての被造物の幸福に関心を持っている」（Ruether, R. R., Disputed Questions, p.10）。ここでリューサーは、自分の視点が、単にエキュメニカルであるだけではなく、より普遍的であることも示している。Ruether, R. R., Disputed Questions, p.42 によると、リューサーは、ラテン・アメリカの解放の神学や、カトリックのキリスト教と深く関係している基礎共同体に特別な親近感を抱いているというが、解放の神学や基礎共同体はプロテスタント化をし始めている。リューサーの立場については、結局のところ、彼女自身の言明に留意する必要があるだろう。「私は、私自身の思考方法を弁証法的（dialectical）だと見なしている。私が否定的側面を指摘する時、それは、ある人物や共同体に対する攻撃ではなく、自分自身の存在と共同体の歪曲に対する自己批判なのである」（Ruether, R. R., Disputed Questions, p.141.）。この言葉は、勿論、リューサー自身の属するカトリック教会に対しても当てはまる。

同体に深刻な関心を寄せなければならない新しい神学的時代の魁であると言えるであろう。

要　旨

現代の代表的なフェミニスト神学者であるR. R. リューサーのフェミニスト神学は、従来の伝統的な神学に対して、その組織神学的枠組みを堅持しつつも、キリスト教史上の異端的伝統や、非キリスト教的宗教伝統、現代の種々の批評論を活用し、現代の社会状況に適合するような形で提示されている。その際、神論には「女 / 神」や「地の神」という視点から新たに両性具有的概念が導入され、キリスト論も両性具有的視点から再構築されている。女性の経験を重視したフェミニスト神学は、女性の被抑圧的状況を克服する試みとして、マリア論における無原罪懐胎説や聖母被昇天説が、女性の肉体を否定する論理の上に成り立っているとし、これらを峻拒する。同様にして、制度的教会において、女性や信徒の役割や立場を軽視している教職者中心主義、教職者独身主義、階級制度なども批判されるべきものである。リューサーは、こうした不正を是正し、人間的で調和の取れた共同体を確立するために、女性の活躍と基礎共同体の働きに強く期待している。

キーワード

階級制度（hierarchy）　神々（Gods）　基礎共同体（base community）　教職者中心主義（clericalism）　教職者独身主義（celibacy）　契約的伝統（the covenantal tradition）　原初の母胎（the Primal Matrix）　聖母被昇天（the Assumption）　生命愛的共同体（biophilic community）　生命共同体（biotic community）　聖礼典的伝統（the sacramental tradition）　相互性（mutuality）　地の神（Gaia）　調和化（harmonisation）　同等性（equivalence）　二元論　人間化（humanisation）　フェミニスト神学　無原罪懐胎（the Immaculate Conception）　女神（Goddesses）　女 / 神（God/dess）　R. R. リューサー（R. R. Ruether）　両性具有キリスト論（Androgynous Christology）　霊的キリス

ト論（Spirit Christology） 我と汝の関係（I-Thou Relationship）

文献表

Ruether, R. R., Liberation Theology Human Hope Confronts Christian History and American Power, (New York, NY: Paulist Press, 1972）=R. R. リューサー（小田垣陽子 / 小佐野章子 / 中田敬子 / 小石川節子訳）『人間解放の神学』（新教出版社, 1976）

Ruether, R. R., New Women, New Earth Sexist Ideologies and Human Liberation With a New Preface, (Boston, MA: Beacon Press, 1995, originally 1975）

Ruether, R. R., Mary The Feminine Face of the Church, (Philadelphia, PA: The Westminster Press, 1977）=R. R. リューサー（加納孝代訳）『マリア 教会における女性像』（新教出版社, 1983）

Ruether, R. R. & Keller, R. S. (eds.), Women and Religion in America Volume 1: The Nineteenth Century, (San Francisco, CA: Harper & Row Publishers, 1981）

Ruether, R. R., Disputed Questions On Being a Christian, (Maryknoll, New York: Orbis Books, 1989, originally 1982）

Ruether, R. R., Sexism and God-Talk Toward a Feminist Theology with a New Introduction, (Boston, MA: Beacon Press, 1993, originally 1983）=R. R. リューサー（小檜山ルイ訳）『性差別と神の語りかけ フェミニスト神学の試み』（新教出版社, 1996）

Ruether, R. R., To Change the World Christology and Cultural Criticism, (New York, NY: Crossroad, 1983）

Ruether, R. R., Womanguide Readings toward a Feminist Theology with a New Preface, (Boston, MA: Beacon Press, 1996, originally 1985）

Ruether, R. R., Gaia & God An Ecofeminist Theology of Earth Healing, (New York, NY: Harper San Francisco, 1992）

Ruether, R. R. & Hall, D. J., God and the Nations, (Minneapolis, MN: Fortress Press, 1995）

Ruether, R. R., Women and Redemption A Theological History, (Minneapolis, MN: Fortress Press, 1998）

Hessel, D. R. & Ruether, R. R. (eds.), Christianity and Ecology Seeking the Well-Being of Earth and Humans, (Cambridge, MA.: Harvard University Press, 2000）

第4章　エコロジー神学――S. マクフェイグ

1. 序　論

本章では、S. マクフェイグ（Sallie McFague）の主要著作に基づいてエコロジー神学における共同体概念の重要性を検討するに当たり、特に、エコロジー神学の構造、神のモデル、譬え話的キリスト論、そして、エコロジー共同体に焦点を当て、彼女の神学の批判的評価を行う。

2. S. マクフェイグ（Sallie McFague）

マクフェイグは、現代神学界を嚮導する影響力のある神学者の一人である。彼女自身が告白しているように、彼女は白人、中流階級、アメリカ人、プロテスタントに属するキリスト者の女性であり、主として第一世界に対して、また、主流派のキリスト教界に対して著作活動を展開している[1]。彼女は、テネシー州ナッシュヴィルのヴァンダビルト神学大学院のカーペンター神学教授職を務めた後、現在名誉教授（Carpenter Professor of Theology Emerita, Vanderbilt Divinity School）となっており、自分の神学教授歴において主として二つの思想が自分の思考に深い影響を与えたという。それは、プロセス哲学とフェミニスト認識論である[2]。

1　Cf. McFague, S., Metaphorical Theology, p.vii; McFague, S., Models of God, p.xiii; McFague, S., The Body of God, p.viii; McFague, S., Life Abundant, pp.xi-xiii, 11, 48, et al.

2　Cf. McFague, S., Super, Natural Christians, p.2.

プロセス哲学とこの哲学に由来するプロセス神学は、現代の科学的世界観との学問的調和を特徴とする。マクフェイグは、このプロセス思想が極めて有用であり、重要であると考える。この思想は、キリスト教神学をこの世俗時代においてさえ高度に意味のある学問とすることができるからである。フェミニスト思想は、抑圧された女性の経験の種々の側面が深刻に意識化され始めたこの時代にあって、もう一つの重要な役割を果たしている。マクフェイグの分類によると、フェミニスト神学者たちは二つのタイプに分類することができる。革命的（revolutionary）神学者と改革的（reformist）神学者である。革命的フェミニスト神学者は、主として女性の経験そのものにフェミニスト神学の資料を求めるのに対して、改革的フェミニスト神学者は、父権主義的な神学の改訂のためにキリスト教的な資料を活用しようとする[3]。そして、マクフェイグ自身は、自分を改革的フェミニスト神学者と見なしている。

さらにマクフェイグは、女性に対する抑圧と自然に対する抑圧とは、その深いレベルにおいて密接に関係していると認識している。そのため、彼女は自分自身をエコロジー神学者（ecological theologian）とも呼ぶ[4]。フェミニスト神学は男性的な抑圧から女性を解放することを目的とし、エコロジー神学は人間による抑圧から自然を解放しようとするという意味において、これらの神学は共に解放の神学に類別することができる。マクフェイグは、自己の神学をエコロジー神学へ向けて推し進めている。彼女のこうした神学的傾向は、自分自身の実存的、神学的経験に深く定位されているようである。したがって、彼女自身の信仰と実践を変えた四つの回心にここで留意しておこう[5]。

第一の回心は、マクフェイグが７歳の頃に起こった。学校帰りのある日、彼女はいつか自分がこの世に存在しなくなるということを悟った。この経

3　Cf. McFague, S., Metaphorical Theology, p.152.

4　Cf. McFague, S., The Body of God, p.14.

5　以下については、cf. McFague, S., Life Abundant, pp.4-9; McFague, S., The Body of God, p.123.

験は、その意識の深層において、同じ頃起こった次の経験と補完的な関係にあるように思われる。学校の先生がクラスで「あなたたちの人生で、他の何よりもよく書き記す名前は、どんな名前？」と聞いた時、明らかに先生の期待していた回答は、「自分の名前」というものであったが、マクフェイグは「神」と答えそうになったのである[6]。これらの出来事は、彼女が自己の存在と人生のはかなさと同時に、神の名前と存在の確かさを鋭く意識していたということを示唆している。生に対する彼女の驚きと感謝は、神に対する彼女の信仰と不可分に結び付いていたのである。

10代の時にマクフェイグは、ボストンの因習的な監督教会（Episcopal church）で育ったが、大学でカール・バルトの『ローマ書注解』を読んでいる時に第二の回心が起こった。この注解書によって彼女は、神の超越性の意味を新鮮な形で理解した。神は神であって、神以外の何者でもない。これは、彼女の教師であり良き指導者でもあるリチャード・ニーバー（H. Richard Niebuhr）が徹底した唯一神論（radical monotheism）と呼ぶものである。神の超越性に対する彼女の新しい理解は、自然に対する愛を神学の課題から捨象させたが、後に、新たな側面が生じてくる。

マクフェイグの第三の回心は、1980年頃、彼女が神学大学院で教えている時に起こった。神学は、この地球に逼迫した核の危機やエコロジーの危機を真剣に考慮しなければならないというゴードン・カウフマン（Gordon Kaufman）の主張に影響され、マクフェイグは、自分の教育と研究の課題を大改定し、宇宙論とエコロジーの問題に取り組むことにした。彼女にとって、この地球規模の全体論的な関心は、抽象的な課題とは程遠

6　後にこの経験は、万有内神論（panentheism）へと発展していった。マクフェイグが述べているように、「『神』とは、私たちの名前の一つ一つの下にあり、それと共にあり、また、その中にある。……世界万物が神の内に有ると見なす万有内神論は、神という名を保有しているが、私たちの名前の一つ一つが神の中に含まれており、神の現実の中にその名前の個別性と共に保持されている。神の名前がまず意識に上るという私の初期の経験、つまり、神の超越性と卓越性の経験は、常に私と共にあり、成長していった」（McFague, S., Life Abundant, p.5.）。

く、むしろ、彼女の次のような個人的な回心によって支えられている。

マクフェイグは自分の第四の回心を、神と同時代になる（becoming contemporary with God）というボンヘッファーの用語に譬える[7]。マクフェイグは、自分のこれまでの教育と研究を通して神について語り、教えてきたが、最終的に彼女は神を知り、神と同時代になったのである。彼女に啓示されたことは、神は愛の神であり、そのようなものとして神は、自然、植物相と動物相、人間、地球、全宇宙の源泉であり、維持者であるということである[8]。

これらの四つの回心は、マクフェイグのエコロジー神学の実存的な基盤を形成している。まず最初に、彼女の神学の特徴を明示しておこう。

7　Cf. McFague, S., Life Abundant, p.7:「私は常に、『私は神学者として始まり、キリスト者となり、最後に、同時代的なもの（contemporary）へと成長していった』というディートリッヒ・ボンヘッファーの言葉に魅せられてきた。彼の意図したことは、彼が学問的なキリスト者として始まり、実践的なキリスト者となり、最後に、具体化された、『現存の』キリスト者（an embodied, “present” one）になったということだと私は考える。つまり、神が最終的に彼にとって日々の、直接的な者となったのである。神の現存が、第二次世界大戦中投獄された時の彼の生きた世界であり、環境である」。

8　マクフェイグの次の経験も、伝統的な神学のエコロジー神学的再構築にとって重要である。「私の家族は、ケイプ・コッド（Cape Cod）のある湖畔に小さな小屋を所有していた。そして、8歳か9歳の頃から私は、半馬力ほどの動力も付いている手漕ぎボートに一人で乗り、太陽リクガメ（sun turtle）を捕まえるために（小屋から最も遠い）三番目の湖にまで行くことが許されていた」（McFague, S., Super, Natural Christians, p.122.）。「自然世界に対する私の最初の愛着は、ニューイングランドのホワイト・マウンテンズをハイキングしている時に感じられた。私が14歳の時である。私は、遠くの丘に波打つように垂れ込める雲を、山頂に寝そべりながら見ていた時、大海の中で自然や神と一体になったような感情に満たされた」（McFague, S., The Body of God, p.209.）。

3. S. マクフェイグのエコロジー神学

マクフェイグのエコロジー神学を検討する前に、マクフェイグが隠喩神学（metaphorical theology）と呼ぶものの性格を明示しておく必要がある。これが後に、エコロジー神学へと発展していくからである。

マクフェイグの初期の著作は、現代における宗教言語の妥当性に関心を寄せている[9]。彼女の解説によると、宗教言語が適切に機能する第一の状況は、礼拝である。礼拝は、礼拝者にとって二重の役割を持っている。一方で、礼拝は礼拝者を神秘という感覚で取り囲む。超越的な神という感覚がなければ礼拝者は、神を父、母、愛、友といった日常言語と同一視するに至るだろう。これは偶像礼拝の一形態である。他方、礼拝は礼拝者が神の親近性を経験することを可能にする。内在的な神という経験がなければ礼拝者は、父、母、愛、友といった神に関する宗教言語を正しく評価できず、こうした言語を不適切で瑣末なものと見なすだろう。神の超越性と内在性という二側面を維持することによって、礼拝という状況は宗教言語が偶像礼拝と不適切さに陥ることを防ぐのである。

宗教言語にとってもう一つの決定的な状況は、解釈的状況（interpretive context）と呼ばれる。この状況は、神を解釈し、神を語ろうとする人は、社会的に、文化的に、歴史的自己を取り囲む種々の要因によって条件付けられているということを意味する。教会は歴史的に、何が正統的言語で何が異端的言語かについて判断する時の伝統として解釈的状況を形成してきたけれども、最近私たちは、観察視点の多様性と相対性を意識するようになってきた。したがって、もし私たちが、神に関するある一定の伝統の中の宗教的イメージを絶対化するなら、宗教言語は偶像礼拝的になる。また、もし私たちが、多くの人々の種々の観察視点を考慮しないのなら、それは不適切となる。要するに、人間の言語やイメージを神の現実と一体化させ

9　以下については、cf. McFague, S., Metaphorical Theology, pp.2-10.

ようとすることも、それらの間の関係を確立しようとしないことも、現代において機能する宗教言語としては不適切なのである。具体的に言えば、保守的な宗教は、それがプロテスタントの根本主義であれ、カトリックの聖礼典主義であれ、人間の言葉を神の現実と文字通りに同等化しようとすることによって偶像礼拝の傾向を持ち、特に、父権主義は男性志向型の伝統を絶対視し、現代の世俗主義は概して人間の言語と神の現実の間の関係を分断したままにしている[10]。

マクフェイグによれば隠喩神学とは、宗教言語が偶像礼拝と不適切さを克服しつつ、現代において意味を持つようにするための神学である。彼女にとって、「『隠喩（metaphor）』とは、一つのものを何か別のものとして見立てる（seeing one thing as something else）ことであり、『これ』が『あれ』であると見なすのである。なぜなら、私たちは『これ』について考え、語る方法を知らないからである。したがって、私たちは『これ』について何かを語る一つの方法として『あれ』を使うのである。隠喩的に考えるとは、二つの異なる物体、出来事その他の間の類似性の糸を一本見つけることを意味する。この時、一方は他方より、よく知られているものである。そして、よく知られている方を、よく知られていない方について語る方法の一つとして活用するのである[11]」。例えば「チェスゲームとしての戦

10　Cf. McFague, S., Metaphorical Theology, pp.5-9. Cf. also McFague, S., Metaphorical Theology, p.10:「したがって、幾つかの方法でフェミニスト神学者は、……なぜ宗教言語が現代において意味を持たないかについて示してきた。私たちの言語でない言語、具体的な像となったモデル、そして、私たちの経験を排除するイメージは、宗教言語に関する三つのありふれた失敗である」。

11　McFague, S., Metaphorical Theology, p.15. これとは対照的に、「象徴的、または、典礼的（symbolical or sacramental thought）思考では、人は『これ』を『あれ』と見なさず、『これ』は『あれ』の一部であると見なす。隠喩の緊張は、象徴の調和によって吸収されている」（McFague, S., Metaphorical Theology, p.16.）。Cf. McFague, S., Metaphorical Theology, p.17:「隠喩は、相違の中に一筋の類似を見出すのに対して、象徴はすでに存在し、想定されている類似性に依存する。……隠喩は、相違の領域に生きているのみならず、非因習的なもの、驚

争（war as a chess game）」という表現は、戦争とチェスゲームが違うものであるが、戦争はよく知られているチェスゲームという観点から語られうるということを示している。なぜなら、両者の間に、ある類似性の存在を確認できるからである。

さらにマクフェイグは、主要な隠喩を「モデル（model）」と呼ぶ[12]。教会は歴史的に、神学のために種々のモデルを活用してきた。父としての神は、父権主義的なキリスト教の伝統において典型的なモデルである。教会が「神を父として（God as the father）」表現する時、それは、その字義的な意味において「神は父である（God is the father）」ことを意味しない。人間の父が人間であり、神でないことは当たり前である。したがって、一方で、父としての神とは、神が字義的な意味で父でないことを意味する。他方、父としての神とは、神の父性と人間の父性との間には、それぞれの子どもに対する態度に関して一定の類似性が見られるという点で神が父であるということを意味する。マクフェイグは、モデルの持つこうした機能を「『……であり、……でない』性質（'is and is not' quality）」と呼ぶ[13]。この性質は、神が父ではないことを強調することによって神学が偶像礼拝に陥るのを防ぎ、また、神が隠喩的な意味で父であることを指摘することによって神学が不適切になることも防ぐ。隠喩神学は、種々のモデルに依存しつつ、神的現実と人間の宗教言語の間の適切な緊張関係を維持するものである[14]。

くべきものの領域においても生きている」。Cf. also McFague, S., Metaphorical Theology, p.38:「隠喩とは対照的に直喩（simile）にまつわる困難さは、直喩が『……のような』という語を通して相違の認識を軽減させ、そのため私たちを字義的な思考に陥れることによって、関連づけの衝撃を軟化させてしまう点にある」。

12　McFague, S., Metaphorical Theology, p.23. Cf. McFague, S., Metaphorical Theology, p.67.

13　McFague, S., Metaphorical Theology, p.28. Cf. McFague, S., Metaphorical Theology, pp.74f.

14　Cf. McFague, S., Metaphorical Theology, p.41:「最大の危険は同化—衝撃的

この緊張関係を適切に維持することによって、隠喩神学はまず第一に、非神話化ではなく、再神話化（remythologise）を行う[15]。隠喩神学は、単に宗教言語からその神話的性格を剥奪するだけでなく、むしろ、現代の人間の経験に適切なモデルを宗教言語に着せることによって、現代において再神話化を試みる。次に隠喩神学は、モデルの重要性に着目することによって、現代の人間の経験に応じた仕方で、神学を創造的に構築する。ここで再び、父としての神という伝統的な神のイメージを取り上げよう。もし、神が父として理解されるなら、人間は神の子どもとなる。罪は、父に対する反逆として表現され、贖いは、神の子どもの身分の回復と理解される。同様にして、もし、神が現代的に理解されるなら、神学は極めて異なった仕方で再構築されるだろう。最後に、隠喩神学は、ユダヤ・キリスト教の伝統の持つテキスト解釈に基づいて構築されてきた解釈学的神学（hermeneutic theology）というよりも、むしろ、自己発見的神学（heuristic theology）として最も適切に表現されうるだろう。自己発見的神学は、伝統に縛られずに種々の可能なモデルを実験的に活用し、神、世界、人間に関する新鮮な意味と理解を作り出そうとするからである[16]。

で力強い隠喩が陳腐になり、一般に受け入れられるようになること—である。……それは、類似性が同一性になり、隠喩において決定的である緊張関係が失われることである」。Cf. also McFague, S., Metaphorical Theology, p.74:「モデルの使用における主要な危険は、私たちが強調したように、モデルとモデルに見立てられたものとの間の緊張関係の喪失である。両者のその距離が崩壊する時、私たちは教義学的、絶対主義的、字義的思考パターンに陥るのである」。

15　以下については、cf. McFague, S., Models of God, pp.32-42.

16　Cf. McFague, S., Models of God, p.196.n.13:「『真の（true）』神学の主たる規範は、実用的価値（pragmatic）にある。この規範は、生きている存在に対してある種の成就を実際にもたらす際に最も役立つ神のモデルを選択する」。Cf. also McFague, S., Models of God, p.192.n.37. 後に、マクフェイグはMcFague, S., Models of God, pp.37-39において、隠喩神学を実験的、想像的、多元的と特徴づける。この実験的神学は、人間の想像力によって多くのモデルを歓迎するからである。この神学の重要な範疇については、cf. McFague TeSelle, S., Speaking in Parables, p.32:「聖書言語は、……主体と客体の組み合わせの

人間が種々の適切なモデルを、特に、この世界において神のモデルを考察しようとする時、人間は自己の置かれた現代という状況を意識しなければならない。それは、核による全滅と環境の悪化である[17]。この両者には相違点がある。核による破滅を直接的に引き起こしうるのは、比較的少数の人々であるのに対して、エコロジーの危機に責任があるのは、第一世界と呼ばれる国の多くの人々である。核による危機は、明らかに全面的であり、瞬間的であるのに対して、エコロジーの危機は不鮮明であり、段階的である。しかし、両者共に最終的には、地上の全生命体の全滅に終わるのである。この危機に責任がある人間は、「私たちはこの惑星の主人ではなく、この惑星の種々のプロセスの産物である」という事実を致命的に忘却しており、「実際、私たちは宇宙の150億年の歴史と私たちの地球の46億年の歴史の産物なのである[18]」。この事実は、極めて自然に次のもう一つの事実に結び付いている。一方で、すべての生命体は人間の責任ある決断と行動に依存している。他方で、人間は自然の産物として自己の生の資源を自然に依存している。人間は今や、すべてのものが相互関係と相互依存の中にあり、また、地球の健康は全宇宙の健康と密接に関連していると認識できる時代に生きているのである。

言語ではなく、詩がそうであるように、私たちに深く語りかけるものである。それはまさしく、主体と客体の分断を克服し、それを認識さえしなくなる。……そこで重要な範疇は、主体と客体ではなく、古さと新しさである（新しいワインと古い皮袋、新しい人イエスと古い人アダム、古い創造と新しい創造、死と生）。……受容されたパターンと新しい解釈、陳腐な表現と新しい意味、古い事実とそれに対する新しい洞察である」。この神学において、「古い言葉は、新しい意味をまとい、よく知られた事柄には、新しい状況が与えられ、新しい意味が作り出される」（McFague TeSelle, S., Speaking in Parables, p.37. Cf. McFague TeSelle, S., Speaking in Parables, p.58.）。

17　以下については、cf. McFague, S., Models of God, pp.3-21; McFague, S., The Body of God, pp.2-25. ここで次の点を明記しておくことが重要である。「もし、私たちが共に生きることを学ばなければ、私たちは共に死ぬことになるだろう」（McFague, S., Models of God, p.53.）。

18　McFague, S., The Body of God, p.6.

マクフェイグは、このことを共通の創造物語（the common creation story）という観点から解説する。この物語によると、すべての存在は、共通の始まりとその後の歴史を持ち、何らかの方法でそれらは、根本的に相互に関係している[19]。どのような微小な行為も、全宇宙体系に対して何らかの影響を与えることができるのである。このエコロジー的感覚は、現代において神学を構築する際に必須である。したがって、隠喩神学は現代の状況を深刻に考慮する際、同時にエコロジー神学となるのである。

このエコロジー神学は、そのような相互関連的な世界観を表現するモデルとして「身体（body）」という用語を広範囲に活用する[20]。この用語は、極めて適切である。人間の身体が生きた有機体の一形態であり、相互関係と相互依存の存在からなる全宇宙も、生きた有機体と見なされうるからである。身体という用語は、人間に対してだけではなく、自然や全宇宙に対しても使われうる。ここで、身体は生きた魂や霊の宿る場であり、生命の原則を欠いた死体ではないということを指摘しておくことは極めて重要である[21]。もし、私たちが、全宇宙と身体という用語の関係を「『……であり、……でない』性質」という観点から表現するなら、全宇宙は、それが生きた全体であるという意味において身体「である」が、同時に、それは文字通りの限定的な意味で人間の身体「でない」と言えよう。

事実、この用語はキリスト教神学にとっても有益である。「キリスト教

19　Cf. McFague, S., The Body of God, pp.38-47, 104-107.

20　以下については、cf. McFague, S., The Body of God, pp.13-25. Cf. also McFague, S., The Body of God, pp.215f.n.13:「物体（matter）とは、造られたものすべてに言及する時に用いられる用語であり、その視点から見ると、原子の異なった配分から形成されている私たちには、種々の差異が認められる。……そして、身体（body）の最も正確な意味は、生きた有機体（living organism）であり、この用語は、どのような個体に対しても類比的に用いられうる。……自然（nature）とは、すべての物体のすべての状態における総計であり、宇宙を形成する種々の個体、気体、液体であると同時に、宇宙のプロセスを統制する法則をも含む」。

21　Cf. McFague, S., The Body of God, p.218.n.23.

は取り分け、受肉の宗教であり、その初期の一貫した諸教理は、受肉化（embodiment）に焦点が当てられている。つまり、言葉が肉となったという受肉（incarnation）論から始まって、人間の肉をまとったキリストを説くキリスト論、『これは私の肉であり、これは私の血である』と教える聖餐論、肉体の復活を説く復活論、そして、教会がキリストの身体であるとする教会論に至るまで、キリスト教は身体の宗教である」[22]。そしてマクフェイグは、伝統的なキリスト教の教理に新鮮なエコロジーの視点を導入する。彼女が神のモデルと呼ぶものに留意しつつ、神論から検討しよう。

4. 神のモデル

マクフェイグは、創世記の1章27節にあるように、「私たちは神の像に造られた（we were created in the image of God）が、逆もまた真である。私たちは神を私たちの像に想像する（we imagine God in our image）」という点を強調することによって、人間が神をどのように想像するかについて的確な指摘をしている[23]。この私たちの像とは、「人間（persons）のイメージ」である[24]。神のこうした人格的な（personal）モデルは、ユダヤ・キリスト教の伝統において中心的な位置を占めている。旧約聖書の言語は、神とイスラエルの契約的な関係に焦点を置いている一方、新約聖書の言語は、神の子イエス・キリストを通して実現した神と罪人の人格的な関係に集中

22　McFague, S., The Body of God, p.14. Cf. McFague, S., Models of God, p.71.

23　McFague, S., Metaphorical Theology, p.10. Cf. McFague, S., Models of God, p.82; McFague, S., Super, Natural Christians, p.172. マクフェイグによると、「神は無から創造したと伝統的に説かれているが、私たちは決して、無から創造できない。私たちは私たちが持っているものを活用するのであり、それを新しい方法で見るのである」（McFague, S., Metaphorical Theology, p.35.）。したがって、私たちは決して神のイメージを造り出すことはできず、ただ単に神を私たちの像に創造するのみである。

24　McFague, S., Metaphorical Theology, p.20.

している。[25]ニカイア信条で使用されている言語においても、その内容は御父、御子、聖霊、つまり、三位格の間の関係であり、さらには、神と神の救いを必要とする人間、または世界の関係である。[26]したがって、ユダヤ・キリスト教の伝統は、父と子、主人と僕、審判者と改悛者、王と臣民、雇用者と労働者、地主と借地人、母と子、愛するものと愛される者、夫と妻、友人と友人などの、神と人間の関係を表現するための種々の用語を活用してきた。[27]一方で、神に関するこうした様々な関係論的モデルは、神の人間的なイメージが神の本質自体の固定化された実体論的概念と同定されることを回避させ、それ故、偶像化されることも回避させることができる。他方で、人間の社会的背景は、神に関する一定のタイプのモデルを優先させ、強調し過ぎる傾向もある。[28]

歴史的に支配的な神のモデルの内、マクフェイグが極めて一面的であると批判するモデルの一つは、君主的なモデルである。王、支配者、君主、主人、統治者といった神のイメージは、絶対性、完全性、超越性、万能性を具現している分、神と他者の間の相互性、共有の責任、互恵性、愛という感覚を現実化することができない。[29]伝統的に問題のあるもう一つの神のモデルは、父権主義的な神のモデルである。これは、君主主義が大抵、男性と結び付いているという意味において、君主的な神のモデルと深く関係している。神を御父とする父権主義的な神のモデルにおいては、父と子の男性的関係が、三位一体の関係と人間の家族関係において顕著に認められる。ここでは女性は、階級的に男性に従属的な位置に追いやられている。[30]「メアリ・デイリーが簡潔さと説得力を持って書いたように、『もし、

25　Cf. McFague, S., Metaphorical Theology, pp.20, 126.

26　Cf. McFague, S., Metaphorical Theology, pp.112-116, 125.

27　Cf. McFague, S., Metaphorical Theology, p.106, pp.126f.

28　Cf. McFague, S., Metaphorical Theology, pp.97, 128f.

29　Cf. McFague, S., Models of God, pp.19, 65.

30　Cf. McFague, S., Metaphorical Theology, p.150.

神が男性なら、男性が神となる（If God is male, then the male is God）』」[31]。ここで、御父としての神という特定の神のイメージの偶像化と、男性や父権性の偶像化、そしてまた、女性や女性的経験の周辺化が密接に関係している。

しかし、隠喩神学の視点から見ると、そして特に、上記の「『……であり、……でない』性質」という視点から見ると、一つの神のモデルが神を表現するために用いられる時、そのモデルは相対化される必要がある。つまり、神が御父と呼ばれる時、神はある点で御父であるが、同時に別の点で御父ではないのである。神はすべての子どもを恵み深く愛し、優しく接する御父であるが、女性と女性的要素を排除する御父ではない[32]。さらに、私たちは神を私たちの像に想像するという言明は、男性が神を男性的像に想像するだけでなく、女性が神を女性的像に想像しうるということをも意味する[33]。女性も男性も神によって神の像に創造されたということを考慮すると、神は両方の性を包括しており、創造者として性的な相違を超越さえしているのである[34]。

31　McFague, S., Metaphorical Theology, p.147.

32　Cf. McFague, S., Metaphorical Theology, pp.21, 97f.

33　Cf. McFague, S., Metaphorical Theology, p.149:「男性が神のモデルを作り上げているだけでなく、神が男性に神的な性質を付与している……ということを極めて明確に表現するなら、逆を言えばよい。つまり、女性は神のモデルを作り上げないし、したがって、神によって名前を与えられない」。Cf. also McFague, S., Models of God, pp.98f.:「神の像は、男性と女性という二重性を帯びているため、両方の隠喩が使用されなければならない。……第一に、神は女性的用語ではなく、女性の用語で想像されるべきであり、第二に、女性の隠喩は母性的な隠喩を含むべきであるが、それに限定されるべきではない。第一に点に関して、『女性の（female）』と『女性的（feminine）』相違が重要である。最初の用語は、性別に言及しているが、第二の用語は因習的に女性と結び付けられてきた性質（優しさ、包容力、受動性、癒し）を言及している」。

34　Cf. McFague, S., Metaphorical Theology, p.168. マクフェイグの指摘する次の点も重要である。「イエスの時代以前とイエスの時代において、ヘブライ的家族は明らかに父権主義的であったが、旧約聖書における神とイスラエルの契

特に、歴史的に男性中心的な神のモデルに対してマクフェイグは、女性の神のモデルも適切であり、性別にかかわらずすべての人間を恵み深く愛する神によって創造された世界においては必要でさえあると強調する。[35] したがって、彼女は伝統的な御父、御子、聖霊という神の名前の代わりに母、愛する人、友という神の名前を代替案として提案し、神の創造的、救済的、協力的行為を明確にする。彼女によると、「ユダヤ・キリスト教の伝統において、母、愛する者、友という三つのモデルは不思議と無視されてきた。これら三つのモデルはすべて、人間の基本的な関係を代表している。確かに人は、父というモデルと共にこれらの三つのモデルは、最も基本的な人間関係を代表していると言うことができる」。[36] これらの三つのモデルをさらに綿密に検討しよう。

第一に、神は母であるという言明は、神と母の単純な同一を意味しているのではなく、アガペーの愛、創造、正義といった母としての役割と結び付いた特徴を持った神を指し示している。[37] アガペーの愛は通常、愛するに値しないものに与え、それを愛する神の自発的な公平無私の愛と理解さ

約という概念、そしてまた、新約聖書における共同体への新入や霊における新たな誕生といった概念は、自然の父権主義的家族の血縁関係を無効にするものであった（McFague, S., Metaphorical Theology, p.151.）。

35　Cf. McFague, S., Metaphorical Theology, p.177.

36　McFague, S., Models of God, p.84. マクフェイグはさらにこう言う。「親、愛する者、友という三つの神の隠喩は『三位一体』を形成し、世界に対する神の公平、再統合的、互恵的な愛を表現している。……世界の親としての神という姿は、神が創造者としてあらゆる表現形態とレベルにおける生命に親密に、公平に関与しているということを表現している。……世界を愛する者としての神は、愛するものに対する愛情と、苦難の共有を抱きつつ、救済者としてその情熱を生命体のすべての部分を癒し、再統合する方向へ向けるということを表現している。……友としての神という姿は、保持する者としての神を表現しており、私たちと互恵的に働く忠実な同志として身近に存在し、生命体のすべての部分に癒しをもたらす」（McFague, S., Models of God, p.91.）。

37　Cf. McFague, S., Models of God, pp.22f., 101.

れている[38]。しかしマクフェイグは、愛される人間は価値が無いという見解を不毛で、魅力に欠けると考える。そして代わりに、「もし、私たちの間においても、私たちは私たちのありのままの姿にもかかわらず愛されたいと思っているのではなく、私たちはある意味で価値があり、好ましく、必要とされているために、私たちは愛されたいと思っているなら、このことは神の愛と人間の関係についても当てはまるのではないだろうか。もし、神の創造的な愛がアガペーの愛なら、あなたが存在していることは、素晴らしいことだと言うのが被造物に対する言明ではないだろうか」と論じる[39]。マクフェイグは、この神の愛が母親的な与える愛に一層近いと考える。この愛は、ちょうど母親が懐胎、出産、授乳を通して自分の大切な子を愛し、養うように、単に人間を深い喜びを持って存在させるだけでなく、人間を養い続け、その人生を全うさせるからである[40]。

したがって、母という神のモデルは、伝統的な創造論を変容させるのに役立つ。伝統的な創造論によると、神は無からすべてのものを、神とは全く別のものとして創造した[41]。しかし、母としての神は、恰も世界と人間が神の子宮から肉体的に誕生するかのように、それらを創造したと言える。神とそれらの間に本質的な相違は存在せず、神の体と生まれたものは有機的に関係している。この枠組みにおいては、劣等な肉体と優等な知性、罪深い肉と罪のない霊というような階級的な二元論も存在しない。神は乖離した存在ではなく、その神の母体から物質的なものと霊的なものすべてが分離せずに進化するからである。この母としての神は本質的に、脆弱さや受動性といった紋切り型の女性的属性とは程遠いものである。

38　以下については、cf. McFague, S., Models of God, pp.102-108.

39　McFague, S., Models of God, p.102.

40　Cf. McFague, S., Models of God, p.106:「女性、男性を問わず、私たちはすべて、子宮を私たちの最初の家として持つ。私たちはすべて、私たちの母の体から生まれ、私たちはすべて、私たちの母によって育てられる。存在に関する最も基本的な現実を表現するために、これ以上適切なイメージが何かあるだろうか。私たちは神の中で生き、動き、自分たちの存在を維持している」。

41　以下については、cf. McFague, S., Models of God, pp.109-113.

人間を含む殆どの動物における懐胎、出産、授乳という女性の経験は、子を懸命に守り育てる点において確かに強靭なものである。このことは、母親の虎や熊が自分の子をいかに力強く守るかを見れば明白である。この母親としての愛が、弱い者を力強く防御するという正義に貢献しているように、神の母親としての愛は、自然において傷つき易いものを保護するという正義に向けられている[42]。この正義なる母としての神というモデルは、救済者なる王としての神という伝統的なモデルとは異なる。王としての神は、権力に対峙する反逆者に有罪宣告を下し、自らの意のままに有罪者を救い出すが、母としての神はむしろ、正しい秩序の確立に関心を持ち、その秩序の中ですべての被造物が、特に、弱いものと次世代のものが、必需品を共有するという実践に基づいて現在の健全な生活を享受できるように配慮する。

第二に、マクフェイグは、エロスの愛、救い、癒しという観点から神を表現する[43]。マクフェイグによると、アガペーの特徴は自己を何か価値あるものに与える愛にあるが、エロスの特徴は何か価値あるものを奪う愛にある[44]。つまり、エロスは「価値あるものに対する情熱的な愛情であり、それと一体化しようとする願望である[45]」。エロスは価値あるものを求め、それと一体化しようとするという、こうしたマクフェイグの理解は、神の愛に関する伝統的なキリスト教的見解と合致しないが、この視点からマクフェイグは、疎遠かつ冷血な形ではなく、親密に、情熱的に世界を愛した神の解釈を試みる。再び彼女は、神の創造した世界は堕落の後であってもなお価値があると強調する。現在の世界は最初の人々の堕落によって深刻な形で貶められているとキリスト教の伝統は主張するが、彼女は、「私たちは、私たちのありのままの姿にもかかわらず愛されることを望むのか、または、私たちのありのままの姿の故に愛されることを望むのか。つま

42　以下については、cf. McFague, S., Models of God, pp.117-121.

43　以下については、cf. McFague, S., Models of God, pp.128-143.

44　McFague, S., Models of God, p.102.

45　McFague, S., Models of God, p.131.

り、もし、私たちが『およそ存在する愛の中で最大の愛』、つまり、神の愛について語っているのなら、私たちが反逆的な罪人としてではなく、神の最愛の者として愛される場合の方が、一層偉大な愛だと言えないだろうか。……『にもかかわらず愛する』という神の愛の伝統的見解は、今日必要とされる感性を造り出すためには殆ど何の役にも立たないだろう」と論じる[46]。つまり、もし、神の愛がおよそ存在可能なすべての愛の中で最大のものであるなら、その神の愛はこの罪深い世界の中においてさえ神の目から見て価値のある何かを見つけ出すことができるはずである[47]。したがって、神は価値ある世界に魅せられ、それを必要とし、そして、それと一体化し、救いへと導くのである。

この救いの行為は、神が人間を罪から救うという行為である。罪とは単に、人間が不信によって神から離反したという伝統的な意味における個人主義的、人間中心的な概念ではなく、人間が人種差別に基づく大量虐殺や自然全体の破壊という罪を犯しうるという現代的な意味における集団的、生態学的な概念でもある。愛する者としての神というモデルにおける救いとは、すべての人間と自然に関係するという意味で全体論的、包括的なものであり、通常の個人的で排他的な要素を持つ愛の意義とは対蹠的な位置にある。この救いの行為において、神は苦しむ者を自分自身の存在の中へと導き入れる。苦しむものが人間であろうと自然であろうと、神は苦しむものと共に苦しみ、自分を自身の身体において全体的に、直接的にその痛みを共有する。この意味で神の痛みは、十字架上のキリストの痛みのみに限定されることはない[48]。

46　McFague, S., Models of God, p.133.

47　Cf. McFague, S., Models of God, p.128:「愛する者たちは、理由なくして、または、あらゆる理由を超えて相互に愛する。この人たちは、相手がただその人らしさを持つ故に相手を価値ある者と見なす。このように価値あるものと見なす行為は、最も完全な承認の行為である」。

48　マクフェイグ自身、こうした議論の重要な帰結を明示していないようであるが、彼女の議論に基づくと、神の目から見て堕落した世界においてさえ価値あるものとは、世界の痛みである。これには自然界の痛みも含まれる。当

マクフェイグは、このように傷付いた世界の身体に継続的に関与し続けることを、神の癒しの業と見なす[49]。肉体の復活を承認するにもかかわらず、人間の全体を霊的なものと、世界を含む副次的な肉体に分離する傾向のある古典的な救済論に対して[50]、癒しのモデルは、すべてのものの肉体的な側面に優先権を与える。この見解は、早かれ遅かれ人間の肉体を危険に晒す生態学的に錯乱した世界の身体に対して私たちの注意を喚起し、私たちが一層明快に人間の過度の欲望と世界の蝕まれた身体の間の不均衡を理解できるようにする。したがって、愛する者としての神は、自己を世界のすべての痛みと同情的に一体化することによって、人間だけではなく世界を癒すのである。具体的に言うと、人間には自己の生活様式を修正することが要請されているのである。

第三に、マクフェイグは神のモデルの一つとしてフィリアの愛、相互協力、同伴性の特徴を持つ「友」という用語を活用する[51]。彼女は確かに、

然のことながらここで、痛みを与えている者が尊いのではなく、痛む主体が神を見上げて、神に救いを求める姿勢が、神に価値ある存在の仕方だと見なされているのである。

49 以下については、cf. McFague, S., Models of God, pp.146-153.

50 Cf. McFague, S., Models of God, pp.147f:「霊 / 肉体という分離は、殆どの古典的な救済論においてよく見られるものであるが、ナザレのイエスによる癒しの働きにおいては見られないことは明白である。イエスの同時代の人々とは違って、イエスは決して病が罪に対する神の罰であるとは主張していなかったようである。むしろ、イエスは肉体的な健康と霊的な健康の間の均衡を見ていた。……イエスの働きの活発な側面は、病人の癒しや被抑圧者の解放の隠喩（ルカによる福音書 4 章 18-19 節）においてよく表現されている」。

51 以下については、cf. McFague, S., Models of God, pp.159-165; McFague, S., Metaphorical Theology, pp.177-192. マクフェイグはこのモデルを導入し、性別自由の非家族的イメージに訴えることで母親的モデルと父親的モデルのバランスを取り、ヨシュア記 1 章 5 節、イザヤ書 41 章 8 節、ホセア書 2 章 23 節、マタイによる福音書 11 章 19 節、ヨハネによる福音書 15 章 13 節、17 章 21 節、コリントの信徒への手紙一 3 章 9 節、ヨハネの手紙一 1 章 3 節などの聖句を指摘する（Cf. McFague, S., Metaphorical Theology, pp.175-178, 189; McFague, S., Models of God, p.158.）。マクフェイグはまた、多くの人が親としての経験

友情が多くの人にとってなくても済み、非本質的であり、軽薄なものに思われていることと認めるが、さらに続けて、友情は人間関係において最も自由なものであり、義務、機能、職務の束縛から自由であると主張する。[52] この自由は、単に非人間的、片務的、反復的なものからの逃避ではなく、むしろ、友情における人格的な相互性への自由を指し示している。上述したように、アガペーが与える愛であり、エロスが奪う愛であるなら、友情に見られるフィリアは「与え、奪う（give-and-take）」愛と考えられる。このフィリアの愛は、親と親に依存する子どもの間の愛ではなく、むしろ、相互に自立した大人の間の愛である。したがって、この意味で友としての神は、大人としての人間に神の救いと癒しの業を実現する際に協力することを期待している。神と人間の双方が、神による人間の救済に責任を持っているのである。[53]

神と人間の間のこのような友情関係は、人間同士の相互協力（sustaining）の関係を形成する。[54] つまり、友とは人間に対する神の救いの業に倣って、この世界において相互に協力し、支持し合うものである。この相互協力の関係は、単に心理的、霊的に位置づけられたものではなく、基本的な必要に具体的に、物理的に応答しようとするものである。

友情に基づく共同体において形成される同伴性という概念は、ここで極めて有益、重要なものである。[55] 同伴（companion）の直接の意味は、パン（panis）を共に（com）食べるという意味だからである。同伴者は最も基本的な必需品の一つである食物を共有し、食卓で相互に共にいることを高く評価する。マクフェイグはさらに、この食卓はある顕著な特質を持っていると強調する。それは、見知らぬ人に対する開放性である。この食卓に

を持たない社会において、このモデルが適切であると考える（McFague, S., Metaphorical Theology, p.178.）。

52　Cf. McFague, S., Models of God, p.159.

53　Cf. McFague, S., Models of God, pp.134f.

54　以下については、cf. McFague, S., Models of God, pp.172f.

55　以下については、cf. McFague, S., Models of God, pp.168-174, 177.

おける同伴性は、見知らぬ人に対するもてなしを特徴とし、そういう人たちに食物、住居、衣服を提供する。このような友人共同体というイメージは、「他人恐怖症（xenophobia）に対する強力な対抗モデルである[56]」。

以上の議論を踏まえてマクフェイグは、御父、御子、聖霊という伝統的な神の名前を解体し、現代に相応した名前である「母」、「愛する者」、「友」を三位一体の神の名前として導入しようとする。これらの名前の各々は、創造者、救済者、協力者として、その独特の役割を果たしている。彼女によると、「創造者は、あなたが存在することは素晴らしいことだと言い、救済者は、あなたはあらゆる想像以上に価値があると言い、協力者は、私たちは部外者と共にであっても、共に食卓に着くと言う[57]」。しかし同時に、これらの三つの名前は、隠喩的な意味で一つの肉体的な性質（a bodily nature）を共有している。マクフェイグは、「神の体としての世界の母、愛する者、友として神は、（私たちでさえ、自分たちの肉体を超越しているように）世界を超越しており、（私たちでさえ、自分たちの肉体と一体であるように）世界に深く内在している」と明快に述べる[58]。すでに見たように、私たちは神を私たちの像に想像する。このことはここで、私たちは神を私たちの身体のイメージに基づいて想像するということを意味する。つまり、一方で、神は神の身体である世界に内在しているという意味において肉体を持ち、他方、神は神の身体である世界から超越しているという意味において肉体ではないのである。隠喩神学の「『……であり、……でない』性質」に基づいて表現すると、神は肉体を持つと同時に、肉体を持たないのである[59]。

56　McFague, S., Models of God, p.176. この共同体においては、喜びだけではなく苦難も共有される（McFague, S., Models of God, p.178.）。

57　McFague, S., Models of God, p.183. Cf. McFague, S., Models of God, p.168.

58　McFague, S., Models of God, p.183. Cf. McFague, S., Models of God, p.71; McFague, S., The Body of God, pp.20, 133.

59　ここで一層正確に、神は霊を持つ肉体であり、肉体を持つ霊であると述べておかなければならない。マクフェイグによると、「私たちは神を隠喩的に、神に由来し、神の身体と見なされうる宇宙の息、命と考える」（McFague, S.,

マクフェイグは、隠喩神学の視点から神は肉体であると同時に肉体ではないと結論するが、私たちは依然として、キリストが肉体を取り、彼自身肉体を確かに持つと言うことができる。次に、マクフェイグがどのようにしてキリスト論に取り組むかについて検討しよう。

5. 譬え話的キリスト論

母、愛する者、友、または、創造者、救済者、協力者からなる、新たに導入された三位一体論の定式において、キリストの人格と業は、第二のモデルで充当される。それでは、いかにしてマクフェイグは、キリストが世界を愛し、救うと説明するのであろうか。この点を解明するために、マクフェイグが異議を唱えるキリスト論を明示し、その後、マクフェイグの譬え話的キリスト論を検討しよう。

隠喩神学の「『……であり、……でない』性質」は、神の現実と人間の現象の単純な同定をどのような種類のものであっても認めない。すると、広義での聖礼典主義は否定される。例えば、神とイエス、神の言葉と聖書、神の恵みと聖礼典を同定することは、否定されなければならない。これらの例において神の現実は、静的な人間の現実に矮小化され、固定されるからである。特にマクフェイグは、ナザレのイエスにおける「全き神、全き人」というカルケドン信条的同定を「受肉論的キリスト論(incarnational christology)」と呼ぶ。[60] 彼女によると、この正統的キリスト論は主としてヨハネ的な「言葉は肉となった」という視点に基づき、イエスにおける成長や変化という事柄を含む人間性や、イエスにおける罪の可能性さえ、常に回避されているという意味において、言わば「隠れ仮現論的（cryptically Docetic）」傾向を持つ。したがって、受肉論的キリスト論は、動的、人間志向型というよりも、むしろ、必然的に静的、性質志向的であ

The Body of God, p.144.)。Cf. also McFague, S., The Body of God, p.149.

60　McFague, S., Metaphorical Theology, p.196.n.11. Cf. McFague, S., Metaphorical Theology, p.11.

る[61]。

さらにマクフェイグは、イエスの十字架上での死の後の復活を強調する「勝利者的キリスト論（triumphant christology）」を拒絶する[62]。彼女はこのキリスト論が極めて問題であると考える。二千年前の一人の勝利者イエスと、一つの過去の行為に焦点を当てることは、すべての人間が神と共に働いて、今ここで救いを実現するという可能性を排除する傾向を持つからである。むしろ、王が僕となり、被抑圧者と共に苦しむという主題に見られる非勝利者的キリスト論が、無数の人々と生物が不当に苦しむ現代世界において深刻に必要とされている。

こうしたタイプのキリスト論に対してマクフェイグは、イエスを神の譬え話と見なす譬え話的キリスト論を提唱する[63]。このキリスト論は、ヨハネ的な「言葉は肉となった」という視点からではなく、共観福音書におけるイエスの物語から開始され、また、イエスの天の聖なる生という上からイエスの通常のこの世の生という下へではなく、神からイエスへでもなく、下から上へ、イエスから神へという形で開始される。これは古代のキリスト論の脈略で言うと、アレキサンドリアの伝統ではなくアンテオケの伝統である。マクフェイグが述べているように、「神の譬え話としてのイエスは、下から開始され、彼の業と共に開始され、間接的に彼の人格へと迫ることを意味する。……初期の教会は、イエスはキリストであるという告白に達したが、それは、イエスの癒し、許し、刷新という経験から、イエスが誰であるかについて語ろうとしたためである[64]」。もし、私たちがこのキリスト論をモデルという視点から解説し、表現するなら、神の譬え話としてのイエスは、神の延長された隠喩またはモデルであると言える[65]。そして、

61　McFague, S., Metaphorical Theology, p.196.n.11.

62　以下については、cf. McFague, S., Models of God, pp.47f., 54f.

63　以下については、cf. McFague, S., Metaphorical Theology, pp.18, 49-50.

64　McFague, S., Metaphorical Theology, p.49.

65　McFague, S., Metaphorical Theology, p.45. マクフェイグはさらにイエスを、キリスト教の「根源的隠喩（root-metaphor）」、「原型（exemplar）」とも呼ぶ

そのようなものとしてイエスは、神の愛と救いの業の地上における展開の中で、病人の癒し、罪の許し、被造物の刷新という神の役割を担っているのである。したがって、マクフェイグはイエスを「上演された譬え話（an enacted parable）」と呼び、イエス自身が地上で行為化された神のモデルであることを明示する。[66]

イエスは、地上を歩く神のモデルであり、そのようなものとしてこの世界に深く関与している。そこで次に、この世界の現状を精査し、隠喩神学とエコロジー神学の視点から、この世界の否定的要因に対する解決案を探ろう。

6. 生態学的共同体

伝統的な神学は、人間が罪人であり、すべての人は神の命令を破棄した最初の罪人アダムの子孫であるということを当然のことと見なしている。しかし、この現代世界における罪の形態は、神に対する反逆に限定されず、神や他者、共同体、自然に対する人間の在り方と行為にまで及ぶ。[67]それでは、どのようにしてマクフェイグは、この世界における人間の罪を特定し、罪の問題と取り組むのか。

マクフェイグは、共通の創造物語（the common creation story）という観点から、罪を定義しようとする。その物語によると、すべての存在は、人間、その他の生物、無生物を含めて、その開始とその後の歴史を共有し、また、世界という生きる空間を共有している。その結果、これらの存在は、密接に、あるいは間接に、相互に必然的に関係し合っている。すると、基本的に罪とは、このような関係論的な存在の現実に対峙した虚偽の生き

（McFague, S., Metaphorical Theology, p.111.）。Cf. McFague, S., Life Abundant, p.19:「『イエス』の生は、キリスト者に対する神の譬え話であり、私たち自身の生にとってのモデルである」。

66　McFague, S., Metaphorical Theology, p.180.

67　以下については、cf. McFague, S., The Body of God, pp.113f.

方である[68]。マクフェイグは罪を次の三つの範疇、「私たち対私たち（US versus US）」、「私たち対それら（US versus THEM）」、「私たち対それ（US versus IT）」に分類する[69]。

（1）「私たち対私たち」とは、人間対人間、つまり、私たちが他の人に対して誤った生き方をしているということを意味する。ある人は、不相応に不公平に大きな空間を占領し、それ故、私たちの共有の空間の限定的な資源を過度に消費している。「私たち対私たち」は、富者と貧者の場合もあれば、強国と弱国の場合もある[70]。

（2）「私たち対それら」とは、人間対他の動物、特に、人間が動物の生息地を侵害していることを示す。人間は、動物をその土地から駆逐し、人間の生きる空間のために占有するという仕方で、誤った生き方をしている。

（3）「私たち対それ」とは、人間対自然を表し、自然とは植物相、動物相、水、土壌、空気を含み、要するに、自然環境全体を指す。人間は、

68　Cf. McFague, S., Life Abundant, p.183:「罪と悪は、私たちが現実から外れて生きることができると想定している。この現実とは、すべてのものが相互に、また神と共に、相互関係と相互依存の状態にあるというものである。罪とは、私たちとその他のすべてのものが造られた時の規範である神の像へと成長することを拒絶することである。罪とは、私たちが神や他者との関係の外側で存在することができると想定し、恰も自分の生が自分に由来すると考えて生きることによって、神に倣い、神のようになることに対する拒否である」。Cf. also McFague, S., Life Abundant, p.132.

69　以下については、cf. McFague, S., The Body of God, pp.116-124.

70　Cf. McFague, S., Life Abundant, p.xii:「もし、全人口の20パーセントの私たちが、全世界の80パーセントのエネルギーを使用しているなら、私たちは自然を愛しているとは言えないし、三分の二の世界の人々に配慮をしていないのである」。Cf. also McFague, S., Life Abundant, p.117:「私たちにとって、高消費の生活様式は、罪である。確かに、それは悪であり、その根底には、富者が一層富み、貧者が一層貧しくなる組織的な構造が潜んでいる。……現代においてキリスト者は、現行の市場資本主義を最も明快、鮮明な罪の一形態と見なすべきである」。

自然が自然の力では持続不可能、回復不可能になる状態にまで自然を搾取する点で、誤った生き方をしているのである。[71]

罪に関するこれらの三つの範疇は、自己中心的で短期的な利益を追求する人間の性向を晒け出している。しかし、すべての存在は相互関係にあるという点を考慮すると、こうした人間の態度は早かれ遅かれ、自己破滅へと繋がる。国際間で自己の領域を拡大することによって、人間は他者の敵意を増幅させ、核による破滅やテロリズムを容易に惹起するようになるし、動物相に侵入することによって、人間は様々な種の均衡を崩し、自然環境を破壊することによって、人間は最終的に悪変した、致命的な物質を消費するようになり、有害な環境に晒され、生態学的な悪循環に陥るのである。

マクフェイグの分析によると、こうした否定的な現象の背後に、主体と客体という二元論的なモデルに縁取られた思考方法がある。西洋文化の中の人間は、自己と他者を二極化する傾向があり、主体としての自己が客体としての他者を支配するという構図を持ち易い。この場合の他者は、単に他の人間のみならず、自然全体の場合もありうる。[72] このモデルに対抗す

71　マクフェイグは、自然を「新たな貧者（the new poor）」と呼ぶ（McFague, S., The Body of God, pp.165f.; McFague, S., Super, Natural Christians, p.6.）。

72　二元論の例として、男性と女性、白人と有色人種、富者と貧者、異性愛者と同性愛者、西と東、北と南、そして、人間と自然などがある（McFague, S., Super, Natural Christians, p.38.）。マクフェイグは、特にフランスの近代哲学の父デカルト（1596年－1650年）以降、二元論が西洋思想において猛威を振るっていると考える。Cf. McFague, S., Super, Natural Christians, p.74:「デカルトにとって知識とは、神々に回帰することによって見出されるべきものではなく、個人の内的思考へと向かうことによって見出されるべきものである。『我思う、故に、我あり』。私たちが真に、確かに知る必要のあることを知るのは、世界を注視したり、他者に相談したりすることによってではなく、自分自身の内的な思考過程を反省することによってである。個人という主体がすべてであって、世界と、特に、自然界は単なる死物である。それは客体であり、私が主体である」。Cf. also McFague TeSelle, S., Speaking in Parables, p.15:「知性と肉体の分離という現代のデカルト以後の思想は、徹底的に反キリスト教的である。キリスト教においては、意味と真理は受肉するものであり、したが

るためにマクフェイグは、私たちのキリスト教的霊性を存在と知識と行為の「主体対主体（subject-subject）」というモデルに基礎付けようとする[73]。彼女が述べているように、「神と隣人をそれ自体において私たちの愛に値する主体として愛するというキリスト教的実践は、自然に対しても応用されるべきである[74]」。この進化論的、生態学的モデルは、人間であろうとなかろうと、生物であろうとなかろうと、すべての存在が主体として平等に取り扱われるべきであるということを要請する。なぜなら、すべての存在は他のものと相互関係、相互依存の状態にあり、それ故、ある意味でどのような存在も主体であり、客体として固定化されえないからである。

マクフェイグは、現代の代表的なユダヤ人宗教哲学者であるブーバー（Martin Buber, 1878年－1965年）の「我と汝」の哲学を、キリスト教の霊性に応用し、さらに、「汝と汝」というモデルを編み出し、こう論じる。「キリスト教の自然理解は、汝と汝という視点から開始されなければならないと私は思う。このような開始があって始めて、自然を客体ではなく、主体として観察し、私たちは一つの実践、キリスト教の霊性を進展させるであろう[75]」。ブーバーが我と汝という関係を最も真正で人格的なものとし

って、受肉した言語である隠喩的言語は、この意味と真理を表現する際の最適の方法である」。

73　以下については、cf. McFague, S., Super, Natural Christians, pp.2f., 8, 25. マクフェイグは、西洋の主体・客体のモデルを「二元論的、階級主義的、個人主義的、実用主義的」として非難する（McFague, S., Super, Natural Christians, p.7.）。

74　McFague, S., Super, Natural Christians, p.1.

75　McFague, S., Super, Natural Christians, p.24. ここで、マクフェイグは、「自然へ帰れ（back-to-nature）」という運動に同調していないということを述べておくことは重要である。「魅力ある代替案は、コインを裏返すことである。つまり、主体から主体のない議論へ、世界の客体化から主体の世界への没入へという案である。これは本質的に、ロマン主義、自然へ帰れという運動、そしてディープ・エコロジーの試みである。……過度の分離も融合も、ここでは妥当ではない。私たちが必要としているものは、ブーバーの説くように、はじめに関係ありきということを認識しつつ他者の他者性を認識する自己と世

て、我とそれという関係と対照的に解説したのに対して、マクフェイグはこのモデルを発展させ、汝と汝という関係に言及し、人間と自然の平等性と相互依存性に焦点を定め、さらに、人間が種々の生態学的危機に直面し、それを実践的に改善する対面型の（face-to-face）関係の重要性を強調した。

この対面型の関係の実践は、自然に対する特殊な鑑識眼を必要とする。フェミニスト哲学者のマリリン・トライ（Marilyn Trye）に依拠しつつマクフェイグは、傲慢な目（arrogant eye）と優しい目（loving eye）を区別する[76]。傲慢な目は、自己との関係において他のすべてのものを支配者、獲得者という視点から観察し、それが自己の味方であるか敵であるかを確認し、他者の微妙な複雑さや深い神秘を見落とす。この目とは対照的に、優しい目は、時間をかけて他の存在を愛情を込めて観察し、自己と他者の相違を、興味、機能、目的等の観点から注意深く認識する。傲慢な目が、他者を従属的なものとして自己の内に統合するか、他者を敵対者として自己から乖離させるのに対して、優しい目は、自己と区別を持ちつつも、同時に関係を持つ他者と共に生きる道を見出そうとする。言うまでもなく、この優しい目が、自然と共存する時に人間に必要とされる目である[77]。

マクフェイグは、権利の倫理（right ethic）と配慮の倫理（care ethic）が

界のモデルである」（McFague, S., Super, Natural Christians, p.98.）。したがってマクフェイグは、彼女自身が地球への回心（the conversion to the earth）と呼ぶものへと私たちを誘う。「私たちは最も基礎的なレベルにおいて、地球のすべてのものに由来し、それらと共にいるのである。それらは、私たちが関係を持とうとして選択するような偶然的な知り合いではなく、むしろ、それらは私たちの親戚であり、親族であり、生命のネットワークであり、そこから、私たちは生み出され、そこに私たちは帰っていくのである。地球への回心とは、私たちの真の姿に対する覚醒であり、特定の野生動物との直接的邂逅を通してしばしば生起するものである（McFague, S., Super, Natural Christians, p.126.）。

76　以下については、cf. McFague, S., Super, Natural Christians, pp.33-38, 111.

77　Cf. McFague, S., Super, Natural Christians, p.76:「自然は、極めて複雑、神秘、広大、豊潤、難解であり、私たちの限定的な認識方法で定義することができない。確かに自然は、客体というよりは主体であり、死んだ単純な客体というよりは、魅力的で、多面的で、複雑な人間のようである」。

これらの目の基盤にあると指摘する。権利の倫理は、生命、自由、幸福といった啓蒙主義時代以降主張されてきた自己の権利に興味を持ち、こうした権利は、動物相、植物相、海、大気、つまり、全生態学的システムに拡大されてきた。しかし、配慮の倫理は、人間によって終焉を迎えようとしている人間以外のすべての存在に対する倫理的責任に関心がある。マクフェイグが明白に述べているように、「興味、関心、敬意、養育、留意、同情、関係性という配慮の言語は、自然界に対する人間の相互作用を表現するために、また、環境に対する有益な態度を導き出すために、権利の言語以上に適切な言語である」[78]。

西洋文化史においては、マクフェイグが論じているように、配慮の倫理を抱いた優しい目よりは、権利の倫理を抱いた傲慢な目が支配的であり、影響力を持ってきた。このことは、西洋の多くの風景画において例証されている[79]。風景画は通常、丘の上高くに特権的な位置を与えられた人によって描かれ、この視野からは、豊潤で複雑、神秘的な自然は、特定の視点によって限定された風景へと客体化され、矮小化される[80]。こうした視点に対して、迷路の視点は、不案内な人が迷宮に入り、見知らぬ物や現象に取り囲まれた時に実現する。例えば、「人がゴシック様式の大聖堂に入ると、人は大聖堂に取り囲まれる。人は大聖堂を見ることができない。人は大聖堂の一部となり、外に出たとしても、大聖堂全体を見ることは困難

78　McFague, S., Super, Natural Christians, p.40.

79　以下については、cf. McFague, S., Super, Natural Christians, pp.67-77.

80　風景画の極端な形態は、女性の裸体画である。マクフェイグが述べているように、「女性の裸体画は、女性と自然界を関連づける古く、根深く、執拗な西洋の習慣の結果であり、自然に対する西洋の傲慢な目の発展における一つの到達点である」(McFague, S., Super, Natural Christians, p.81.)。Cf. McFague, S., Super, Natural Christians, pp.84f.:「他者を恰も金魚鉢か動物園の中にいるかのように見つめることは、ジグムント・フロイトが窃視症（scopophilia）と呼んだ行為である。それは、他者を興味深げな鳥瞰的凝視に服属させ、他者を客体と見なす行為である。窃視症は、傲慢な目の最たるものである。……最も極端な窃視症の例は、勿論ポルノグラフィーである。それは、官能的感情を刺激する目的で他者を客体化することである」。

である。大聖堂は大抵、村の中にあり、家々に囲まれているからである」[81]。マクフェイグは、人間が自然に対してこの迷路の視点を持つべきであると主張する。人間は常に、この自然の一部であり、常にこの自然に取り囲まれているからである。

さらに迷路の視点は、この視点が生態学的に配慮に満ちた視覚に貢献するだけでなく、不案内な人が迷宮を通り抜ける時に必要とされる触覚、嗅覚、聴覚といった人間の他の感覚に対しても貢献するという点で、教育学的に豊かな意味を持っている[82]。ひとたび人がその中で長期間道に迷うと、その人は餓死を避けるために、味覚にも依存しなければならないだろう。特に、すべての感覚の内で触覚は、マクフェイグの神学において決定的な重要性を帯びている。彼女が述べているように、「視覚ではなく、触覚から来る自己の感覚は、私たちが、自分自身を極めて肉体的、関係的、応答的存在であることを認識し、また、他者を支配するためにではなく、愛するために創造されたということを認識する一つの方法を与えてくれる」[83]。触覚が決定的な役割を果たしているのは、ひとえに私たちが触れられずに何かに触れることはできないからである。また、触覚は直ちに私たちの肉体的存在感覚を意識化させ、また、触れる人と触れられる物の間の相違、他者性を意識化させる[84]。私たちは見られずに見ることができ、その時そこに何の相互関係や相互応対性が存在しないのに対して、触れる時は常に触れられ、そこに相互関係性が生じる。したがって、迷路の視点は、私たちが「自分たちを含めて世界は、生きており、変化し、成長し、相互に関係している相互依存の存在から形成されている」という仮定を正しく評

81　McFague, S., Super, Natural Christians, p.79.

82　Cf. McFague, S., Super, Natural Christians, p.77.

83　McFague, S., Super, Natural Christians, p.92.

84　Cf. McFague, S., Super, Natural Christians, pp.93, 118f. Cf. also McFague, S., Super, Natural Christians, p.113:「私たちの教育において決定的に重要な点は、他者との距離、相違、そして、他者の特異性、唯一性、それ自体の特質、無干渉性、他者性に焦点を当てることにある」。

価することを可能にしてくれる[85]。この視点のおかげで私たちは、現実は主体と客体の二元論ではなく、むしろ、すべてのものが相互に主体として、汝として比類なき仕方で関連し合っている連続体であると学び取ることができる[86]。

それでは、以上のような倫理と視点を実践することによって、どのような種類の共同体が具体的に実現されうるのであろうか。マクフェイグは、生態学的に意識化された共同体における配慮の諸次元を次のように提示する[87]。配慮の第一の次元は、共同体のすべての存在に対する敬意である。すべての存在は、かけがえのない個別の主体として共に生き、異なった目標を目指している。それ故、それらはそのようなものとして、敬意を持って扱われる必要がある。配慮の次の次元は、共同体を受容することである。マクフェイグは、私たちが単に個別の存在を敬意を持って受容するだけでなく、共同体そのものをその相互関連性の現実において、主体同士の共同体として受容するようにと勧める。この共同体は一方で、すべての主体が一つの共同体に融合されるような有機的な共同体モデルと異なる。また他方で、すべての主体が分離しており、契約によってのみ関係を持つという権利の共同体モデルとも異なる。生態学的な共同体モデルは種々の主体からなり、それらの主体は相互に区別を持ちつつも、同時に関係を維持している。この共同体においてすべての存在は、相互に契約関係に入っていなくても何らかの意味で他の存在に対して責任を持つ。例えば人間は、自然との間に契約関係を結んでいないとしても、自然という損害を被った生き物に対して注意深く責任を果たさなければならない[88]。生態学的な共同体

---

85 McFague, S., Super, Natural Christians, p.96.

86 Cf. McFague, S., Super, Natural Christians, p.97. 地に足の付いた直接的な自然体験の重要性については、cf. McFague, S., Super, Natural Christians, pp.123-125.

87 以下については、cf. McFague, S., Super, Natural Christians, pp.151-158, 162.

88 Cf. McFague, S., Super, Natural Christians, p.162:「社会的自己（social self）とは、他者に善を行うという倫理が、単に利他主義でも自己犠牲でもないということを意味する。……他の人に対する善は、自分に対する善でもあり、その逆も真である」。

モデルによると、配慮の最終的な目標は、全存在の福祉（the well-being of the whole beings）であり、それは、共同体の構成するすべての主体の種々の必要を充足することによって実現されるであろう。人間的に言えば、これは極度に理想主義的であり、そして、殆ど不可能に見えるかもしれないが、神の可能性が残されており、イエスの弟子と呼ばれる神的行為者の可能性が残されている。

神の身体である自然の中で自己意識を持つ主体は、人間のみであるという見解を考慮するなら、人間は地上のすべての傷付いた存在を意識的に、責任を持って修復する際に中心的役割を果たすべきである[89]。そして、もし、マクフェイグが最近の著書の中で反復して述べているように、その人々が北米中流階級のキリスト者なら、その人々の責務は次の二つの点で一層深刻である。一つは、北米中流階級の人々は、世界のエネルギーの大部分を消費しており、どんなに少なく見積もっても間接的に自然破壊を引き起こしているという点である。もう一つは、キリスト教はイエスの弟子として、現実世界の相互関係性という現代の意識に一層妥当な生態学的生活を率先して送る必要があるという点である。したがって、マクフェイグは北米中流階級のキリスト者が経済問題に取り組むことが不可欠であると考える。

マクフェイグによると、「イエスが神の譬え話であるように、イエスの弟子たちもイエスの譬え話である[90]」。そして、「イエスの話の最も基本的な側面の一つは、因習的な二元論的階級制度を転覆し、疎外された者や被害者に手を差し伸べる愛である[91]」。これらの二つの引用は、キリスト者がイエスの弟子として二元論的に二極化した経済、つまり、持てる者が持たざる者を搾取する経済構造を克服するように教えられているということを意味しうる。この二極化こそ、疎外された者と被害者を造り出すのである。そこで次に、現代経済に対するマクフェイグの提案を考察しよう。

市場イデオロギーは現在、特に持てる者にとって一つの宗教になってい

89　Cf. McFague, S., The Body of God, p.124.

90　McFague, S., Metaphorical Theology, p.54.

91　McFague, S., The Body of God, p.165. Cf. McFague, S., Life Abundant, p.167.

る。その中で、北米中流階級のキリスト者が支配的な構成要因となっている[92]。これらの人々は、取り分け消費者であり、その人生の目標は金儲けである。つまり、これらの人々は商品の礼拝者であり、その神は金である。持たざる者と自然を抑圧してきたこのような宗教的生活に対して、エコロジー神学はこれらの両者に配慮する経済生活の代替案を提示する。

このエコロジー神学は、新古典的（Neo-classical）経済世界観に遡及される現代の経済世界観と[93]、マクフェイグが生態学的（ecological）経済世界観と呼ぶものとの相違を解説する[94]。新古典的経済世界観は、費用をかければ交換可能な外的関連性のみを持つ無生物から世界が構成されていると見なすという意味で、機械的な見解になる傾向がある。ここで基本的に私たちは、そうした処分可能な部分に対して責任を持っていない。これとは対照的に、生態学的経済世界観は、世界がむしろ有機的な共同体、一つの身体であり、その体内においては、内的関係性を持った生きた各部分は容易には交換できないと主張する。私たちはその身体の一部分として、本質的に世界の福祉に責任を持っており、身体の他の部分の持つ痛みと喜びを同情的に共有している。これらの見解の相違は、必然的にそれらの目標の相違に結び付いている。機械的世界において個人は、物質的な商品の終わり無き蓄積を追求するのに対して、有機的世界においてその構成員は、すべての限られた資源を持続可能な形で共有しようとし、全体の繁栄を目

92　以下については、cf. McFague, S., Life Abundant, pp.xi, 35.

93　Cf. McFague, S., Life Abundant, pp.76f.:「新古典的経済学で私たちが意味しているのは、アダム・スミスによって18世紀に考え出された市場資本主義であり、特に、現代の主要な経済学において実践されている類のものである。市場資本主義の主要な特徴は、脱中央集権化された市場によって過小な資源を分配する点にある。……ここですべての人は、自分自身の利益の最大化を図るように行動し、そうすることによって、すべての人が最終的に利益を得る（古典的経済理論におけるいわゆる『神の見えざる手』）という想定である。……その中心的価値は、希少な商品を獲得しようと競争する個人の満足にある」。

94　以下については、cf. McFague, S., Life Abundant, pp.42, 44, 73.

標とする[95]。これらの見解の帰結は、疑うまでもなく明白である。最初の見解は、傷付き易い人間と自然に実害を与え、最終的にそれらを抑圧しているものに対して実害を与える。なぜなら、抑圧者も食べ、飲み、息をし、生きるために、自然に依存しているからである。しかし、第二の見解は、地上のすべての生物と無生物に対して一層配慮があり、健全である。

歴史的に言えば、機械的な見解が明らかに猛威を振るい続けており、私たちは今や三大地球危機に瀕している。それは、地球温暖化と生物多様性の崩壊と人口 / 消費問題である[96]。最近の地球温暖化の加速、生物多様性に対する損害、人口過剰とそれに伴う消費過多は、必然的に私たち自身の世代と次世代に否定的影響を与えるであろう。しかし、マクフェイグは、エコロジー神学は、単に想定しうる自然からのこうした否定的反応に言及するだけでなく、エコロジーの視点を踏まえた神論、キリスト論、聖霊論等を積極的に、具体的に市場イデオロギーの産物や副産物との関係において再構築すべきであると主張する。したがって次に、神概念と人間概念に焦点を当てることによって、エコロジー神学の諸教理を概説しよう。

第一に、すでに見たように、私たちは神を、すべてのものを創造し、正義を実現させるアガペーの母と考えることができるが、同時に、私たちは神を特に土地や、分配の正義との関係において描写する必要もある[97]。マ

95　マクフェイグが簡潔にまとめているように、「最初のモデルは地球を、法人か企業連合と見なし、自然資源の最適な使用によって構成員に利益をもたらすために集められた個人の集団と見なす。第二のモデルは地球を、むしろ、有機体、つまり、人間と人間以外のすべての部分の相互関係と相互依存を通して生き残り、栄える共同体と見なす。最初のモデルは、18 世紀以降の仮定に依拠し、（権利と責任を持った個人という）人間観と（相互に外的にのみ関係する個的部分から構成されている集団という）世界観を持つ。第二のモデルは、ポスト・モダンの科学に由来する仮定に依拠し、（人間は地球の意識的部分であり、徹底して依存的な部分であるという）人間観と、（世界は共同体、または、有機体であり、そこに内在する各部分が相互に内的に関係しているという）世界観を持つ」（McFague, S., Life Abundant, p.72.）。

96　McFague, S., Life Abundant, p.91.

97　以下については、McFague, S., Life Abundant, pp.118f.

クフェイグが指摘しているように、新古典的見解では、全自然を含む土地は、資本のもう一つの形態である財産と見なされる。このことは、土地が金銭と交換可能であるということを意味する。しかし、エコロジー神学の見解では、土地は、私たちの財産というよりは、むしろ、私たちの母であり、それは自然の一部分である人間が長期間、自然によって自然の中で育まれてきたからである。もし、土地が私たちを創造する母であり、つまり、マクフェイグによるモデルの一つにおいて表現されているように母なる神であるなら、人間は決して回復不可能な形で自然を乱用することが許されないのであり、金銭と容易に交換すべきではないのである。むしろ、人間は、自分たちが根源的には自然から獲得したものをすべての人々に公正に分配することが要求されている。この分配の正義は、すべての人々が同等の収入を得、すべての物を平等に共有すべきであると要請する極端な共産主義的正義とは異なり、また、あらゆる種類の自由経済競争に対するあらゆる種類の制約に反対する極端な個人主義的正義とも異なる。エコロジー神学の正義は、神の代理としての人間によって実現されるべきものであり、「個人と共同体が繁栄する最高の方法は、……すべての人が生存と繁栄のための基本的必需品を持つことを確証する点にある」と主張する[98]。エコロジー神学において神を信じるということは、恰も土地が神であるかのように、敬意を持って土地を取り扱い、さらに、分配の正義を適切に実現することを意味する。

第二に、救いと癒しを実現する愛する者としてのキリストというモデルは、経済の脈略において一層理解されなければならない[99]。伝統的にイエスは、個別の罪人の救済者、自己の犠牲的な死によって罪人を許す者、復活によって永遠の生を与える者と見なされてきた。マクフェイグが批判しているように、このようなキリスト論は、すべての被造物の救済者としてのキリストという側面を無視しているという点で、あまりに個人主義的で

98　McFague, S., Life Abundant, p.109.

99　以下については、cf. McFague, S., Life Abundant, pp.131, 157, 160, 169.

あり、また、霊的に、心理的に苦しむ個人をその罪責感から解放することにのみ関心を向けているという点で、あまりに心情的である。むしろ、マクフェイグは、自然を含む他者との関係において、人間の基本的な必要性に一層具体的に関心を持つキリスト論を提案する。つまり、エコロジー神学におけるキリスト論は、二つのタイプの貧しさに取り組まなければならない。それは、貧しい人と新たな貧しい存在としての自然である[100]。このキリスト論は、キリストが単に心理的に苦しめられている個人を救うだけでなく、むしろ、現在の経済組織の下で物質的に苦しめられている人々、つまり、貧者や疎外された人々を救い、また、同じキリストが、過度の経済活動により豊穣な資源を物理的に剥奪された自然を癒すということを強調する。ここでイエスの弟子たちは、地球全体の福祉を向上させ、取り分け、貧者と疎外された人々の世話をすることに携わるように求められている。神の子がイエス・キリストにおいて受肉し、この物理的世界と関係を持ったように、イエスの弟子たちは、損害を受けた世界の物理的次元に参与するようにと招かれている。

第三に、私たちの相互の関係において私たちを支え、同伴性を形成する友としての聖霊の働きが、より広い脈絡の中でも実現されなければならない[101]。今日、「持続可能性（sustainability）」という用語が、種々のエコロジーの議論と実践における標語として使用されているが、この用語は、主として共同体による将来を配慮した自然資源の活用を意味し、具体的に、人間と自然の双方が共に存在し続け、資源を将来世代にも引き継がせることを意味する。しかし、エコロジー神学の視点から見ると、すべての存在の維持（sustaining）は聖霊の働きの一部であり、聖霊はすべての被造物に命を与え、その命を維持する。そして、三位一体論が示しているように、聖霊は愛の絆として、御父と御子を一つにするという決定的な役割を果たしている。これらの生態学的、教理的議論を一つの話に編み上げると、聖

100　Cf. McFague, S., The Body of God, pp.165f.; McFague, S., Super, Natural Christians, p.6.

101　以下については、cf. McFague, S., Life Abundant, pp.106f., 114f.

霊とは、地上のすべての生きた存在をその相互関係において維持し、一つにする神である。

聖霊によって導かれたイエスの弟子たちは、全自然を持続可能な形で維持し、特に、恵まれない人々と基本的な必要物資を共有する。この弟子たちによって形成される同伴性は、他者に開かれたものであり、確かに、存在の全形態を包摂するものである。つまり、人間、生物、無生物のすべての被造物がここに含まれる。なぜなら、これらすべての存在は、生態学的に何らかの形で相互に依存しているからである[102]。マクフェイグが強調するように、この弟子たちの正式な同伴性としての「教会は、私たちに犠牲的な、十字架の形の生活様式を要求しなければならない。私たちは違った生き方を開始しなければならない。新古典的経済パラダイムとは異なったもう一つ別の豊かさの可能性を見据えて、私たちは別の形態の労働、食事、土地耕作、輸送手段、教育方法、娯楽、礼拝方法を個人と集団において考案しなければならない。……キリスト教会（と他のすべての宗教）は公共善のための対話に参加すべきであり、体制という大機構の一歯車としてではなく、地球規模の家族のすべての構成員のための豊かな生活様式を提唱する対抗文化的意見を提示しなければならない[103]」。

したがって、神の国とは、教会によって将来確立されるものではなく、損害を受けた存在に優先的に配慮するイエスとイエスの弟子たちの現実と共にあり、神の国は、私たちの新しい生活様式と共に開始されるので

102　このエコロジー神学との関連においてマクフェイグは、神格化（deification）の教理を新鮮な形で検討している。彼女が明確に解説しているように、「神格化、つまり、神のようになるとは、キリストに従うことであり、生態学的な経済学、持続可能な形態での資源の正当な分配といった事柄にかかわることを意味する。神格化、つまり、受肉した神のようになるとは、神の身体をより健全にし、より充溢させることを意味する。救いとは、この世での働きであり、『霊における（in the Spirit）』人間の実存とは、『肉における（in the body）』働きを意味する。こうして初めて救いが進展するのである」（McFague, S., Life Abundant, p.186.）。Cf. McFague, S., Life Abundant, pp.177, 184ff.

103　McFague, S., Life Abundant, pp.198f.

ある。[104] この神の国は本質的に、弱者に君臨する強者と、貧者を抑圧する富者の力を転覆させることを特徴とし、具体的にイエスは、罪人、取税人、売春婦といった社会的に疎外された人々と共に食事をすることによって例証した。マクフェイグは、食事におけるイエスのこうした実践を、単なる「正義への呼びかけではなく、すべての被造物が満足し、健全にされる終末論的祝宴の前味」だと見なしている。[105]

イエスが人間の期待を最も過激に転覆したのは、イエスの復活である。それは、「生を凌駕するはずの死の転覆であり、死に対する生の大勝利」である。[106] この復活の意味は、イエスの話によって描き出された命、愛、平和などが実際にこれらの逆の概念よりも優勢であるという約束にある。この現実が生起するために、イエスの弟子たちは現在において、イエスと同じ十字架の道を歩む必要がある。したがって、エコロジー神学が提唱する救いは、伝統的な復活論に由来しない。エコロジー神学における救いとは、イエスの復活と共に起こった過去の出来事ではなく、選ばれた個人の他界における将来的な復活でもなく、むしろ、イエスの弟子たちが復活したイエスと共に地上で損害を受けた存在の福祉を実現する時に、今ここで到来するものである。[107]

7. 結　論

マクフェイグは、種々の神のモデルを検討し、エコロジー神学を発展さ

104　Cf. McFague TeSelle, S., Speaking in Parables, p.82; McFague, S., Metaphorical Theology, pp.17f., 45, 65.

105　McFague, S., Super, Natural Christians, p.15.

106　以下については、cf. McFague, S., Life Abundant, pp.170, 179; McFague, S., Models of God, p.60; McFague, S., The Body of God, p.181.

107　宇宙的なキリスト（the cosmic Christ）と呼ばれる復活したキリストについては、cf. McFague, S., The Body of God, p.179:「復活したキリストは、宇宙的なキリストであり、ナザレのイエスの身体から自由になったキリストであり、すべての身体の中にあり、すべての身体と共にある」。

せ、キリスト教神学が現代世界においても妥当かつ意義深いものになるように努力している。しかし彼女自身、十分なモデルは存在しないし、完全な神学というものも存在しないことを十分に承知している[108]。すべてのモデルと、そのようなモデルに基づいて構築されたすべての神学は、構築者の性別、人種、階級、教育のみならず、位置づけられた場所と時代によって影響を受けた一定の視点に由来する。言うまでもなく、このことはマクフェイグの神学についても当てはまる。それでは、どのような意味で彼女の神学は限定的であり、それ故に不適切なのか。もしくは、どのような点においてそれは、現代と将来に向けて建設的な要因を保持しているのか。最後に、彼女の神学を批判的に評価しよう。

第一に、マクフェイグの神学は確かに、三位一体論、キリスト論、神格化論、聖霊論、受肉論、聖書論、聖礼典論等に関する古いキリスト教教理に新たな息吹を吹き込んでくれた[109]。彼女が自分の隠喩神学において「『……であり、……でない』性質」と呼ぶものは、こうした教理の再解釈において中心的役割を担っている。例えば、伝統的な神学においては、イエスは神であり、聖書は神の言葉であり、パンとぶどう酒はそれぞれキリストの体と血である。これらの言明では神的性質が強調されており、そこに見られるはずの人的性質が殆ど無視されている。したがって、マクフェイグは隠喩神学の視点を導入し、これらの教理が本来意図しているはずだと彼女が考える動的な意義を再び振作しようとする。つまり、イエスは神であると同時に、神ではないのである[110]。聖書も神の言葉であると同時に、

108　以下については、cf. McFague, S., Metaphorical Theology, pp.viii, 190; McFague, S., The Body of God, pp.ix, 67; McFague, S., Super, Natural Christians, p.157; McFague, S., Life Abundant, p.xiv, 11f.

109　以下については、cf. McFague, S., Metaphorical Theology, pp.5f., 11-13, 18f., 51, 54, 65; McFague, S., Super, Natural Christians, pp.172-174; McFague, S., The Body of God, p.182.

110　Cf. McFague, S., Metaphorical Theology, p.109:「イエスは神の国の宣言者、また、神の国への道として、神の国という新しい根源的隠喩と深く結び付いている。ここに見られる顕著な性質は、神に対する新しい見方ではなく、人

神の言葉ではない。パンとぶどう酒もキリストの体と血であると同時に、キリストの体と血ではない。これらは、神的性質と人的性質が動的な相互関係にあることを意味し、この関係は、現実の一面的な断定によって静的な偶像礼拝に陥ることを阻止する。マクフェイグの神学は、弁証法的に肯定的かつ否定的であり、それによってその神学は、神によって創造された現実に言及する際に相当な自由度が付与されている。

マクフェイグが、伝統的には御父、御子、聖霊と表現されてきた三位一体論的定式の代替案として、母、愛する者、友を提示する時、彼女のフェミニスト的、エコロジー的神学の視点が明白に展開されている[111]。彼女はまた、神の受肉、人間の神格化という教理も再解釈しようとする。それによると、神の受肉はイエスに限定されず、神の身体としての人間を含むすべての被造物に対して開かれている。特に、人間は神の像に造られており、神によって自然から造られている。したがって、マクフェイグは続けて、自然はある意味で人間の中に受肉したのであると述べる。これは、神と人間と自然の関係が受肉によって深化され、肉体的性質（bodily nature）がこれら三者のすべてによって共有されているということを意味する。私たちは、このことを「身体の類比（analogia corporis）」と呼ぶことができるだろう。これは、ある意味で伝統的なカトリックの「存在の類比（analogia entis）」という教理からの方法論的シフトでもある。受肉の教理は、伝統的神学において一般的には、神格化の教理と併置されている。つまり、神が人となったのは、人が神となるためである。つまり、人が神格化されるためである。しかし、マクフェイグにとって、神格化は天国で受容されるための神秘的な聖化を意味せず、むしろ、この教理は、人間が

間に対する新しいイメージでもない。ここでは、神的性質も人的性質も中心的課題ではない。むしろ、関係の持ち方が新しいのであり、神の支配の下にある世界のあり方の問題である」。

111　以下については、cf. McFague, S., Metaphorical Theology, p.viii; McFague, S., Models of God, p.122; McFague, S., Life Abundant, pp.20, 22, 185f.; McFague, S., Super, Natural Christians, p.110.

地上で人となった神のように、地上で傷付けられた存在の福祉を向上させることに従事するように招かれているという事実を指し示している。

第二に、このような身体という視点の強調は、地上の無数の存在が、人間であれ、生物であれ、無生物であれ、すべて何らかの点で痛みを担っている現代において妥当であり、適切でもある。この痛みは、身体という形態なしには、起こりえないからである[112]。人間と動物は、その身体において苦しみ、植物と他の生命体は、環境汚染の中で痛ましい状態の中にある。神もまた、十字架上で苦しんだイエス・キリストにおいて苦しみ、エコロジー神学において神は神の身体としての傷付いた自然と共に苦しむ。したがって、神的存在を含むすべての存在は、種々のレベルの苦痛を味わい、その点で身体の類比が「痛みの類比（analogia doloris）」とも言いうる類比と密接に結び付いている。痛みは、この世界では通常、否定的な出来事と見なされている。そして、確かにそれはそうである。しかし、この同じ痛みは、痛みを知り、経験している神へ向かう強力な架け橋でもある。イエスの癒しに関する話は、具体的にこの架け橋について示しており、肉体的病気を担った人は、イエスに触れてもらうことによってイエスとの友好関係に入るのである。マクフェイグが触れるということの重要性について強調しているように、イエスは痛みを担った人々と最も現実的な方法で密接な関係を確立している。

これは、神の話の一面である。マクフェイグが論じているように、「私が存在するのは、私が他の人と触れている時のみであり、他の主体は私に影響を与え、私から影響を受ける。この拡大化された意味での自己は、他者が栄えると喜び、衰えると悲しむ[113]」。痛みと同様、喜びもまた、人と人とを結び付けるものである[114]。この現代的世界観においては、すべての存

112　以下については、cf. McFague, S., The Body of God, p.18; McFague, S., Models of God, p.75.

113　McFague, S., Super, Natural Christians, p.163. 以下については、cf. McFague, S., The Body of God, pp.169f.

114　Cf. McFague, S., Life Abundant, p.115:「共同体の中の個人というモデルは、

在は相互に関係しており、痛みと同様喜びも、人間が神によって創造された関係論的な現実を具体化し、評価することができるようにする。食物は、特に共有される時、私たちに喜びをもたらす具体的な媒体である。イエスが肉体的に、霊的に必要を感じている人々と共に食事をするという話は、この点を明示しており、ここで、イエスが喜びを共有した相手は、常に社会的な追放者であり、決して特権階級の人々ではないということを明記しておくことは極めて重要である。さらに、アガペーの愛を持った神は、すべての被造物に対して「あなたが存在することは、素晴らしいことだ」と宣言することによって自己の喜びを表現するという点を考慮するなら、喜びも神と地上のすべての存在とによって共有されている。人間は傷付いた被造物を物理的に癒し、自然の質を向上させることによってこの喜びに参与することができる。したがって、私たちは、ここで神と人間と自然との間に「喜びの類比（analogia gaudii）」が成立しうると言うこともできるだろう。

第三に、マクフェイグは共同体という概念を多用する。喜びも痛みも共に、私たちが相互関係の中に、つまり、共同体の中に生きていることを明確に知らせてくれる。共同体という用語は、あらゆる種類の存在が様々なレベルで相互に関係しているということを表現する際に、極めて有益であり、また、重要である。マクフェイグのエコロジー神学においては少なくとも三つのレベルの共同体が存在する。第一のものは、神の三位一体性であり、神学的に最も基本的な共同体である。彼女が述べているように、「関係性に関するキリスト教の主張は、様々な仕方で聖書において表現されているが、三位一体論において教義学的な地位を得た。その教理には種々の解釈が施されうるが、その教理が解明しようとしている一つの中心的視点は、神は関係性を二次的、派生的なものと見なす孤立した単一体

人間の幸福が主として（基本的な必要物以上の）物の所有に由来するのではなく、共同体、自然、友情、愛情、高尚な目的への献身に由来すると主張する」。

ではないということである」[115]。神は本質的には三位一体において関係論的であり、それ故にその関係性は、さらに神以外の他者、つまり人間との関係性を造り出す。したがって、第二の共同体は、人間の共同体であり、そこにおいて人間は神の像として、神の関係性を反映し、神を含む様々な相互関係を維持している。この人間の共同体は、今や他の生物に対して、また、無生物に対しても責任を負っている。生物も無生物も生態学的共同体の中で絶滅の危殆に瀕しているからである。第三の共同体とは、この生態学的共同体である。したがって、神、人間、生物、無生物を含むすべての存在は、現実にはすべてのレベルの共同体に属している。これを私たちは、「共同体の類比（analogia communitatis）」と呼ぶことができるだろう。すべての存在は、各々のレベルの共同体において相互に関係し合い、相互に依存しているからである[116]。

すべての存在の中でも人間は、主体性を持って他者との関係の修復に、また、キリスト者の場合は神との関係の修復に、さらには、傷付いた自然との関係の修復に努めなければならない。マクフェイグは、次のような指摘をすることによって、私たちによる自然の恣意的な搾取に対して警告をする。「もし、すべての人間が明日地上から消滅したとしても、動植物は決して困らないだろう。それどころか、すべてはうまく行くだろう。しかし、私たちは空気がなければ数分間も生きていけないし、水がなければ数日間も生きていけないし、動植物がなければ数週間も生きていけない」[117]。人間は世界の中心ではなく、神の身体としての自然が人間を生かし続けるために中心的な役割を果たしているのである。マクフェイグのお気に入りの聖句の一つである使徒言行録 17 章 28 節（神の中で私たちは生き、動き、

115　McFague, S., Models of God, p.166. Cf. McFague, S., Models of God, pp.166f.; McFague, S., Life Abundant, pp.143f.

116　Cf. McFague, S., Life Abundant, p.104:「個人は共同体においてのみ存在し、共同体は全くこれらの個人から構成されている。……個人は相互に必要とし合い、相互関係の中で栄える」。

117　McFague, S., Life Abundant, p.102.

存在している）は、自然に対する迷路の視点と合致している。人間は、自然に取り囲まれ、生かされており、そのようなものとして人間は「自己中心的な（egocentric）」見方と「生態系中心的な（ecocentric）」見方との均衡を維持する必要がある。なぜなら、人間と自然は、相互依存関係にあるからである[118]。つまり、人間は自分たちが自然という富の消費者ではなく、むしろ、自然という家の構成員であることを認識しなければならないからである[119]。

マクフェイグの神学は、神学の課題と現代の課題を幅広く扱い、神学が現代世界に対して妥当かつ明快になるように留意している。しかしその際、彼女は神学の視点そのものよりも現代的世界観に多くの比重を置いているように思われる。つまり、彼女は神学を現代思想の視点から解釈するというよりも、現代思想を神学の視点から解釈しているようである。言うまでもなく、神学は常に福音と文化の相互作用を通して形成されてきた学問であり、各時代の世界観は常に同時代の神学に影響を与えてきた。しかし、マクフェイグの神学は、特に次の三点において、現代的世界観に圧倒されているように思える。

第一に、母、愛する者、友という、マクフェイグが新たに導入した三位一体論定式は、神の内部の三位一体論的関係性を十分に表現できていない。伝統的な神学は、御父が命の賦与者である聖霊を通して御子をもうけると

118　McFague, S., The Body of God, pp.124f. Cf. McFague, S., Models of God, p.9:「私たちの存在の深みにおいて、私たちが私たちの宇宙の進化的生態系の一部分であるということを感じ取ることは、現代のキリスト教神学にとっての前提事項である」。Cf. McFague, S., Life Abundant, p.9:「私たちはもはや、中心には位置していない（罪の定義）。私たちは、神が中心であると知っている（救いの定義）」。Cf. also McFague, S., Models of God, p.95; McFague, S., The Body of God, p.108; McFague, S., Life Abundant, pp.102f., 138.

119　Cf. McFague, S., Life Abundant, p.106. Cf. also McFague, S., Life Abundant, p.102:「私たちの内部は、外部によって形成されている。つまり、地球を構成している空気、風景、植物、動物、諸要素、鉱物、出来事、進化の過程によってである。……これが、ポスト・モダンの科学的人間観であり、私たちは自然との関係の産物であり、多くの複雑なものとの関係の産物である」。

いう本質的に生きた関係を指摘するために、御父、御子、聖霊という正統的な定式を活用してきたが、フェミニズムとエコロジーの見解の影響を受けたマクフェイグの定式は、そのような神の内部の相互関係を説明することができない[120]。例えば、母は本質的に愛する者や友と関係があるのではなく、むしろ、母の娘や息子と関係がある。もし、マクフェイグが自分の三位一体論定式の中に娘や息子という用語を導入しないなら、その定式は内的な分断を抱え込み、マクフェイグの神概念は三神論的であるという印象を残す。母、愛する者、友は、それぞれ神以外の誰か、または、何かに対して向けられた外的な関係を指し示すための用語なのである。同じことは、創造者、解放者、維持者（Creator, Liberator and Sustainer）という彼女の三位一体論定式にも当てはまる[121]。

このような批判に対してマクフェイグは、「私の三位一体論は、三位一体の内的な位格よりも、むしろ、外的な機能に（つまり、内在的な三位一体よりも、経綸的な三位一体に）焦点を置いていると主張する人がいるが、この批判は、神の行為が存在から分離された時のみ妥当な見解である」と反論する[122]。もし、私たちが創造、解放、維持という神の行為のみを表層的に観察するなら、私たちはこうした行為を実践している三人の神を考え

120　男性中心的な三位一体論定式に対するマクフェイグの理解については、cf. McFague, S., Models of God, p.98:「神を父と呼ぶことは、明らかに性的意味合いを持つ（御子が御父から発出するという三位一体論的言語からも明白なように）が、ヘブライの伝統が、自己を女神宗教や豊穣宗教から区別することに興味を持ち、キリスト教における初期の根深い禁欲的傾向の存在を考慮すれば、父親的イメージという性的意味合いの理由は明白になる」。

121　McFague, S., Life Abundant, p.143. マクフェイグの構築した別の三位一体論定式については、cf. McFague, S., The Body of God, p.193:「伝統的な三位一体論的思考の改定として、私は神の徹底した超越性と内在性を維持していない御父、御子、聖霊よりも、むしろ、次の定式を提案したい。神の神秘（見えない顔、つまり、第一の位格）、神の身体性（見える身体、つまり、第二の位格）、そして、見えないものと見えるものの調停（霊、つまり、第三の位格）である」。

122　McFague, S., Life Abundant, p.231.n.16.

がちであるが、もし、私たちがこれらすべての行為をそれらの背後の唯一なる神的存在との関係においてのみ観察するなら、私たちは三位一体を適切に理解しているのであるということを彼女はここで意味している。しかし、エコロジーに対する彼女の強調を考慮するなら、重要な概念は存在概念よりも、むしろ、生命概念のはずであり、行為と密接に関連している生命概念は、神の内的生命を説明する際に、一層有益である。なぜなら、神の内部のこの生命から、人間、動物、植物、他の生命体におけるあらゆる種類の生命が本質的に産み出されるからである[123]。さらに、彼女が「神は実際には、父、子、聖霊ではない」と述べる時[124]、彼女は神の名前の役割を過小評価し、代わりに、モデルの価値を過大評価しようとしている。しかし、名前とモデルでは、人間の礼拝の対象としてどちらが一層適切であろうか。神の名前は、神の生命そのものと本質的に、一貫して関係しているが、モデルはそうではない。したがって、名前が偶像化しない限りにお

123　マクフェイグが、アガペー、エロス、フィリアという神の愛に対する彼女の理解から三位一体の一体性を論じる時の方が、彼女の議論は一貫していて、説得力があるように思われる。というのは、これらの三つは確かにある意味で愛であり、同時に、それら三つは愛の異なる三つの側面を示しているからである。Cf. McFague, S., Models of God, p.92:「創造的愛、救済的愛、維持的愛という三つの愛はすべて、それぞれが一致への願望を指し示しているという点で結び付けられている。それぞれの愛は、異なった仕方であらゆる生命の相互関係性と相互依存性に留意している。創造的愛（つまり、アガペー）は、存在がそのようなものとして存在することに対する神の愛であり、存在するものすべてを身体から産み出す親なる神によるすべての被造物の肯定である。救済的愛（つまり、エロス）は、私たちに、つまり、愛されている者に対する神の愛の情熱的な表現であり、『受肉』である。それは、この世界の果てまで行き渡り、疑いなく最後の者、最小の者が受け入れられ、再統合されるのである。維持的愛（つまり、フィリア）は、私たちがすべてのものの成就へ向けて共に働く時に、常に私たちと共に働き続ける神の内在的、同情的愛である。各々の愛は、キリストの弟子としての働きにおける一次元、つまり、その愛に付随する倫理をも示唆している。それは、正義（アガペー）、癒し（エロス）、同伴性（フィリア）である」。Cf. McFague, S., Models of God, p.169.

124　McFague, S., Life Abundant, p.231.n.16.

いては、名前が神の表現手段として一層適切であると言えよう。

第二に、マクフェイグによる身体の強調は、個人の人間の復活に対する彼女の否定的な見解と合致していない。彼女の復活理解は主として、今この地上における人間を含む傷付いた全被造物の修復へ向けられている。それは明らかに、将来的な個々人の救いとは関係がない。彼女が述べているように、「霊的手段を通してであれ、物質的手段を通してであれ、自分自身の個人的救いを求める人間というモデルは、私たちの現代の感覚に対して時代錯誤的であるだけでなく、危険でさえある。私たちは全体論的に考察する必要があり、単に人間の福祉という観点からのみ考察すべきではない。私たちは、民主主義を超えて、生物中心主義（biocracy）へ向かい、私たち自身を私たちの共通の家である地上における数百万の種の中の一つに過ぎないと考える必要がある[125]」。つまり、個人の復活は、「私たちの現代の感覚」にとって非常識である。しかし私たちは、キリスト者の将来的な現実感覚にとっては必ずしも非常識ではないと付言することができるだろう。もし、復活がある意味で、将来に属する側面を持つものであるなら、少なくとも誰一人として、聖書において部分的に知られている将来の復活と、現代の感覚には知られていない将来の現実感覚との適合性に反論することはできないはずである。そしてマクフェイグは、傷付いた自然の修復が明らかに現時点で人間によっては完成されておらず、もし、完成されるとしても、それは将来においてのことであると認める限り、個人の復活の将来的次元をも否定することができないはずである。

最も重要なことは、もし、マクフェイグのエコロジー神学において身体が重要であるなら、マクフェイグは物質的手段を通しての個人復活、つまり、肉体の復活に対する肯定的な解釈を提示できるはずである。身体に対する彼女の力点は、個人の肉体の復活という伝統的な復活理解と合致しうるのである。したがって、彼女はむしろ、将来と同様、現在において、人間の身体と神の身体としての自然という身体が 相互繁栄においていか

125　McFague, S., The Body of God, p.109.

に共に生きることができるかということを説明する必要がある。彼女の神学は、終末論において脱人格化（depersonalisation）、または、脱受肉化（deincarnation）の方向へ傾いていると言えよう。そしてそれ故に、生命中心主義というよりも、いわば、人間の終末論的個別性を生命へと一元的に解消する生命独裁主義（bioautocracy）の傾向がある。

第三に、マクフェイグは種々のレベルにおける関係性の重要性を過度に強調するあまり、人間の個別の責任という側面が軽視されてしまう危険性がある[126]。逆説的に言うと、関係性、または、相対主義が彼女の神学において殆ど絶対化されている。この神学においては、神であろうと、人間であろうと、生物であろうと、無生物であろうと、すべての存在が、何らかの意味で相互に関係しているということが前提とされている。この相対主義の危険性は、悪の問題を論じる際に極めて深刻なものとなりうる。彼女が述べているように、「神に匹敵しうる悪の勢力は存在しないため、神はある意味で、宇宙において生起する最悪の事態に対して責任がある。しかし、ここで悪に関する幾つかの留保が必要である。第一に、宇宙は進化の一現象として、極めて甚大、複雑であり、多くの構成要素が多くの方法で相互関係を維持しているという現象を持つため、悪は相対的な概念である。ある種に対して悪であり、それらを減少させ、破滅させるものが、他の種に対して、満足と成就をもたらす故に、善である場合もある[127]」。マクフェイグは、彼女自身が地球規模の環境破壊の弊害を同時に強調している時に、どのようにしてここで自分の語っていることを正当化できるであろうか。自然を搾取することで暴利を貪る人間以外の誰に対して、このような執拗

126　神学、聖書、救いに関するマクフェイグの相対主義的理解については、cf. McFague, S., Metaphorical Theology, p.viii, 54, 64; McFague, S., Models of God, pp.38, 148.

127　McFague, S., Models of God, p.141. マクフェイグは続けて、「悪に対する神の責任を限定することで、第二に、人間の自由を認識することができる。私たちは悪の大部分に対して責任がある。しかし、エイレナイオスの神義論が説くように、悪の経験は教育的である」と述べる（McFague, S., Models of God, p.141）。

な組織的悪が、相対的に善であり、有益であると言えようか。この意味で、相対主義は、むしろ、社会的、組織的悪に対しては無責任でありうる。この立場は、悪が究極的に何か絶対的な、または、超越的なものによってのみ鎮圧され、克服されるような方途を解説できないからである。

マクフェイグは、傷付いた自然に対する人間の責任を強調するけれども、彼女の相対主義は、責任ある個人から形成される共同体を確立することが殆どできない。例えば、たとえもし、人間が自然に対して害を与えたとしても、人間は、相対主義に従って、自己と密接な関係にある他のものと共に実行したのであると説明することによって、自己の行為を相対化し、言い逃れることができる。そして、結局のところ、人間は自然の一部であり、元はと言えば神に造られたのである。つまり、種々の関係の中に置かれた人間は、容易にその関係を利用して、自己の責任を他者、自然、または、神へ転嫁することができるのである。したがって、マクフェイグの神学は、個人の独立した責任性という概念を発展させる必要があるだろう[128]。伝統的にキリスト教は、この責任概念を神との関係において、特に、イエス・キリストとの関係において発展させてきたようである。つまり、キリスト者は地上で果たすべき責任を、イエスが自分たちにしてくれたこととの関係において、考察し、実践してきた。しかし、イエスでさえ、マクフェイグの神学では神の一つのモデルに他ならず、イエスが常に神を代表しているとは言えないのである。マクフェイグが述べているように、「もし、イエスが神の『一つの』譬え話であると理解されるなら、つまり、キリスト者が主張するように、『一つの』真の譬え話であると理解されるなら、他宗教は自分たちの宗教も、神的現実の隠喩的表現を含んでいると主張できるのである[129]」。このように、彼女の神学は、神概念、自然概念、人間概念に関して相対主義的であり、責任ある共同体を確立することができないと

128　独立性よりも相互依存性を優先させるマクフェイグの立場については、cf. McFague, S., Metaphorical Theology, pp.124f.; McFague, S., Models of God, pp.7f., 77, 106, 113f., 120.

129　McFague, S., Metaphorical Theology, p.51.

言えるだろう。

私たちはマクフェイグのエコロジー神学の多岐に渡る側面を検討し、建設的に批判してきた。この神学は確かに、人間が自然を破壊し続ける限り、重要であり、なおかつ、必要でもあるだろう。

要　旨

現代の代表的なエコロジー神学者である S. マクフェイグは、隠喩神学を発展させ自然界全体を射程に入れた神学を展開している。彼女は、伝統的な三位一体論を母、愛する者、友という新しい定式で置き換え、現代の文化・思想状況に相応した神概念を構築し、神のモデルの一つであるキリストを譬え話という側面から解明する。また、この宇宙においてすべてのものは相互関係、相互依存にあるという理解を踏まえ、身体性を伴った汝である他者に対する配慮の倫理と優しい目、そして、自然に対する迷路の視点の重要性を説く。このエコロジー神学は、母なる神と母なる大地を相互関連の中で把握し、キリストと貧しい人、そして、貧しい自然との関係をより緊密に捉え、万物を維持する聖霊が持続可能な自然を造り出すことを強調する点で、伝統的な教理を現代社会に必要とされている生態学的実践に適切に応用している。

キーワード

愛　愛する者　アガペーの愛　痛み　癒し　隠喩　隠喩神学　エコロジー　エコロジー神学　エロスの愛　ゴードン・カウフマン　カルケドン信条　環境　関係　関係性　共通の創造物語　共同体　キリスト論　偶像礼拝　権利の倫理　傲慢な目　個人主義　再神話化　三位一体論　自己発見的神学　自然　持続可能性　宗教言語　主体対主体　受肉　受肉論的キリスト論　上演された譬え話　勝利者的キリスト論　触覚　神格化論　人口 / 消費問題　新古典的経済世界観　身体　救い　正義　生態学的共同体　生態学的経済世界観　生物多様性　聖礼典論　聖霊論　責任　相互依存　相互関係　相互協力　創造　相対主義　譬え話　譬え話的キリスト論　地

球温暖化　『……であり、……でない』性質　同伴性　土地　友　マリリン・トライ　汝と汝　リチャード・ニーバー　肉体　二元論　配慮の倫理　母　カール・バルト　フィリアの愛　風景画の視点　マーティン・ブーバー　フェミニズム　触れる　プロセス哲学　ディートリッヒ・ボンヘッファー　S. マクフェイグ　迷路の視点　モデル　優しい目　喜び　私たち対それ　私たち対それら　私たち対私たち　我と汝

文献表

McFague TeSelle, S., Speaking in Parables A Study in Metaphor and Theology, (Philadelphia, PA: Fortress Press, 1975)

McFague, S., Metaphorical Theology Models of God in Religious Language, (Philadelphia, PA: Fortress Press, 1982)

McFague, S., Models of God Theology for an Ecological, Nuclear Age, (Philadelphia, PA: Fortress Press, 1987)

McFague, S., The Body of God An Ecological Theology, (Minneapolis, MN: Fortress Press, 1993)

McFague, S., Super, Natural Christians How We Should Love Nature, (Minneapolis, MN: Fortress Press, 1997)

McFague, S., Life Abundant Rethinking Theology and Economy for a Planet in Peril, (Minneapolis, MN: Fortress Press, 2001)

第5章　プロセス神学――J. B. カブ Jr.

1. 序　論

本章では、J. B. カブ Jr. の主要な著作に基づき、彼のプロセス神学、創造的・応答的神、創造的変革としてのキリスト、共同体における人間といった主題を検討することによって、彼の神学における共同体論の重要性について吟味する。

2. J. B. カブ Jr.（John B. Cobb, Jr.）

J. B. カブ Jr.（以下、略称をカブとする）は1925年に日本で生まれ、1939年まで日本で育った。米国のメソジスト宣教師であったカブの両親が、日本を宣教地としていたためである[1]。子どもの頃にすでにカブは、自分がキリスト者であることを認識しており、ジョージア州のエモリー・アット・オックスフォード・ジュニア・カレッジ（Emory-at-Oxford Junior College）に在学中の1941年から1943年まで敬虔な生活を守っていた。しかし、この敬虔さは、人種差別に疑問を抱かないような人々の持つ敬虔ではなかった。彼には、敬虔さと社会的関心を区別する二分法は存在せず、彼の敬虔さは、神の恩寵に気付かないまま厳格な律法主義にまで至る傾向があった。

1　以下については、cf. Cobb, Jr., John B., Can Christ Become Good News Again? pp.3-34.

1941年、米国と日本との間で開始された太平洋戦争の後、カブは次のような三つの決定的な経験をした。第一に、1943年、18歳の誕生日の後、彼は日本語の翻訳者として軍隊に志願したものの、彼は一年後にその選択が誤りであったことに気付いた。彼はミネソタ州ミネアポリス近郊で、空腹が人間の人格に与える影響の人体実験（guinea pigs）のために平和主義者たちの共同体が利用されていたことを知ったのである。それにもかかわらず、彼は恐怖心から軍隊を辞めずに、自分の仕事を続けた。第二に、このような軍隊にいた時期、決定的な瞬間が彼に訪れた。彼がペンシルベニアの長老教会で中学生のクラスを教えていた時、突然、自分は牧師にならなければならないという召命が彼に襲いかかった。その時以来、彼はこの召命の確かさを疑ったことがない。第三に、やはり軍隊にいた時期に、偉大な宗教的伝統の古典書からの引用を収録した神秘主義に関する書物である、英国の批評家オールダス・ハクスリー（Aldous Huxley, 1894年－1963年）の『永遠の哲学（The Perennial Philosophy）』に感動し、カブは、神に縋り付く（holding up to God）訓練を実践したり、隣人に対して関心を向け始めた。ある夜、この実践との関連は不明であるものの、彼は生き生きとした霊的な実在を感じ、愛され、全面的に受容されるという体験をした。

1947年、カブはシカゴ大学の人文学部に入学すると、そこで自分の南部のメソジスト的敬虔さが厳しく相対化され、信仰が哲学や神の死の神学に晒されることによって激しく揺さ振られた。この経験を通して彼はシカゴ大学の神学大学院に進み、自分の信仰を知的にも検証することにした。この大学院で米国の哲学者チャールズ・ハーツホーン（Charles Hartshorne, 1897年－2000年）教授に出会い、1924年以後米国に移住した英国の哲学者・数学者アルフレッド・ノース・ホワイトヘッド（Alfred North Whitehead, 1861年－1947年）の哲学を知ったことは、彼にとって決定的な出来事であった。カブはこの哲学に関心を寄せたが、それはこの哲学が現代世界の知的構造を解釈し、かつ宗教的にも豊かな意味を提示しているように思えたからであった。

一年後、カブはジョージア州のヤング・ハリス大学（Young Harris

College）に常勤の教師として赴き（1950年－1953年）、数年後に、エモリー大学のキャンドラー神学大学院（Candler School of Theology, Emory University）に移り（1953年－1958年）、五年してクレアモント神学大学院（the School of Theology at Claremont）に落ち着いた（1958年－1990年）。エモリー大学とクレアモント神学大学院にいる間、彼は人種差別や戦争に反対する抗議運動にも関与し、実際に一度、彼はヴェトナムにおけるアメリカの役割に反対する抗議運動をしたために逮捕されたことがある。彼はまた、神と富に仕えることを通して、アメリカ中流階級の社会の恩恵を享受していたこともあるが、同時に、教会に対する深刻な背信は、資本主義社会の価値観の受容にあると一貫して信じていた。彼の息子の一人に勧められて読んだ、アメリカの生物学者ポール・ラルフ・エーリック（Paul Ralph Ehrlich, 1932年－）の『人口爆弾（The Population Bomb）』という本の影響で、彼は1969年夏以降、プロセス哲学の他にもエコロジーや経済に関係する人口過密などの問題に取り組むようになった。

カブは現在、クレアモント神学大学院及びクレアモント大学院（Claremont Graduate School）の名誉教授であり、クレアモント・プロセス研究所の創設者兼所長でもある。これまでに、クレアモント神学大学院イングレイアム（Ingraham）神学教授職（1958年－1990年）、クレアモント大学院エイヴリー教授職（1960年－1990年）、ドイツ・マインツ大学フルブライト教授、そして、ヴァンダビルト大学、ハーバード大学、シカゴ大学の神学大学院の客員教授等を含む多くの地位を占めた。彼はさらに、幾つかの名誉博士号を授与され、彼の共著『共通善のために（for the common good）』のゆえに、世界秩序改善のための理念に対して送られるグロウィマイヤー賞（Grawemeyer Award for Ideas Improving World Order）も受賞している。

3. J. B. カブ Jr. のプロセス神学

カブには敬虔さと社会的実践を分離する二分法はなかったので、彼の信仰は彼の学問的神学やこの世におけるその実践的意義とも一致していた[2]。教会においては、彼はウェスレーの伝統に位置するが、「私はたまたま、合同メソジスト（United Methodist）である」という彼の言葉は[3]、彼が自分の教派に独断的に固執していないことを示している[4]。彼は自分自身を東西の文化や知的潮流に開かれたリベラルなプロテスタントと広く定義している[5]。

学問的にカブは、プロセス神学と呼ばれる神学的伝統に属している[6]。彼によると、フランスの古生物学者・キリスト教思想家テヤール・ド・シャルダン（Pierre Teilhard de Chardin, 1881 年－1955 年）は、宇宙進化のプロセスを基盤として哲学の再構築を行い、取り分けホワイトヘッドが、20 世紀の論理学や数学と共に量子論や相対性理論と深く関与したプロセス哲学を決定的な形で発展させた。したがってまず、ホワイトヘッドのプロセス哲学に焦点を当て、その後、伝統的な神学に対するプロセス哲学の影響を見よう[7]。

2　Cf. Cobb, Jr., John B., Process Theology as Political Theology, p.x:「子どもの時以来、私は政治に、特に国際関係に興味を持っている。後に、ラインホルト・ニーバーが、この世を深刻に受け取るキリスト教神学の端緒を私の内に形成してくれた」。

3　Cf. Cobb, Jr., John B., Reclaiming the Church, p.1. Cf. Cobb, Jr., John B., Grace And Responsibility, p.7; Cobb, Jr., John B., ed. & intro. by Knitter, P., Transforming Christianity and the World, p.80.

4　以下については、cf. Cobb, Jr., John B., Liberal Christianity at the Crossroads, pp.10-14, 32; Cobb, Jr., John B., Lay Theology, pp.89, 101; Cobb, Jr., John B. & Daly, Herman E., for the common good, p.19.

5　プロテスタンティズムにおける信徒の重要な役割については、cf. Cobb, Jr., John B., Lay Theology, p.113:「今日教会において、信徒が再び神学を自分のものとし、最善を尽くして自己の課題に取り組むことほど重要なことはない」。

6　以下については、cf. Cobb, Jr., John B., Lay Theology, p.26; Cobb, Jr., John B., Is It Too Late? p.62.

7　カブがプロセス哲学と言う時、彼はヘーゲルやベルグソンやデューイよりもむしろ、ホワイトヘッドやハーツホーンのことが念頭にある（Cobb, Jr., John B. & Griffin, D. R., Process Theology, p.7.）。Cf. Cobb, Jr., John B., A Christian

カブによると、「キリスト教神学に関するあらゆる深刻な言明は、聖書に対する何らかの関心と同様に、人間の置かれている現在の文化的・知的・霊的状況に対する何らかの関心を持っていなければならない」[8]。彼は、ホワイトヘッドのプロセス哲学がこの意味でキリスト教神学を再表明するのに最も適切であると考える。プロセス哲学の基本的な概念は、次のように解説されうる。

プロセス哲学は定義上、プロセスが宇宙の根本的な現実であることを前提とする[9]。つまり、現実的である（to be actual）とは、プロセスであることを意味する。現実がプロセスであるという考えは、聖書において展開されたユダヤ・キリスト教の現実理解と一致している。聖書において神は、歴史のプロセスにおいて行為者として描かれているからである。プロセス哲学において時間的プロセスは、一連の別個のコマから成り立っている映画が連続的に展開しているように見えるのと同様に、一つの現実的な存在形態（one actual entity）からもう一つの存在形態への移行と見なされる。人間の経験という視点から表現すると、人間の個人的な経験は、経験の諸契機（occasions of experience）の時間的な連続から成り立っている[10]。しかし、時間的なプロセスが構成している現実の個々の契機も、それ自体プロセスであり、むしろ、それ自身の瞬間的、動的生成

Natural Theology, p.16:「私は、ホワイトヘッドがプラトンやアリストテレス、カントに匹敵する、歴史上最も創造的な思想家の一人だと確信している」。

8　Cobb, Jr., John B., Living Options in Protestant Theology, p.11.

9　以下については、cf. Cobb, Jr., John B. & Griffin, D. R., Process Theology, pp.13-29; Cobb, Jr., John B., 'Alfred North Whitehead,' pp.129-140; Cobb, Jr., John B., A Christian Natural Theology, pp.23-46.

10　Cf. Cobb, Jr., John B., A Christian Natural Theology, p.26.n.4:「ホワイトヘッドは、人間の経験には、そのような諸契機が一秒間の内に4回から10回あると示唆している」。Cf. also Cobb, Jr., John B., 'Alfred North Whitehead,' p.131:「ホワイトヘッドは、現実の世界が、物質の諸断片や感覚データの集積からではなく、原子レベルの出来事、事件、発生事から成り立っていると主張し、それらを『現実の諸契機（actual occasions）』と呼んだ。電子レベル以下の量子と人間の瞬間的な経験の両方が、このような契機の例である」。

（becomings）プロセスであり、具体化（concrescence、つまり具体的に成ること）という動的な行為である。すると、この行為は実際、映画の別個の静的なコマのようなものではない。つまり、真の個体（individuals）とは、これらの瞬間的な経験であり、通常私たちが時間を通して持続する個人（individuals）と呼んでいるものは個人ではなく、むしろ、そのような個体の社会（societies）である[11]。

ホワイトヘッドの哲学において個別性と関係性（individuality and relatedness）は、常に相互に両立している。こうした見解は、原子的な個人主義を一面的に強調することを特徴とする西洋の近代文化と好対照を成している。つまり、個々の瞬間的経験は本質的にそれ以前の個々の経験と関係している。例えば、ホワイトヘッドはこの関係性の主たる地位を専門用語で、「現在の契機は、それ以前の契機を『把握する』、『感受する』（the present occasion 'prehends' or 'feels' the previous occasions）」と表現する[12]。

一連の個々の瞬間的経験を持つ人間はしたがって、これらの経験は他の経験を豊かに内包する、つまり、把握するという意味で本質的に関係的である。カブが述べているように、「人間は、本質的に共同体に所属するものとして理解される。プロセス思想は、神と人間に対する聖書の関係的・共同体的な見解を支持するものであり、他方で、世界のその他のものまで内包する[13]」。

より一般的に言うと、把握を通して過去の影響が現在のものとなり、現在のものはさらに将来に影響を与える。しかし、ホワイトヘッドの分析に

11　Cf. Cobb, Jr., John B., A Christian Natural Theology, p.188:「生きている人間は、特殊な連続性を持った、経験の諸瞬間の一系列である。どの瞬間においても、私はそうした契機の一つである。しかし、私が自分の過去を思い出し、私の将来を予期する時、私は自分を全体的社会、または、そのような契機の連続と見なす」。

12　Cf. Cobb, Jr., John B., A Christian Natural Theology, p.31.n.15:「ホワイトヘッドの専門用語における『感受すること（feeling）』と『把握すること（prehension）』の唯一の相違は、積極的な把握のみが感受と呼ばれる点にある」。

13　Cobb, Jr., John B. & Griffin, D. R., Process Theology, p.22.

よると、把握は選択的であり、限定的である。過去の経験は、充分にではなく選択的に現在の経験へと統合され、幾つかの経験のみが意識のレベルへと上がってくる。各々の契機は、それ以前の契機の選択的な受肉なのである。[14]それでは、どのようにして神は人間と、そして、この選択と関係するのだろうか。

ホワイトヘッドの哲学によると、神は両極の性質（dipolar nature）を持つ。[15]世界を構成する諸契機の各々は、過去の世界と未来の可能性との双方に関係している。過去の世界に対する関係は、「物理的極（physical pole)」と呼ばれ、新しい可能性に対する関係は、「精神的極（mental pole)」と呼ばれる。神を含むすべてのものは、この両極性に対する例外とはなりえない。特に、神の物理的極は、「結果的性質（consequential nature)」と呼ばれ、神の精神的性質は、「原初的性質（primordial nature)」と呼ばれる。このように、神の結果的性質は、神の世界経験である。これは、人間の経験、歓喜、苦難の各々が、神の経験の中へと取り込まれることを意味する。

神の原初的性質は、人間に与えられる新しい可能性と深く関係している。具体化の瞬間においてプロセスの各々の単位（unit）は、経験する主体であることを享受し、神は人間の享受が向上されうるような形で、人間と関係する。しかし、神は人間が享受することを強制しない。個々の経験

14　永遠の客体（eternal objects）については、cf. Cobb, Jr., John B., A Christian Natural Theology, p.150:「経験の現実の諸契機は一瞬の間存在して、その後消滅する。消滅に際して、それらは後継の契機によっていくらか考慮されるようにする。その時、実現されうる不変の可能性が存在する。その純粋な可能性をホワイトヘッドは、永遠の客体と呼ぶ」。例えば、「私たちは、色、形、そして感覚の質さえ、単に特定の現実的存在形態の性質だけではなく、そうした性質とは別のものと見なす」（Cobb, Jr., John B., A Christian Natural Theology, p.159.）。

15　Cf. Cobb, Jr., John B., A Christian Natural Theology, p.188:「神は、……あらゆる瞬間において現実的な存在形態をなしているが、回顧的に、そして、予期的に見ると、神は神的経験契機の無限の継続であろう」。

が、最終的に神と世界によって可能とされた限界内で、享受の種類を決定する。ホワイトヘッドの言葉で言うと、契機がそれ自身の「主体的目的（subjective aim）」を選択する。そして、その自己決定において選択する魅力的な可能性は、神に由来する。この可能性は、「誘因（lure）」、または、「先導的目的（initial aim）」と呼ばれる。この世界において以前に選択されなかった、または実現されなかった可能性もまた、神に由来する。したがって、すべての可能性を持った神は、新奇さの根拠であり、神無しに自由は存在しない。これは、神が世界に自由を与え、世界を自由な自己創造性へと誘引することによって、実現されなかった可能性を持つ世界に対して新しい展望を開くということを意味する。

プロセス思想の神、世界、人間概念は、伝統的な神学、特に、世界と人間との関係における伝統的な神理解に異議を唱える。カブは、次の五つの伝統的神概念を拒絶する[16]。

(1)　宇宙の道徳主義者としての神。この神概念は最悪の場合、人間に対して恣意的な道徳基準を宣言し、人間の違反記録に基づいて違反者を処罰する神的立法者、裁判官として描かれうる。これほど厳格な神概念でなくとも、神は根本的に世界の道徳の向上に関心があるとする。

(2)　不変、無苦の絶対者としての神。この神概念は、古代ギリシャ哲学に由来し、存在と精神に関して完全性を不死と結び付ける。この哲学的な神は、存在論的にも、心理的にも世界と人間の影響を全く受けない。

(3)　支配力としての神。この理解における神は、世界の善悪すべての出来事の決定者として描かれる。この神は、どのような出来事に対しても何らかの意味を与えることになっている。

(4)　現状の容認者としての神。これは、現在の世界の秩序が、神の意

16　以下については、cf. Cobb, Jr., John B. & Griffin, D. R., Process Theology, pp.7-11.

志によって存在していることを示唆している。この世界において神に従うということは、神の意志によって維持されているこの世界の現状を維持することに単純化される。

(5)　男性としての神。伝統的な神概念は、概して男性志向型である。一般的に言えば、何の適切な根拠無しに男性は、行為性、支配、独立等の性質と結び付けられ、他方、女性は、受容性、消極性、依存性等の性質と結び付けられて考えられる。したがって、権力、審判、この世界からの独立という性質を持つ神は、容易に男性と見なされる。

つまり、プロセスの視点から見ると、道徳主義者としての神は、人間を犯罪者に仕立て上げ、絶対者としての神は、自己満足的であり、支配者としての神は、人間に自由を与えず、現状容認の神は、世界の変革の動機に欠け、男性としての神は、一面的である。これらの神概念は、一方的な意志と無感覚の権力を特徴とするため、神に対する人間の祈禱や礼拝を無意味なものとしてしまう[17]。したがって次に、この現代世界においても人間が意味ある形で信じ、礼拝することのできるプロセス的神概念を検討しよう。

4. 創造的・応答的神

プロセス思想においては、経験という概念が決定的な役割を果たしている。カブが述べているように、「私たちが現実、または現実の一部を理解しようと試みる時に利用するどのようなモデルも、人間の経験に由来して

17　Cf. Cobb, Jr., John B., Lay Theology, pp.102f. Cf. also Cobb, Jr., John B., Lay Theology, pp.105-107:「創世記、ヨブ記、ヨハネの黙示録等によく見られる『全能（almighty）』という用語の使用は、このような厳密な意味を持っていない。……神の力とは、自由を生み、導きを与え、力づける力であり、確かに、変革力としての力であり、こうした理解は多くの聖書的根拠を持っている」。

いる。それ以外に依拠すべきものは何もない」[18]。この経験から人間は、「愛はその全き意味において、愛されるものに対する同情的な応答を含むものであり、同情とは、他者の痛みと共に痛み、他者の悲しみと共に悲しみ、他者の喜びと共に喜ぶことによって、他者の感情を感受することを意味する」ということを知る[19]。しかし、上述したような伝統的な神論は、神を被造物に対する同情の要素に欠ける無苦の存在形態と見なす傾向がある。概して、アンセルムス（1033年－1109年、カンタベリー大司教1093年－1109年）やトマス・アキナス（1225年－1274年）等の中世のスコラ神学者と結び付けて考えられるこれらの神論は、被造物に対する神の愛の聖書的概念からも逸脱している[20]。

このような伝統的な神概念に対して、カブはプロセス哲学に依拠しつつ次の五つの神概念を提示する[21]。

(1)　道徳主義者としての神に対して。プロセス神学において神の根本的な目的とは、被造物自身の享受（enjoyment）を被造物と調和しつつ促進させることにあり、道徳的であるとは、被造物の将来の享受を最大化することにある。この思想において道徳性とは、神によって被造物の享受を促進させることに貢献する点にある。神は、告発する道徳主義者ではなく、むしろ、享受の促進者だと見なされる。

(2)　絶対者としての神に対して。伝統的な神論が神の独立性や絶対性のみに言及するのに対して、プロセス神論は世界に対する神の依存性や相対性といった側面を強調する。例えば、神は諸契機がそれ自身の主体的目的を選択する時の個々の決定に依存しており、この決定にお

18　Cobb, Jr., John B., A Christian Natural Theology, p.27.

19　Cobb, Jr., John B. & Griffin, D. R., Process Theology, p.44.

20　Cf. Cobb, Jr., John B. & Griffin, D. R., Process Theology, p.45:「トマスにおいて、人間の愛は受容的であり、神の愛は創造的である」。

21　以下については、cf. Cobb, Jr., John B. & Griffin, D. R., Process Theology, pp.48-62.

いて絶対的な裁決者とはならない。この依存的な相対性において神は、被造物の歓喜（enjoyments）と苦難（sufferings）を共有することによって、世界に対して応答している。

(3)　支配者としての神に対して。神は人間の享受を強制せず、説得するだけであることから、将来の出来事は、神によって統制されず、むしろ、種々の可能性に対して開かれている。神は、世界の出来事の支配者ではなく、世界に対して先導的目的を向ける善意の説得者である。

(4)　現状容認の神に対して。もし、神の行為が説得的なものだけであるなら、神は世界において危険を冒すことになる。これは、将来が完全な支配や正確な知識を超えたものである点で、神の行為が冒険的であるということを意味する。したがって、神は世界の現状を変える必要を感受しない現状容認者からは程遠い。神は、世界における混沌の起源でさえあり、そのようなものとして、混沌に満ちた世界の冒険者である。

(5)　男性としての神に対して。一方で、カブは伝統的神概念が行為や無応答性、無苦性、非柔軟性、忍耐、道徳と固定的に結び付けられた男性的性質に深く根づいているという歴史的事実を一面的であると認識しているが、他方で、彼は私たちにこうした概念に対する過剰反応に、つまり、男性的性質の全くの欠如に警告する。この男性的な性質の欠如は、真正なキリスト教のあり方を危険に晒すかもしれないからである。むしろ、カブはより一層包含的な神概念を提示しているようである。[22]

22　Cf. Cobb, Jr., John B., Lay Theology, pp.52f.:「現在のところ私たちは、洗礼を授ける時に、父、子、聖霊という用語を使用し続けなければならない。それは、各会衆における洗礼の妥当性が世界の教会によって受容されていることを確認するためである。同様に、私は主の祈りにおける『父』という用語を維持する。また、世界教会的信条の語句を変えない。世界教会の一致のために作られた伝統的語句とその変更を調整するために、他の箇所では明らかに女性的なイメージを導入し、極度に父権主義的な典礼の性格を克服することも可能である。……洗礼式においてさえ、『私たちすべての、そしてまた、私

伝統的な神論は、要するに神を一方的な神的存在と見なすと言えよう。そして、神の創造性は神の代表的な行為の一つである。カブは、神の創造性を否定しないが、この神の創造性と、神が創造したものに対する神の応答性の均衡を取ろうとする。伝統的に神の応答性が無視されてきたことを考慮すると、カブがこうした応答性を強調するのは当然のことでもある。

神概念の再構築時にカブが依拠する人間の経験は、この自然世界の進化のプロセスと深く結び付いている。なぜなら、「人間とその精神性は、単純な、そして、より単純な自然的形態から長期間かけて進化してきたという、私たちの現代的確信は、人間の経験と自然世界の存在形態との間には同系的関連性があるということも示唆している」からである[23]。自然世界の進化という概念はまた、プロセス思想において、特に、プロセス思想の神概念において重要な役割を果たしている。

すでに見たように、神の先導的目的は、経験の享受の最大化にある[24]。カブによると、この享受において調和（harmony）と強勢（intensity）が、二つの対照的な変数の役割を果たしている。一方で、経験は享受しうるものであるために、不調和的なものであるよりも調和的なものでなければならない。他方で、経験は享受が優れたものであるために、強度（intense）のものでなければならない。しかし、複雑性（complexity）、つまり、種々の要素が、経験の統一体へと統合されることを要求する強勢は、調和を危険に晒すかもしれない。他方で、強勢がなければ享受は、瑣末なものになるだろう。カブは、進化のプロセスを部分的に、時間を通して調和と強勢の均衡を保つ神の摂理の産物であると見なしている。

この視点から見ると、無からの創造（creation out of nothing）という伝

たちのもとに子として来られた神の知恵の母であり父である唯一の方の名において』洗礼を授けることも可能である」。

23　Cobb, Jr., John B., A Christian Natural Theology, p.27.

24　以下については、cf. Cobb, Jr., John B. & Griffin, D. R., Process Theology, pp.63-68.

統的な教理は、拒否されなければならない。絶対的な支配者としての神の意志と行為のみから突如、独立的にすべてのものを存在させた創造者なる神という概念は、十分な強勢をまとっているが、調和の印は殆ど存在しない。プロセス神学はその代わりに、混沌からの創造（creation out of chaos）という教理を支持する。プラトン（前428/427年－348/347年）や旧約聖書は、この創造理解に対して参考になるヒントをより多く提供している。カブによると、「混沌の状態とは、極めて低級の現実的諸契機が無秩序に生起しているだけの状態である。つまり、何物も永続的な個体へと秩序付けられていない状態である」[25]。したがって創造とは、低級な現実的諸契機が永続的な個体へと秩序付けられるという進化のプロセスの開始として解釈されうる。このプロセスにおいて混沌は、強勢を通して調和へと発展させられていく[26]。

具体的に述べると、電子、陽子、中性子といった永続的な個体は、必要な条件の下で発展して、原子として発生し、同様に原子は分子に、分子はさらに生きた細胞となる[27]。ここでカブは、「進化のプロセスの各段階は、諸価値を現実化するために神から与えられる可能性の増加を表している」と付言する[28]。神の摂理とは、この生きた細胞の発生において特に重要である。非生物の諸契機において、精神的極は単に過去を反復するのみで、世界に新奇さを導入しないが、生物の諸契機において、精神的極は過去の世界にではなく、神に由来する新奇さをそれ自身に導入するからであ

25　Cobb, Jr., John B. & Griffin, D. R., Process Theology, p.65.

26　Cf. Cobb, Jr., John B. & Griffin, D. R., Process Theology, p.66:「混沌から秩序の創造における第一段階は、物事、つまり、永続的個体の発展である。……秩序とは、経験の強勢のための一条件である」。

27　永続的客体（enduring object）の定義については、cf. Cobb, Jr., John B., A Christian Natural Theology, p.41:「永続的客体とは、現実的諸契機の社会であり、それは、時間的に隣接し、継続している。ホワイトヘッドは、そのような社会を一連の、または人格的な秩序と叙述する。そのような社会においては、二つの契機は同時には存在しない」。

28　Cobb, Jr., John B. & Griffin, D. R., Process Theology, pp.66f.

る。プロセス神学にとって神とは、混沌から調和への創造者であり、無から有への創造者ではないのである。

もし、神が絶対的な支配者でなく、相対的な説得者であるなら、悪（evil）がこの進化のプロセスにおいて発生しうる[29]。つまり、神の摂理的な導きは、説得するのみであり、そのようなものとして、ある契機を神の先導的目的に一致させられない場合もある。このことは、神は悪に対して責任があるものの、起訴されるべき（indictable）ではないことを意味する。カブは、回避すべき二種類の悪、つまり、「平凡さ（triviality）」と「不和（discord）」を指摘する。平凡さは、実際に開かれた可能性に対して自己を閉ざすことであり、その結果、価値ある向上を否定することである。不和とは、物理的または精神的苦難とも表現されうる。ここで述べておくべき重要なことは、神の愛の目的は、単に悪の回避ではないということである。神は平凡さに対して責任があるため、強度の享受の機会を提供する。また、神は不和に対して責任があるため、冒険者として苦難を持つ人とすべての苦難を経験するという危険を冒す[30]。不和という危険を冒すことによって、神はさらに経験の完全を目指す。完全とは、被造物の脈絡において被造物が調和と強勢を最大限に発揮することである。神の摂理が導くプロセスは、

29　以下については、cf. Cobb, Jr., John B. & Griffin, D. R., Process Theology, pp.69-75. Cf. also Cobb, Jr., John B. & Griffin, D. R., Process Theology, p.53:「神は世界の出来事を完全には支配していないので、純粋な悪の発生は、神のすべての被造物に対する神の善意と矛盾しない」。

30　Cf. Cobb, Jr., John B., Lay Theology, pp.109f.:「苦難を持つ人は、神は苦難から人を救うことはできるのだが、そうはしないという見解から慰めを殆ど得ることができない。……苦難の原因には自然的要因、人為的要因が含まれる。人は、なぜ神が、この苦難を与えるのかと問うべきではない。なぜなら、その問いは、神による一方的な決定を前提としているからである。……神は、苦難を怠惰に観察しているだけではない。神はあらゆる出来事の中に現存し、働き、獲得されうる善を引き出そうとしている。……要するに、神はできることをしているのである。そして、その中には悪の削除は殆どの場合、含まれないけれども、依然として偉大な働きである。……悪は究極的には善に対する寄生である」。

低級の混沌から種々のタイプの完全への経緯である。[31]

それでは、キリストはこの進化のプロセスにおいてどのような役割を果たしているのだろうか。次に、プロセス神学におけるキリスト論を検討しよう。

5. 創造的変革としてのキリスト

カブは、伝統的神論に異議を唱えるのと同様に、正統的キリスト論にも異議を唱える。[32] 正統的キリスト論の形成に貢献した教会教父たちに使用可能であった概念範疇は、実体論的（substantialist）範疇であったと彼は論じる。教父たちは、この実体論的言語によって、ロゴスとイエスの関係を解説しようと試みた。こうした実体論的解説と関連してカブは、451年にカルケドン総会議において案出された信条における次の三つの語句と、一つの潜在的なテーマに問題があると考える。つまり、(1)「神性において父と同一実体（consubstantial）」のイエス、(2)「人性において、罪を除くすべての点で私たちと同一実体（consubstantial）」のイエス、(3)「一つの位格（prosopon, hypostasis）に一体化している（coalescing）」神性と人性、(4) 神の主権性の優位性である。これらの四つの点に対して、カブは次のような理由に基づいて反対意見を提示する。

(1)　イエスが、父と「同一実体」であったと言うことはできない。何であれ二つの存在形態（entity）が同一の実体であるという考えは、自己矛盾である。経験上の出来事は、何であれ二つの存在形態は決し

31　善と悪の呼応については、cf. Cobb, Jr., John B. & Griffin, D. R., Process Theology, pp.71-73:「次のような経験の諸次元の間には、ある呼応がある。(1) 本質的な善を行う能力、(2) 本質的な悪を行う能力、(3) 道具的な善を行う能力、(4) 道具的な悪を行う能力、(5) 自己決定の力。これらの経験の諸次元の間の呼応はプラスである、つまり、もし、それらのどれか一つが増加すれば、他のものもまた増加する。……善は悪の可能性なしに存在しえない」。

32　以下については、cf. Cobb, Jr., John B., Christ in a Pluralistic Age, pp.147-173.

て同一ではないことを示している。

(2)　イエスは、人性において、罪を除くすべての点で私たちと「同一実体」であるという言明は、罪のある形態と罪のない形態という二つの形態を人間の実体が取るということを意味する。しかし、罪の影響を受けない罪のない実体が存在するということは、罪の普遍性と対立する。

(3)　神性の実体と人性の実体は、一体化しない。なぜなら、二つの実体を許容する実体は、通常では意味をなさないからである。

(4)　カルケドン信条で意図されている受肉における神の主権性の優位は、イエスの人性を極度に希薄化し、イエスを単に神の行為の全面的な受容者にしてしまう。

ここで主要な問題点は、「実体（substance）」という用語が、二つの存在形態の間の内的、本質的な関係概念を表現するのに適切ではないということにあり、したがって、その信条は、父とイエス、神性と人性の間の関係を明瞭に提示できないのである。正統的な実体論的キリスト論に対して、カブはプロセス思想に基づいて次のようなキリスト論を展開する。

カブによれば、キリスト教の伝統における超越的現実は、宇宙の秩序の原理であり、意味の基盤であり、目的の源泉であるロゴスである[33]。ホワイトヘッドの用語で言うと、それは、限定（limitation）の原則、新奇さの器官、感受への誘因、願望への永遠の衝動、神のエロス、そして、原初的性質における神である。このロゴスは、現実化へ向けられた主体的目的の先導的側面としてすべてのものに内在している。そして、生きている人間においてロゴスは、再起動というよりも、むしろ、妥当な新奇さにおける先導的目的として生起する。この新奇さは、習慣や不安や防御的性格に対峙して、過去の諸要素を新しい総合へと最適な形で統合できるようにする。

33　以下については、cf. Cobb, Jr., John B., Christ in a Pluralistic Age, pp.71, 76-77; Cobb, Jr., John B. & Griffin, D. R., Process Theology, pp.98f.

これは、新しく創造された形態が古い形態と入れ替わるという点において、創造的変革の出来事である。キリストは、生きている存在の世界、特に、人間の世界においてロゴスの内在、または、受肉であり、そのようなものとしてキリストは、創造的な変革であり、プロセスそのものである。[34] すべての人間の中で、イエスという名前の人物においてロゴスは、最も十分に受肉し、先導的目的の完全な現実化が生起したのである。[35]

ロゴス、イエス、キリストに関するこのような理解に基づきカブは、上述の正統的なキリスト論に対して次のような主張をする。

(1)　父と同一実体のイエスに対して。カブは代わりに、イエスという名前の人間に受肉したロゴスが神自体であると主張する。

(2)　罪を除くすべての点で私たちと「同一実体」であるイエスに対して。カブにとって、イエスは無条件で人間そのものであり、彼自身、人間であることを止めることなく、神の現在によっても形成されていた。

(3)　神性の実体と人性の実体の一体化に対して。むしろカブは、イエスという一人の人間においてロゴスとイエス自身の過去が一体化し、新しい自己形成がなされたと主張する。これはまた、すべての人間はイエスの先例に従うことができるということも示唆している。人間の

34　Cf. Cobb, Jr., John B., Christ in a Pluralistic Age, p.76:「このようにキリストは、生きているものの世界、特に、人間の世界におけるロゴスの内在であり、受肉である。生きているものと生きていないものとの間に鮮明な境界線は存在しないため、創造的変革、つまり、キリストを生命の領域に限定することを強調する必要はない。もし、創造的変革が無機的領域で働かなかったのなら、生命は決して発生しなかったであろう」。Cf. also Cobb, Jr., John B. & Griffin, D. R., Process Theology, p.101:「科学と哲学におけるオリジナルな思考、あらゆる形態のオリジナルな芸術、生命や社会的組織のオリジナルな形態はすべて、キリストの効果的な現在の特殊性を証ししている」。

35　Cf. Cobb, Jr., John B., Christ in a Pluralistic Age, p.142:「イエスの実存の特異な構造は、内在的ロゴスと人格の一致を特徴としていた。……イエスはキリストだったのである」。

最適の現実化は、人間がイエスの場合のように、神の誘因であるロゴスと最大限十分に一致する時に生起する。

(4)　受肉における神の主権性の優位に対して。カブは、より大きな神の先導的有効性（efficacy）と、より大きな人間の自由が調和すれば、受肉の出来事の決定において最大の成就がもたらされると論じる。

カルケドン信条における実体論的言語が、二つの存在形態の間の内的な関係を表現できないため、カブはキリストをロゴス、イエス、人間との関係における創造的変革として記述しようとする。それでは、救いはこの議論とどのような関係にあるのだろうか。「キリストにおいて（in Christ）」というパウロの用語に焦点を当てて、カブが救いの出来事をどのように展開していくかを検討しよう。

カブの分析によると、「キリストを着るということは、彼との一致のプロセスを開始することである。キリストにおいて生きるということは、キリストとの一致を自己の実存の成長のための拠点とすることである[36]」。すでに見たように、「私」という固定された実体的実存は存在しない。「私」という存在は、意識的経験の究極的主体であり、生成のプロセスにあり、したがって、各々の瞬間において過去の経験をそれ自身の経験に統合することによって、また、その現実との一致によって形成されるのである。パウロにとって、自己の「私」を共に形成しているのは、救いの出来事、イエス・キリストである。キリストが自己に一致するパウロの自己同一性を形成し始めるにしたがって、パウロは恩寵、平和、歓喜を神との完全な一致において共有し始める[37]。キリストとの一致を通して、パウロは自分に

36　Cobb, Jr., John B., Christ in a Pluralistic Age, p.122. 以下については、cf. Cobb, Jr., John B., Christ in a Pluralistic Age, pp.111-125.

37　Cf. Cobb, Jr., John B., Christ in a Pluralistic Age, pp.140f.:「各々の瞬間における『私』は、それ以前の瞬間の『私』を含むと同時に、ロゴスの現存である新奇さを目指した目的をも含む。自己同一性は、ロゴスとの一致において喪失されるものではなく、それによって完成されるものである。……このことは、私たちがイエスについて知っていることと一致している」。

新奇さとして到来するキリストの変革を享受する。

カブは、キリストがイエスという歴史上の一人の人間に限定されないことを強調する[38]。世界におけるロゴスの内在であり、受肉であるキリストはまた、救いの出来事として単にある一定の場所に位置づけられるのではなく、それ自身を超えて力の場を拡大する。このことは一方で、キリストがすべてのものの中に現存し、したがって、救いの出来事はどこにおいても、イエスを通してでなくても発生しうるということを意味し、他方で、キリストの現存の程度と種類は状況に応じて異なるということを意味する。したがって、キリストの現存は、自動的に神の意志の真正さを十分に保証するわけではない。確かに、救いを求める人々が、神との関係に入るためにイエスという力の場に引き寄せられるのは、もっともである[39]。しかしここで重要なことは、カブも述べているように、「ロゴスの呼びかけは、実存の継続的部分として苦痛と苦難を受容しなさいというものである[40]」。神の真正な意志は、人間に自己防衛と自己正当化を追求することな

38　以下については、cf. also Cobb, Jr., John B., Christ in a Pluralistic Age, pp.61, 138, 142.

39　Cf. Cobb, Jr., John B., Can Christ Become Good News Again? p.36:「私にとって、神を正しく理解するということは、神をキリストにおいて、キリストとして理解することである。……神に対する私自身の信仰は、イエス・キリストと分離されていない。私の関心は、何らかの一般的な『究極的なもの』ではなく、イエスにおける受肉である。……イエスにおいて受肉したものは、生きているすべてのものの命として、また、すべての人々の理解の光（ヨハネによる福音書1:14）として現存し、また受肉しているのである」。Cf. also Cobb, Jr., John B. & Griffin, D. R., Process Theology, p.40:「私たちは、イエスの生涯に関する最初の記述に回帰し、それに応答することによって、引き続き新しい洞察を豊かに得ることができると信じる。それは、過去においてもこの回帰が常に豊かな結実をもたらしたからである。しかし、この豊かな結実は最終的には、私たち自身の経験において証明されなければならない。……この本は、霊感を求めてイエスに回帰することが依然として豊かな結実をもたらすという確信に基づいている」。ホワイトヘッドも神をイエスとの関係において理解していた（Cobb, Jr., John B. & Griffin, D. R., Process Theology, pp.95, 98f.）。

40　Cobb, Jr., John B., Christ in a Pluralistic Age, p.145.

く、苦難を経たイエスの道にも従うようにと呼びかけるものである。歓喜と苦難はイエスにおいて完全に一致しており、人間はこれらの両方を経験するように招かれている。

もし、人間がイエスに忠実に従い続けるなら、人間はイエスの死と復活をも経ることになる。カブが述べているように、「キリストにおいて生きるということは、イエスの生と死と復活を信じる信仰者たちにおけるキリストの実際の現存によって形成される体の一部になるということである」[41]。しかし、伝統的な復活理解もまた、カブによって否定される。つまり、復活した人間の肉体性は、その意味の明瞭さにおいて種々の疑問を引き起こすし、人間の個別性と区別性を誇大に強調してしまう。カブはむしろ、テヤール・ド・シャルダンの議論に沿って、「復活した人々はその全領域が、各々がこの世の人生以上に一層十分に参与する体となる。最終的に私たちは、一つの体に相互に繋ぎ止められる」と示唆する[42]。カブにとって、死後の生命を推察することは、この世界における人間の責任ある現実的な生き方ほど重要なことではない。近年カブは、フェミニズムや仏教を含む宗教的に深刻な課題に、また、エコロジーや経済といった地球規模で緊迫した課題に一層の注意を払っている。次にこの点に移ろう。

41　Cobb, Jr., John B. & Griffin, D. R., Process Theology, p.108. 以下については、cf. Cobb, Jr., John B., Christ in a Pluralistic Age, pp.230-258.

42　Cobb, Jr., John B., Christ in a Pluralistic Age, p.254. 天の国については、cf. Cobb, Jr., John B., Christ in a Pluralistic Age, pp.224-226:「ホワイトヘッドの言葉で言うと、時間は永遠の消滅（perpetual perishing）である。ある出来事が生起するや否や、それは過ぎ行く。その価値は、その享受の直接性にあるが、その享受はそれが成就されるや否や消滅する。……ホワイトヘッドの神概念は、彼が原初的性質と呼ぶロゴスを中心とする。……しかし、ホワイトヘッドは、この世界の出来事において意味や重要性といったもののすべてを侵食する永遠の消滅という究極的悪に遭遇する時、彼は解答をロゴスに求めず、キリストの結果的性質に求めた。ホワイトヘッドは、このキリストの結果的性質を天の国と同定した。……世界に対する神の感受は、すべての可能性の原初的認識（envisagement）であるロゴスと結び付けられている。世界が神の中に含められることにおいて、世界は完成され、永続するのである」。

6. 共同体における人間

すでに見たように、創造的・応答的神とは、神が自分の創造したものに対して応答をし、そのようなものとして神が世界の悪に対して責任を取ることを意味する。それでは、人間は世界に対して、どのように応答をし、責任を取るべきなのか。

道徳的責任という概念は、時間を通しての人格の一致を前提とするというホワイトヘッドの見解に従ってカブはさらに、責任は行動における自由をも前提とすると論じる[43]。この自由は根本的に、各々の契機が主体的目的に従ってそれ以前の諸契機を考慮する仕方を決定し、理想的な可能性を現実化するように強制されないという事実にある。人間の経験の契機における自由とその他の契機とは存在論的に同じであるが、両者には道徳性において重要な相違がある。人間の行為は、その目的によって決定され、その目的は概して、その状況によって与えられる。しかし、人間は自己認識において、また、自分の自由意志において、自己の目的を修正することができる。したがって、人間は自己の決定とその結果に対して他の動物以上に責任がある。

カブは、この人間の倫理（personal ethics）の諸原則を次の三つの段階に分けて構築する。

（1）　最初の原則は、ある決定に到達する際、その結果が考慮され、同時に、使用可能な知識と経験という妥当なデータが公平無私に十分考慮されなければならないというものである。

（2）　この第一の点は、自分自身の見解以上に高度な見解が存在するため、人は一定のレベルの発展へと向かう際に、その一層高度な見解を

43　以下については、cf. Cobb, Jr., John B., A Christian Natural Theology, pp.92-98, 113-125.

より合理的であり、より道徳的であると想定しなければならないという第二の原則と深く関係している。公平無私の考察をすることによって人は、一層高度な見解を認識する機会を前もって喪失することがないようになる。しかし、一人の人が、こうした高度な見解を認識し、実践するだけでは十分ではなく、効果的でもない。

(3) したがって、第三の原則は、倫理的に発達した人間は、すべての人間が第一と第二の原則に基づいて行動することを心掛けるような形で、自分も行動すべきであるとまとめられる。

これらは、人間一般に対する倫理であり、もし、人が自分は神の像において創造され、自己の人格はイエス・キリストによって共に形成されていると認識しているなら、つまり、キリスト者なら、その特権かつ責任は、この世界におけるキリストの変革の実践において特別なものであり、深刻なものである[44]。カブによれば、18 世紀イギリスの伝道家ジョン・ウェスレー（1703 年－1791 年）は、キリスト教の本質が、神と隣人に対する愛において表現される聖霊の変革的働きにあり、キリスト者は自己を聖霊の愛の働きに開放するべきであるということを強調した[45]。この聖霊は、人間の自由や責任と競合するものではない。聖霊の働きは、人間を生かし、人間を自由にする点にあるからである[46]。

聖霊に導かれた初期のキリスト者は、自由と責任の均衡を十分に反映し

44　Cf. Cobb, Jr., John B., Matters of Life and Death, p.27.

45　Cobb, Jr., John B., Grace And Responsibility, p.139.　Cf. Cobb, Jr., John B. & Griffin, D. R., Process Theology, pp.93f.:「霊的実存の特殊な危険性は、自己自体を客観化し、超越する自己が、自己閉鎖的な形で自己に埋没するという点にある。……もう一つの可能性は、霊的実存のキリスト教的様態であり、そこでは、霊が創造的・応答的神の愛に開放されている。……神への開放性によって自己埋没から自由にされた霊的実存は、他者との関係において創造的・応答的神の愛を反映することができる」。

46　Cobb, Jr., John B., Can Christ Become Good News Again? p.126.

た新しい共同体を形成した[47]。一方で、この新しい共同体は、自然発生的な共同体の根底にある抑圧的要因のない自由意志に基づく共同体であったが、他方で、この共同体は自由意志に基づかない共同体にある抑圧的要素を自由に受容しない責任もあった。さらに、この共同体は、根本的に相互に隔離した個人の間において交わされる契約に基づく契約共同体であってもならなかった。むしろ、この新しい共同体は、限定や制限としてではなく、成就や完成として経験される絆によって一致を保たなければならなかった。カブは、教会の起源をこの自由意志に基づく共同体にあるとする。教会は、自由意志の共同体であり、教会の構成員は、同一体の責任ある一部として、自分たちの相互関係を抑圧的、閉鎖的なものとしてではなく、解放的かつ活性的なものとして経験する。

神の言葉の宣言と聖礼典への参加を通して教会は、意識的に、意図的に、聖霊の助けによってキリストの変革的働きを推進するけれども[48]、カブは、変革が個人の領域に限定されず、キリストが種々の方法で受肉している世界における公的領域でも実行されなければならないと強調する[49]。それでは、どのようにしてキリスト者は、この世界において自己の自由を責任ある形で、また、具体的に最大限行使すべきなのか。

カブは、キリスト教の中でも特に、キリスト教神学という学問分野がますます男性中心主義（androcentrism）、ヨーロッパ中心主義（Eurocentrism）、

47　以下については、cf. Cobb, Jr., John B. & Griffin, D. R., Process Theology, pp.111-127.

48　Cf. Cobb, Jr., John B. & Griffin, D. R., Process Theology, pp.106-110.

49　Cf. Cobb, Jr., John B., ed. & intro. by Knitter, P., Transforming Christianity and the World, p.140:「パウロが、キリスト者の生活を『キリストにおいて』生きると語った時、彼は同様の意味で『イエスにおいて』とは語りえなかった。キリストは教会において生きていたのである。教会は、神の継続的な受肉であり、キリストの体であった。神は、世界の中においても受肉している。私たちの課題は、キリストを私たちの隣人の中に見つけることであり、また、今日世界でキリストが行っていることを理解することであり、その働きに参加することであり、キリストを私たちの中にも住まわせることである」。

人間中心主義（anthropocentrism）といった均衡を欠く傾向に染まりつつあると指摘する[50]。カブがまとめているように、「私たちは、男性の視点を規範とし、女性の経験と感覚を殆ど無視してしまっている。……私たちは、ヨーロッパが基準であり、優位に立つと想定して、他の文化をヨーロッパとの相違、または近似によって判断してきた。……私たちは、人間を被造物の中で唯一真に重要な部分と見なし、他のすべての生き物を私たちの目的のための手段と見なしてきた」[51]。私たちが多元主義の時代に向かうにしたがって、こうした三つの排他的「主義」は、まさしく解体されなければならない足枷である。次に、カブがこうした三つのタイプの偏見にどう取り組もうとしているのかを検証しよう。これらは、キリスト者が応答しなければならない偏見でもある。

男性中心主義は、すでに見たように、神を男性とする伝統的な概念に明確に表現されている[52]。カブは、概念、イメージ、言語の三つの観点から、男性中心主義を一層均衡の取れた方向へと転移させようと試みる。概念に関して私たちは、プロセスの神概念が、世界に働きかけるものの、そこから何も受容しないとする伝統的な神概念に対して形成されたと言うことができる。そしてプロセスの神概念は、神が人間の経験に関与し、共感する点において応答的であるという見解を支持する[53]。このように、プロセス

50　Cf. Cobb, Jr., John B., Lay Theology, pp.70-73.

51　Cobb, Jr., John B., Lay Theology, pp.72f.

52　以下については、Cobb, Jr., John B. & Griffin, D. R., Process Theology, pp.108-110, 132-136; Cobb, Jr., John B., Christ in a Pluralistic Age, pp.259-264; Cobb, Jr., John B., Reclaiming the Church, pp.16-18, 39-41.

53　Cf. Cobb, Jr., John B., Can Christ Become Good News Again? p.30:「神は決して変わらない。……人間にとって最高の状態は、他者からの影響に対する無感覚にある。このような見解は、男らしさに対する固定観念の戯画である。……完全に関する一つの概念は、何物にも全く影響されないというものである。完全に関するもう一つの概念は、他から完全に影響されるというものである。私は、概念やイメージにおける男性的性質の支配という過度に一面的な傾向を修正することを含む様々な理由で、後者の完全概念がキリスト教の教理に一層近いと考える」。

の神概念は、女性的属性を含み、一面的な男性的属性と均衡を保っている。

イメージとは、概念が表現しようとするものを一層具体的に、生き生きと描写するものである。カブが述べているように、「両極的な神論における神の女性的、男性的イメージは、結果的性質と原初的性質を中心とする傾向があり、これらは、聖霊とロゴスに同定されうる」[54]。聖霊のイメージは、神の女性的な応答的愛、つまり、神の結果的性質を表現できるし、ロゴスのイメージは神の男性的な創造的愛、つまり、神の原初的愛を表現できる。このロゴスがイエスにおいて受肉したのである。しかし、これらの関連づけは、過度の単純化との批判を殆ど免れえない。例えば、私たちは、霊が教会を導く際に霊的に活発であるとか、ロゴスが教会の必要に情報を伴って応答するとも指摘できるからである。女性的、男性的イメージは、相互に明確に分離されえないもので、相互に共有事項を持っている。

イメージをより静的に形作る言語は、人間の知覚に直接的に、明確に影響を与える。したがって、もし、神に関する言語が、排他的に男性的であるなら、それは女性に対して直接的に抑圧的となる[55]。プロセス神学は、言語もまたプロセスにあり、そのようなものとして新しいイメージの登場と共に変化すべきであると主張する。例えばカブ自身は、伝統的に男性的な三位一体の位格である御父と御子を、「私たちすべての、そしてまた、私たちのもとに子として来られた神の知恵の母であり父である唯一の方」と言い換え、それらを可能な限り中性化しようとしている[56]。

ヨーロッパ中心主義に深く色付けられたキリスト教神学の均衡を保った

54　Cobb, Jr., John B. & Griffin, D. R., Process Theology, p.135.

55　Cf. Cobb, Jr., John B., Reclaiming the Church, p.17:「神が男性的言語において名付けられる限り、神は男性と認識される。もし、崇高な力が男性と見なされ、そのようなものとして礼拝されるなら、男性の人間が女性以上に神のようなものとして見られるだろう」。

56　Cf. Cobb, Jr., John B., Lay Theology, pp.52f.

めにカブは[57]、自分の仏教分析に基づいて新しい視点を提示しようとする[58]。カブの展開する次の三つの点に焦点を当てよう。

第一に、カブの分析によれば、仏教徒は真の現実を涅槃（Nirvana）、または空（Emptiness）と理解する。その内容は、救いや解放と殆ど同等である。しかし、空という用語自体が示唆しているように、これは、救いが自己、つまり、個人の実存の消滅にあり、さらに、すべての執着、つまり、自己による固執の中止にあることを意味する。人間が苦しむ理由は、人間が物事に固執することにある。もし、人間が固執を止めるなら、人間は苦難から解放される。この救いは、空しい空ではなく、むしろ、完全な受容と自発性の空である。つまり、空の瞬間は、今ここで十分で自由な瞬間となることによって空によって完全とされるのである。この瞬間は、過去の瞬間、または、将来の瞬間との関与からの解放である。もし、私たちが、この仏教的理解をヨーロッパ中心主義的なキリスト教の幾つかの内容に応用するなら、次の四つの修正が企てられる。

57　反ユダヤ主義、つまり、反セミティズムもまた、ここで述べなければならない。共観福音書におけるユダヤ人の否定的なイメージは、パリサイ派との関連で登場し、ヨハネによる福音書では、『ユダヤ人』に対する容赦のない敵意が記されている。さらに悪いことに、私たちが救われるべき名前はイエス・キリスト以外には存在しないという使徒言行録4章12節に見られるキリスト中心主義は、古い契約に属するユダヤ人は、キリストによって実現される新しい契約に与かるまでは救われないと示唆している。多くの世紀に渡るユダヤ人に対するキリスト者の特に悪辣な態度は、ヨーロッパにおいて発生したホロコーストと決して無関係ではないと言いうる」（Cf. Cobb, Jr., John B., Lay Theology, pp.24, 92-96; Cobb, Jr., John B., Can Christ Become Good News Again? pp.37f.; Cobb, Jr., John B., ed. & intro. by Knitter, P., Transforming Christianity and the World, pp.19, 25, 153; Cobb, Jr., John B., Becoming a Thinking Christian, pp.72-87; Cobb, Jr., John B., Reclaiming the Church, pp.15f.）。

58　以下については、cf. Cobb, Jr., John B., Beyond Dialogue; Cobb, Jr., John B., Christ in a Pluralistic Age, pp.212-214; Cobb, Jr., John B. & Griffin, D. R., Process Theology, pp.137-141. カブの対話は主として、マハーヤーナ仏教とのものであり、特に、日本の禅仏教、浄土仏教とのものである（Cobb, Jr., John B., Beyond Dialogue, p.xi.）。

（1）　信仰は、愛着（attachment）というよりも、むしろ、諦観（relinquishment）として理解されうる。例えばこの視点から私たちは、キリストに対する愛着がキリストの過去のイメージ、または、キリストに関する教義に対する固執に容易に逢着すると論じることができる。しかし、もし、信仰が今ここでの生きたキリストに対して向けられるなら、キリストに対するこのような信仰は、キリストに対する愛着を消滅させ、代わりに、この世界のあらゆる艱難と変遷と共に生きるキリストの歩むプロセス、つまり、変化に十分に、自由に参加すべきである。

（2）　実体論的な自己は、一層関係論的で非実体論的自己へと解体されうる。仏教においては、客体から独立した主体も、主体から独立した客体も存在しない。主体と客体は、その内的な関係において存在する。したがって、人間もまた、他者と外的にのみ関係する実体的な自己ではなく、むしろ、他者に対して開かれた内的に関係論的な自己である。

（3）　神もまた、非実体的な空として解釈される可能性が十分にある。伝統的に神は、積極的な価値を多く持った存在そのものと概念化されてきた。しかし、この伝統的な概念化の前に、また同時に、この点を否定することなく、私たちは、究極的現実は空であるから、神は完全に空であると付言することができる。神は完全に空であるからこそ、神は存在するすべてのものに対して開かれることによって、完全に充溢しているのである。

（4）　神の国は、満足の延期というよりも、むしろ、祝福の直接性と見なされうる。もし、信仰者が空であり、自分自身の過去から自由ならば、そして、そのようなものとして、来るべきものに対して開かれているなら、その人々は今ここで来るべき神の国を、成就された直接性として経験するように導かれる。

ここで、カブにとってこうした新しい視点は、実体論的、二元論的傾向から袂を分かったホワイトヘッドの哲学の幾つかの観点と一致するものであり、また、キリスト教において歴史的に教義化され、確立された事柄を捉えなおす際に有益であると付言することは、極めて重要なことである。

第二に、仏教の開祖であるガウタマ・シッダールタ（Gautama Siddhartha, 前563年−483年）は、単に人間のみならず、すべての感覚のある存在（sentient beings）の救いを求めていた。カブが指摘しているように、キリスト者はここから、キリストの関心が人間にだけではなく、すべての感覚のある被造物に向けられているということを学ぶことができる。感覚のある被造物とは、感受する能力のある生きた存在を意味する。感覚のある被造物に対するこのような着目は、カブの神学にとって深い意義がある。彼が、「すべての感受性（feeling）は、肯定的であれ、否定的であれ、価値があり、通常はその両者の混合である。理論的思索（reason）に価値があるのは、究極的に、その中に感受性が含まれているからであり、理論的思索が自己と他者において一層好ましい感受性への到達に貢献するからである。言語に価値があるのは、言語がより広範囲の経験に依拠しつつ、より豊かな感受性を可能にするからである」と主張しているからである[59]。つまり、カブは、相互に不可分の理性と感情に同等の本質的価値を認めている。因みに、意味の範囲は必ずしも一致する訳ではないものの、ホワイトヘッドの哲学においても感受という用語は、中心的な位置を占めるものの一つである。

すべての感覚ある存在に対するこうした理解は、創世記に見られる創造物語に対するカブの解釈とも合致する[60]。彼によると、西洋人は、人間とその他の生き物の間に根本的な相違があると考える傾向を継承している。こうした見解は、人間が他の動物を愛する権利、または、殺す権利があるという考えの正当化を推し進めてきた。元々こうした見解は、創造物語に対する不十分な解釈にまで遡ることができる。つまり、人間のみが神

59　Cobb, Jr., John B., Sustainability p.97.

60　以下については、cf. Cobb, Jr., John B., Matters of Life and Death.

の像に造られ、そのようなものとして人間には、動物を含むすべてのものに対する支配権が与えられたとする。この支配は拡大解釈され、動物に対する恣意的な統制を意味するようになった。しかしカブは、ウェスレーの創造物語解釈に依拠して、主がすべてのものを作り、それを「良し」とされた時、主は人間を他のものと分離してではなく、他のものとの相互関係において、そう見なしたのであると論じる[61]。つまり、もし人間が「良し」とされるのならば、それはまさしく、人間が神の造った他の生き物と関係を保っているからである。 確かに、カブが強調するように、人間がまだ創造されていなかった時でさえ、人間に対する言及なしで、他の被造物は神によって「良し」と見なされたのである。ノアとその箱舟の物語もまた、神が人間を含むあらゆる種類の生き物に対する関心を持っており、それらをすべて保護されたことを示している。したがって、神の像に造られた人間の義務は、他の被造物に苦難をもたらすことではなく、むしろ、本質的価値を持つそのようなものを保護することにある。

第三に、カブは現代プロテスタント神学において長期間等閑視されてきたもの、沈黙の役割という視点を取り上げる[62]。上述した議論は、カブとマハーヤーナ仏教一般との対話から生起してきたものであるが、この点は特に、禅仏教との対話に由来する。禅仏教は、足を組んだ状態で座った姿勢で瞑想をするという特徴を持ち、この沈黙の瞑想において瞑想者は、悟り（enlightenment）を待つ。この瞑想はまた、すべてのものの相互関係を悟るために、自己に対する執着を軽減するのに役立つ。プロテスタント教会の礼拝における主要な行為は、言葉、つまり、神の言葉を読み、聞くことを中心としているのに対して、仏教の実践においては、沈黙が中心的役

61　Cf. Cobb, Jr., John B., Grace And Responsibility, p.53; Cobb, Jr., John B., Can Christ Become Good News Again? p.180; Cobb, Jr., John B., Sustaining the Common Good, pp.17f.

62　Cf. Cobb, Jr., John B., Liberal Christianity at the Crossroads, pp.56f.; Cobb, Jr., John B., Can Christ Become Good News Again? p.172; Cobb, Jr., John B., ed. & intro. by Knitter, P., Transforming Christianity and the World, p.28.

割を果たしている。カブはここに、言葉による厳密な理論的思索を通してではなく、言葉なしの沈黙を通して、ある理解に到達するもう一つ別の方法があることを指摘する[63]。

人間中心主義は、その語源が明示しているように、人間一般に関係するため、恐らくすべての主義の中で最も執拗かつ普遍的なものであろう。それに対して、上述したように、男性中心主義は概して男性と男性志向型の人間に、ヨーロッパ中心主義は主としてヨーロッパ人とヨーロッパ思想の影響下にある人々と関係していた。カブの神学において人間中心主義の問題と取り組むということは、エコロジー（ecology）とエコノミー、つまり、経済（economy）の問題に深刻な注意を払うということである。カブ自身、エコロジー神学の魁の一人であり、経済問題を専門的に論じることのできる数少ない神学者の一人でもある。彼が述べているように、エコロジーとエコノミーという用語は、両者共にギリシャ語で家を意味するエコ（eco）、つまり、オイコス（oikos）を取り扱うという点で、深く関係している[64]。エコロジーが家の構造（logos）に言及するの対して、エコノミーは家の規則（nomos）を取り扱う。ここでカブが家という用語で意味しているのは、すべての人間が何らかの方法で関係している地球であり、自然全体である。人間中心主義を抑制するためにカブは、自分の神学にエコロ

63　仏教とキリスト教の対話においてカブは、相互変革を試みている。つまり、それはキリスト教の仏教化と仏教のキリスト教化である。キリスト教の仏教的変革はすでに見たが、カブは続けて、次のような点を仏教のキリスト教的変革の例として示す。哀れみ、知恵、悟りといった概念と比較して仏教は、キリスト教信仰の中核をなす正義という課題を発展させてきていない。「このことは、仏教がすべての時間と場所に現存する人間の状況の種々の特徴に焦点を置くという事実と関係している。仏教は、変化するそれらの特徴から注意をそらしている。それらに関して仏教は、変化が好転しているか、悪化しているかという判断を殆ど下さない。……要するに、仏教においては、歴史の役割が等閑視されている」（Cobb, Jr., John B., ed. & intro. by Knitter, P., Transforming Christianity and the World, pp.155f.）。

64　Cf. Cobb, Jr., John B., Sustainability p.56; Cobb, Jr., John B., Can Christ Become Good News Again? p.188.

ジーの視点を導入し、また、現代経済の構造を分析しようとする。これらの問題点をこの順に検討しよう。

カブは、逼迫したエコロジー的危機の根底にある伝統的な西洋的、キリスト教的思想に典型的な一まとまりの世界観を観察している。それらは、(1) 歴史に対する自然の軽視、(2) 人間の肉的現実性の歴史的否定、(3) 歴史的に一方向的な思考方法である[65]。それぞれをさらに詳細に見よう。

(1)　歴史は、文明の勃興と共に開始されるとされ、この歴史的見解は、聖書の創造物語における時間的記述に反映されている。ここで自然は、根本的に不変であり、永遠に反復すると見なされる。したがって自然は、物事が比類なき形で反復不可能な形で生起する歴史に対する背景と見なされる[66]。

(2)　歴史はさらに、自然に属するとされる人間の肉体的現実の否定に基づいて発展してきた。人間の霊性と知性が、特に禁欲的時代においては、肉体的享受の抑圧によって達成されてきた。

(3)　歴史的出来事の一方向的思考方法もまた、影響力を持っていた。これは、ある特定の見解の方向性が強調され、種々の出来事の解釈と解説に利用されるということを意味する。この思考方法は、聖書の歴史に対する伝統的見解に特徴的である。つまりそれは、聖書の中には、あらゆる歴史の中で、創造から終末に至るまでの聖なる歴史が、聖書読解時の解釈道具として中心的役割を果たしているというものである。科学と技術においてもまた、こうした思考方法は流行しており、一度、目的に到達するために最も効果的な手段が確立されると、このプロセスによって引き起こされる自然破壊等の結末は、概して無視される[67]。

65　Cf. Cobb, Jr., John B. & Griffin, D. R., Process Theology, pp.143-158; Cobb, Jr., John B., Is It Too Late?

66　Cf. Cobb, Jr., John B., Is It Too Late? p.47.

67　Cobb, Jr., John B., Is It Too Late? p.18.

これらの三つの見解に共通する特徴は、自然と自然的な物事に対する軽視であり、この態度の背後には、人間中心主義が伏在している。エコロジー的、プロセス的思想に基づいてカブは、人間と自然の関係に関する異なった見解を次のように明示する。

（1） 実際、歴史的に人間は中心的位置を占めていない。もし、人間が自然に対して歴史的に遅参者であって、決してその逆ではないという事実を見れば、このことを認識することは極めて簡単である。つまり、地球は何十億年も存在しているが、人種は数百万年しか存在していない。[68]

（2） すでに見たように、プロセス思想において、価値は享受にある。そして人間の肉体は、この享受において重要な役割を果たしている。この思想は、自然に対する歴史というような二元論的思考方法を持っていないからである。

---

68 Cf. Cobb, Jr., John B., Sustainability pp.119f.:「リチャード・オーバーマンが私たちに想起させているように、もし、地球の過去50億年が一冊500頁十冊分の本に記録されているとするなら、……第8巻目の前半において漸く、……植物が陸生し始める。……465頁において、爬虫類の支配が鳥類や温帯動物に取って代わられる。最後に、第10巻の499頁において、人類が登場する。この最後の頁の最後の二つの言葉は、6000年前の文明勃興から現在までの私たちの話を語る。最後の2巻では、生命が繁栄し、より複雑な生命体が生起し、繁殖する環境を造り出す。……しかし、私たちが最後の巻の最後の言葉の最後の文字に達した時、人間は生命に対して反旗を翻すのである。この時初めて、地球を殺戮するプロセスが開始される。驚愕すべきことは、数十億年かかって作り出されてきたすべてのものが、その場に遅れて登場した人間に破壊され易いということである。……第11巻は、生命のない地球という一層悲惨な物語が語られるだろう」。Cf. also Cobb, Jr., John B., Is It Too Late? p.46; Cobb, Jr., John B., Process Theology as Political Theology, p.118.「しばしば、人間以外の世界が最も必要とすることは、私たち人間がその世界をそのまま放置しておくということである。時間と空間が与えられれば、その世界は再生のための莫大な力を持っている」事実を知ることは私たちにとって重要である（Cobb, Jr., John B., Is It Too Late? p.17）。

（3）　プロセス思想の方法は、極めて相互関係論的であり、多面的である。世界を解釈する視点は数多く存在し、それらの視点のどれも中心化されえないし、絶対化されえない。世界のすべての出来事は、ある程度相互に影響を与え合う。したがって、エコロジーの視点が明示しているように、世界における人間のどのような出来事も、ある程度自然に対して影響を与える。

カブは、もし、私たちがエコロジーの危機が悲惨な頂点に達するのを防ごうとするのなら、神と人間と自然の間の概念的、構造的関係を分析するだけでは不十分であり、それを停止するための具体的手段を講じる必要が緊急課題としてあると確信している。彼の最近の徹底した研究によると、地上のエコロジー危機を引き起こす人間中心的原則は、現代経済の構造と実践に具体的に示されている。次に、現在経済学の主要な特徴に対して、カブがどのような形で現実的な経済学を提案しようとしているのかを検証しよう。

カブが経済学の研究に乗り出したのは、「強制（coercion）のための最も重要な手段は、経済に関する事柄（the economic）である」からである[69]。特に、エコロジーの危機に対して深刻な責任が問われている先進諸国においては、一層そうである。地球の様々な出来事の行方は、経済理論に基づく経済実践に主として定位されている。歴史的に支配的な経済学の形態は、資本主義と社会主義に分類することができる[70]。カブの分類によると、資本主義は原則として、生産手段の私有性と、商品及びサービスの市場による配置、配分を特徴とし、社会主義は、政府による生産手段の所有と、中

69　Cobb, Jr., John B., 'Ch. II　The Political Implications of Whitehead's Philosophy,' p.24. Cf. Cobb, Jr., John B., Sustaining the Common Good, p.viii. Cf. also Cobb, Jr., John B., Lay Theology, p.73:「私たちの世界で公共政策に最も影響を与える学問は、経済学である」。

70　以下については、cf. Cobb, Jr., John B. & Daly, Herman E., for the common good, pp.13-18.

央計画による商品とサービスの配置、配分を特徴とする。カブは、環境破壊に対する責任は資本主義の側に多くあり、種々の人間の必要に応じる際の非能率性は社会主義の側にあると見る。しかし、彼が指摘しているように、資本主義と社会主義は、資本主義が個人の主体性に対する社会の抑制を削減することによって成長を探求し、社会主義が人々全体の経済的成長を政府によって計画するという点で両方共に成長経済である[71]。両方共にそのようなものとして、地上の有限の自然資源の下で機能し続けることができない。つまり、「経済を下位組織に持つエコロジー体系は成長しない。……地球の直径は成長しないのである[72]」。したがってカブは、これらの二つの成長経済とは異なる第三のタイプの経済を確立しようとする。

特に19世紀以降、人間の共同体的性質に深い関心を持ったローマ・カトリック教会は、1931年教皇ピウス11世の回勅において補助性（subsidiarity）の原則を結実させたが、第三のタイプは実際この原則に近似している。この原則は、より高位の社会がそれぞれ補助的な存在であり、より低位の社会、つまり、地域共同体に奉仕するように補助的に位置づけられているとする。カブは、より小さな共同体に対する配慮と同時に、地球規模のエコロジー共同体、つまり、地球そのものに対する配慮を尊重する第三の経済モデルを探究する。この地球共同体に、すべての種類の共同体は生命を維持するために依存している。このモデルを実現するために必要なカブのパラダイム・シフトは、次の三点に区分することができる。

第一に、人間は集団主義的、または、個人主義的観点からではなく、共同体における人間（persons in community）という観点から定義されるべきである。カブは、この見解を聖書から引き出し、さらにホワイトヘッドの

71　Cf. Cobb, Jr., John B., Sustaining the Common Good, p.45:「資本主義と社会主義は……共に大規模な擬似宗教的運動の中の二つのセクトである。それらは、人間個人と社会全体の生活の統合的原則としての経済成長に、また、人間に関するすべての重要な問題を取り扱う際の基準としての経済成長に帰依している」。

72　Cobb, Jr., John B. & Daly, Herman E., for the common good, p.143.

哲学で補強する。「個人主義的存在論も集団主義的存在論も、相互に参与しあう個人の団結という聖書の人間理解を表現していない。ここでホワイトヘッドの概念の方が参考になる。ホワイトヘッドにとって、究極的な個体（individual）とは、経験の契機である。その個体は、まず初めに存在していて、その後に、他の個体との関係に入るというものではない。それとは逆に、個体はその相互関係によって形成され、これらの関係創造的総合としての経験以外にどのような経験も持たない。この経験の豊かさは、関係の豊かさである。共同体を離れて個人というものを考えることは、無意味である。……人間（persons）は共同体的な存在である。……不幸なことに、殆どの経済理論は、個人主義的または集団主義的人間理解に基づいている」[73]。ここで、社会主義が集団主義的傾向を持ち、資本主義が個人主義的傾向を持つということは、言うまでもない。そしてカブは、特に個人主義的な資本主義に対する厳しい批判を展開する。

資本主義的個人は、経済人（Homo economicus）と擬人化されて呼ばれる[74]。経済人は、現実の肉と血を持った人間の経済的抽象化であり、自己利益と自己閉鎖性を特徴とする[75]。つまり、経済人は商品に対する飽くなき欲望を享受するが、自分自身の市場行動には何の影響も与えない他者の満足と苦難に対しては何の関心も持たない。したがって一般的に、資本主義的経済規範は、何であっても個人の欲するものに位置づけられ、個人が社会において持つ相対的立場には位置づけられない。歴史的にこうした経済構造は、イギリスの経済学者アダム・スミス（1723 年－1790 年）以来、現在に至るまで、近代に典型的な人間中心的二元論を容易に引き起こして

73　Cobb, Jr., John B., Process Theology as Political Theology, pp.96f.

74　以下については、cf. Cobb, Jr., John B. & Daly, Herman E., for the common good, pp.85-96.

75　Cf. Cobb, Jr., John B., Sustaining the Common Good, p.30: 経済は、「一連の抽象化を基盤に持つ。……それは、何から抽象化されたのかを忘れ、経済行為の結果を現実の世界に、恰も、重要な事柄は何も省略されなかったと言わんばかりに適用する傾向がある。これはホワイトヘッドが具体性の置き違いの誤り（fallacy of misplaced concreteness）と呼ぶものである」。

きた。この二元論においては、一方で、人間の欲望の充足が経済活動の崇高な目的であるという点で人間のみが目的自体であり、他方で、その他すべてのものは、人間の欲望の充足という目的のための単なる手段と見なされる。

このような経済人という個人主義的人間理解に対して、カブは、より共同体論的で、より人間的なモデルである「共同体における人間（persons in community）」を推奨する[76]。彼が共同体における人間に言及する時、彼は意識的にこのモデルの意味を「社会における人間（human beings in society）」の意味から区別する。彼の根本的な確信は、共同体における人間が、外的、非本質的にではなく、内的、本質的に相互に関係づけられているという点にある。共同体における人間とは、人間が相互の相違に基づいて共通の同一性を共有し、自分たちの共同体の構築に活発に参加する人間を意味する。

より具体的にカブは、社会における人間と対比して、共同体における人間の三つの特徴を指摘する。それは、（1）共同体における人間は、自分たちの生活を統治する決定事項に広範囲に参加する、（2）共同体自体は、その構成員に対して責任を負う、（3）構成員は、相互に様々な個性を尊重するといった点である。つまり、共同体における人間は、自分たちの生活の政治的側面に積極的に関与し、構成員相互の苦難や満足に道徳的に責任を持ち、構成員一人一人を目的自体として各々の本質的価値を高度に尊重する。カブは、これらの三点、つまり、参加、責任、個性が様々な種類の共同体の構築に必要であると考える。これらの共同体には、最小の家族共同体から、顔見知りの村落共同体、町、市、地域、国家、世界があり、ある意味で世界は共同体からなる共同体である。カブは特に、生命圏（biosphere）である世界そのもの、つまり、最大の共同体の一つに対して、私たちの注意を喚起する。エコロジー問題が長期間無視され続け、最近漸

76　Cf. Cobb, Jr., John B. & Daly, Herman E., for the common good, pp.169f., 172, 269.

く注目され始めたからである。

生命圏という世界、つまり、すべての生き物の共同体は、広義で自然全体からなる。もし、上記の三点がここで該当するなら、私たちは、他者に対する関心をさらに超えて、公的な環境政策に関する決定に参加し、自然の質を維持し、高め、自然破壊と汚染に対して責任を持つように促されていると述べることができる。自然は、人間が持続可能な形で活用することが許されている手段であるだけでなく、それ自体尊重されるべき目的そのものでもある。したがって、カブが強調するように、「人間の経済は、生命圏の健康という点を視野に入れて形成される必要がある。……生命圏全体は、種々の共同体からなる共同体（a community of communities）でありうるし、そうでなければならない[77]」。生命圏の健康は、人間の健全な経済に大きく依存しており、もし、人間が種々の共同体からなる共同体の構成員として団結しつつエコロジーに優しい意思決定と実践をしなければ、生命圏の健康は効果的に維持されえないだろう。

共同体における人間がこうした生命圏的思考を内面化することを助けるためにカブは、アリストテレス（前384年－前322年）による洞察力ある区別、つまり、「経済（oikonomia）」と「蓄財術（chrematistics）」との区別に言及する。「蓄財術（chrematistics）」は、ギリシャ語で物や財産を表すchrêmaに由来し、富を蓄積する術を意味する。「蓄財術は、……財産と富の操作に関する政治経済の一部門と定義され、所有者に対する短期的な金銭的交換価値を最大化するためのものである。これとは対照的に、経済は家の管理に関するもので、長期的に家の全構成員に対する使用価値を増加させるためのものである[78]」。この二者は、次の三点において相互に顕著な相違を見せている。

（1）　経済は長期的視点を持ち、その行為の間接的な結末にも関心を向

77　Cobb, Jr., John B. & Daly, Herman E., for the common good, pp.201f.

78　Cobb, Jr., John B. & Daly, Herman E., for the common good, p.138.

けるのに対して、蓄財術は短期的視点を持ち、その行為の直接的結末にしか興味を持たない。

(2)　蓄財術は、取引の当事者に対しては注意を払うが、経済は、共同体全体に対するコストと利益も考慮に入れる。

(3)　経済は、具体的な使用価値とその限定的な蓄積に関心を持つが、蓄財術は、抽象化された交換価値とその無制限な蓄積に関心を持つ。

カブが簡潔に述べているように、「経済には、十分という概念があるが、蓄財術では常に、より多ければより良いとされる」[79]。経済は、資源の維持に定位されており、蓄財術では個人の成長に定位されている。言うまでもなく、蓄財術ではなく、むしろ、経済が生命圏の現状にとって一層適切であり、現代の経済は、抽象的学問から種々のレベルの共同体に奉仕する思想となるためにも、この経済の真の意味に基づいて再構築されるべきである。

第二に、カブによると現代経済学は、経済成長の計測方法に関して、「国民総生産（GNP, Gross National Product）」から「持続可能な経済福祉指数（ISEW, an Index of Sustainable Economic Welfare）」へのパラダイム・シフトを真剣に必要としている[80]。カブが批判しているように、一般的に言ってアメリカ人は、「成長」という偉大な神を礼拝しており、現代経済学者が成長で意味しているのは、一人当たりの国民総生産、つまり、全生産高を国民の数で割ったもの、に他ならない。しかし実際、国民総生産は、共同体における人間の福祉（well-being）、つまり、経済福祉（economic welfare）という視点が考慮されていないという点において深刻な問題を抱えている[81]。国民総生産が実際に計測しているのは、処理量（throughput）、

79　Cobb, Jr., John B. & Daly, Herman E., for the common good, p.139.

80　以下については、cf. Cobb, Jr., John B., Sustainability pp.58-63; Cobb, Jr., John B., Sustaining the Common Good, pp.63f.;

81　Cf. Cobb, Jr., John B., Sustaining the Common Good, p.65:「成長の社会的コストは、より一層明白になりつつある。つまり、低賃金、環境保護の軽視、教

つまり、資源が消費され、廃棄物とされる速度であり、ここでは、資源の減少や汚染の拡大といった問題は、単に無視されるのみである[82]。こうした計測方法はまた、経済福祉に積極的な貢献をしている家事による生産やサービスを排除する。さらに、富者と貧者の間の増大する懸隔や失業という問題は、真の福祉の減退を示しているにもかかわらず、国民総生産によっては提示されえない。より深刻な例を 挙げよう。国家安全に対する危機が予測され、より多くの軍事費が必要とされる時、そうした危機は国民総生産を増大させる役割を果たしているが、消費財にではなく軍備増大に資源を使用することは、経済福祉を促進させない。要するに、国民総生産は「人生において賞賛されている多くのものから構成される人間関係を無視している」[83]。それはまた、家族の中の人間関係、富者と貧者の人間関係、国家間の人間関係の重要性を過小評価している。

経済福祉の評価における国民総生産の無能力を嘆きつつ、カブに導かれたグループは、経済活動を一層全体論的に、長期的に計測するために、「持続可能な経済福祉指数」を編み出した[84]。この指数は、生産高ではなく人間共同体の福祉を計測するためのものである。このグループはまず、個人消費の計算から始めた。この個人消費の増加は通常、消費者個人の経済福祉に積極的に貢献すると思われている。その後、全体の数字を分配という観点から調節した。というのは、このグループの構成員は、増加した消費は富者の側のみにおいて蓄積されることなく、貧者にも分配される時、

育の悪化、犯罪の増加、薬物の乱用、暴力の蔓延、異なった者に対する憎悪の拡大である。しかし、私たちは、こうした変化が成長宗教の廃棄に至ると想定すべきではない。それどころか、私たちはこれらの問題がすべて経済成長によってのみ解決されうると教えられるのである」。

82　Cf. Cobb, Jr., John B., Sustainability p.58:「経済学者は、経済の目標に到達するために成長が本質的に必要であると見なす。……エコロジー学者は、生産の増大が一層多くの資源の使用と一層多くの廃棄物の製造を意味すると考える」。

83　Cobb, Jr., John B., Sustainability p.73.

84　以下については、cf. Cobb, Jr., John B., Lay Theology, pp.74-76, 80-82.

共同体は一層健全になると確信しているからである。この指数においては、家事、健康と教育の向上といったプラスの要素も反映されており、マイナスの要素には交通事故、種々の汚染、自然資源の損失などが含まれている。

これらの要素をすべて考慮することは、極めて重要なことである。現在の消費方法と生命圏に対する現在の態度は、自然環境と文化環境を所与のものとして受容するしかない私たちの将来世代の福祉に大きな影響を与えるからである。したがって、カブが共同体の福祉に言及して持続可能な経済福祉指数に触れる時、彼の視野は人間と人間、人間と自然、さらには、人間と将来世代という種々のレベルの関係を包含している。これらすべての関係は相互に深く関与しているため、部分的、限定的な経済的視点に基づく国民総生産は、指数として深刻な誤解を招いている。事実、カブの数字によると、アメリカ合衆国の一人当たりの国民総生産は、1951 年から 1990 年までは倍増しているのに対して、持続可能な経済福祉指数は 17 パーセントしか増えていない[85]。しかし、より重要なのは、次の点である。この期間の最後の十年間において、国民総生産は 17 パーセント増えたのに対して、持続可能な経済福祉指数は 4 パーセント減少している[86]。これらの数字は紛れもなく、経済成長が常に経済福祉と呼応しているわけではないことを証明している。

第三に、カブは補助性の原則に則り、現代の地球規模の市場の役割は一

85　以下については、cf. Cobb, Jr., John B., Sustaining the Common Good, pp.54, 95-99.

86　カブは、持続可能な経済福祉指数を新しい GNP、つまり、国民緑化生産（Green National Product）とも呼んでいる。Cf. Cobb, C. W. & Cobb, Jr., John B., The Green National Product, p.3:「必要とされていることは、国民緑化生産であり、これは私たちに、経済活動が私たちの暮らし全体を良くするか悪くするかについて教えてくれるものである。……これは、緑化運動が焦点を当てている社会、経済問題をも包含する。つまり、地球と、地球によって維持されているすべての人々に対する配慮である。特にこの新しい GNP は、地球とその居住物の長期的健康に留意する点で国民総生産と異なる。つまり、持続可能性が、この新しい計測方法における中心的課題である」。

層拡大し、影響力を行使しているにもかかわらず、より小さな共同体が地球規模の経済共同体よりも尊重されなければならないと強調する。[87] 彼は、西ヨーロッパや日本と共に地球規模の市場を確立してきた合衆国における小さな共同体に対する具体的な政策を提案する。彼は、国家レベルにおける現存の機関を犠牲にして世界レベルの非存在の機関に奉仕することは不合理であるという確信に基づき、まず最初に、国家共同体の中の絆を強固にし、次に、福祉、賃金、環境政策に関して同様の基準を持つ国家共同体間において地球規模の共同体を同盟によって築き上げることが良策であると考える。

例えばカブは、アメリカ合衆国は国家共同体の農業政策として、次の三点を採用すべきだと主張する。

(1)　共同体のための経済学は、現在の地球規模の生産、流通、分配プロセスに対して、食品を地元で育成、供給することによって、自己充足的な顔見知りの共同体の構築を目指すこと。
(2)　その後この経済学は、農業生産の自己充足が無期限に持続可能であるような地域共同体の確立を目標とすること。
(3)　アメリカ合衆国における田舎の共同体の維持と再建も、この経済学の目的の一つである。

このように、共同体のための経済学の目標は、より小規模の共同体の中で、その構成員が自分たちの事柄と産業に関する決定に参加することを可能にすることにある。この目標を実現するために、蔓延する地球規模化に対して、経済力の広範囲に渡る地域化が手掛けられなければならない。つまり、種々の産業が各地域共同体に分散され、さらには、人々が地域共同体に再び積極的に定着し、その土地が手ごろな値段で購入できるという二

87　以下については、cf. Cobb, Jr., John B. & Daly, Herman E., for the common good, pp.235, 270-275, 293, 303, 305, 309.

つの条件が満たされなければならない。これらの条件を満たすことは、決して不可能なことではない。

一方で、現代経済理論は、賃金と生産性の観点から人間を労働者とのみ見なし、専門化を通して最大効率を追求する経済活動は、非人間的社会を作り出してきた。他方で近年、二つの顕著な傾向が見られるようになってきた。第一に、興味深く、満足の行くものであるなら、人々は低賃金労働でも喜んで働く。第二に、手作りの仕事、特に、手芸品に対する興味が増大しつつある。実際、どのような種類の製品でも手作りによるものは、工場生産品よりもコストがかかり、さらに悪いことに、見た目にも完全ではないことは明白である。それにもかかわらず、カブが指摘しているように、より多くの人々が手作りの製品に深い愛着を感じている。田舎の共同体は、非人間化された現代人が高度に人間的な生活を送る最高の場所の一つである。人々がその場に移る際、各々のより大きな共同体は、補助性の原則に従って経済的にも人々の移住を援助することが期待されている。

以上から、私たちはカブの多岐に渡る具体的な議論に基づいて、人間は男性中心主義、ヨーロッパ中心主義、人間中心主義を克服する責任があり、そして特に、キリスト者は種々のレベルの共同体において一層人間的な共同体を構築するために、これらの克服を率先的に実践するように召されていると結論付けることができる。

7. 結　論

最後に、カブのプロセス神学に貫流する顕著な特徴の幾つかを明示し、彼の思想の諸側面の批判を行おう。

第一に、カブの神学は、二元論、個人主義、人間中心主義、実体論等の傾向を長期に渡り発展させてきた西洋の伝統的思考方法の幾つかを厳格に否定する点で、現代西洋神学において独特の位置を占めている。こうした顕著な立場は、ホワイトヘッドの哲学に由来するが、カブ自身もさらに仏教との精力的な対話においてその意義を深化させている。

カブが告白しているように、「私の哲学を解く一つの鍵は、すべてのものは相互に関係しているという見解であり、それは私の信仰でもある。また、すべての思考は諸側面を持ち、特定の状況から生起し、その状況に深く条件付けられている。同時に、もし、それが思考であるのなら、それはその起源の状況に単に条件付けられているだけではない。思考は本質的に、どのような状況の中に置かれていても、自由の行使である」[88]。もし、すべてが相互関係にあるのなら、能動的主体と受動的客体を区別する二元論、自己と他者の明確な区別を前提とする個人主義、他の生き物以上に不均衡な優先権を人間に与える人間中心主義、物事の変化の根底に存在する実体は相互に外的にのみ関係するということを想定する実体論といった傾向はすべて、瓦解する。

カブはホワイトヘッドから、「主体と客体の相違は、私たちが社会にではなく個体に焦点を定める限り、主体が現在であり、客体が過去であるという点にある。……主体と客体の枠組みによると、経験の認識論的分析を正確に行うなら、客体は主体とその種類において異なるという存在論的見解には至らないはずである。客体と主体の相違は、過去と現在の相違である」ということを学んでいる[89]。これは、経験の真の客体は、その主体と同時（contemporary）ではなく、その主体に先行（precedent）しているということを意味する。そして、もし、能動的主体と受動的客体の真の相違が、現在と過去という時間的な相違にあるのなら、常にそれ自体が主体または客体である現実的存在というものはありえない。相互関係の出来事の時間的プロセスにおいて、すべてのものは主体にも客体にもなりうるのであり、それ故、物事の発生の根底にある不変の実体というものも存在しない。

この原則は、神、人間の魂、世界または自然を含むすべてのものに該当

88　Cobb, Jr., John B., ed. & intro. by Knitter, P., Transforming Christianity and the World, pp.114f.

89　Cobb, Jr., John B., A Christian Natural Theology, p.44. Cf. Cobb, Jr., John B., 'Alfred North Whitehead,' p.131.

する。神は単に現実的にこの世界に存在しているだけでなく、喜ぶものと共に喜び、苦しむものと共に苦しむことによって、この世界に同情的に存在している[90]。この世界に住む人間は、西洋の伝統において人間の個別性と深く結び付けられて考察されてきた永続的、実体的魂のようなものを保持してはいない。その代わりに、過去の経験から生起し、未来へと継承される数多くの出来事の経験が人間には与えられている[91]。特に人間は、自らを形成している自然に対して責任ある管理を実行するように、神によって召されている。

このように、カブのプロセス神学は、実体論的言語を排除し、一つの現実を想定する相互関係論的世界観を確立することによって、主体と客体、神と世界、人間と自然、心と体という種々のタイプの二元論を克服しようと試みる。神も、この世界観の例外ではない。すでに見たように、神は実体的存在ではなく、むしろ、関係論的存在である。ホワイトヘッドの哲学と共に、仏教もカブの思考形成に重要な役割を果たしている。仏教の空（emptiness）の概念に依拠しつつ、カブはさらに、西洋の神概念から神の本質（the divine essence）を剝奪しようとする。「自己が、他のものを排斥することによってのみ、または少なくとも、他のものをそのままの状態で受容されることを認めないことによってのみ維持されうる本質であると理解されるのなら、神には『自己（self）』が『ない（empty）』」[92]。仏教的理解に基づいてカブは、時間的プロセスにおいて永続する自己同一的実体のようなものは存在しないと主張する。むしろ、私たちが自己同一と見なすものは、統計的な程度の問題であり、それは様々な状況によって形成されているのである[93]。

第二に、共同体という主題が、カブの神学において重要な役割を果たしている。カブが指摘しているように、「共同体の中で相互に、また他の被

---

90 Cf. Cobb, Jr., John B., Matters of Life and Death, pp.12f.

91 Cf. Cobb, Jr., John B., ‘Alfred North Whitehead,’ p.136.

92 Cobb, Jr., John B. & Griffin, D. R., Process Theology, p.142.

93 Cobb, Jr., John B., Christ in a Pluralistic Age, pp.212-214.

造物と共に生きる人間という概念は、私たちの伝統に対しても、他の伝統に対しても疎遠なものではない。今日、社会における人間の生き方と、自然界における人間のあり方に関するこうした共同体論的（communitarian）思考方法は、世俗的共同体においても宗教的共同体においても認識されつつある」[94]。この意味で、共同体における人間というカブの見解は、現代社会に対して妥当であり、有益である。カブ自身は、二元論、個人主義、人間中心主義、実体論を含む伝統的な西洋思想を峻拒しつつ、共同体の概念を最大限活用し、それを現代神学の再構築のための代替的パラダイムとして役立てている。というのは、共同体の概念は、主体と客体、自己と他者、人間と他の生物、または、無生物、ある出来事と他の出来事などの関係を包括しうるからである。この枠組みの中でカブは、上述したように、神、人間、自然が相互にどのように関係しているかという解説を展開していった。

このように、共同体という概念には種々のレベルが存在するけれども、カブの神学において中心的役割を果たしているのは、信仰共同体（community of faith）という概念であるということをここで付言しておくことは極めて重要である。カブは神学者として、「広義で神学とは、究極的関心を向ける事柄に関する一貫した言明を意味し、自らを支配する視野を信仰共同体から受け取る」と強調する[95]。したがって、彼の神学は根本的に、その構成員による聖書理解を基盤として形成され、改革されてきたこの信仰共同体に根ざしている。つまり、すでに見たように、この共同体は初代の教会に由来し、さらには、イスラエルの共同体にまで遡る。この共同体の目標は、その構成員の平等ではなく、限定的な不平等である。というのは、完全な平等はその構成員の比類のない相違点と替けがえなさを集団主義的に否定することを意味し、他方、無限定的な不平等は、その構成員の独立性と団結性を個人主義的に否定することを意味するからである。

94　Cobb, Jr., John B., ed. & intro. by Knitter, P., Transforming Christianity and the World, p.177.

95　Cobb, Jr., John B., A Christian Natural Theology, p.252.

共同体における限定的な不平等という理想をカブは、土地の所有、高利貸し、安息日、ヨベルの年等に関する旧約聖書の記述の中に見出す[96]。

第三に、カブの思想は、地域に対する関心と均衡の取れた地球規模の視野と学際的研究によって確立されている。特に、カブの議論で極めて卓越した点は、彼が経済とエコロジーの問題を相互関係的に解釈する際の具体的、実践的な取り扱いにある。カブが「エコジャスティス（ecojustice）」と呼ぶ概念は、経済とエコロジーの不可分の関係を指摘するために適切なものである。カブが述べているように、「『エコジャスティス』は、人間関係の規範としての正義に対する関心と、人類は一層大きな自然体系の一部であるという認識とを統合する決断を表している。そして、人間はその自然の必要性を尊重しなければならない」[97]。自然の一部としての人間は、自然を維持する責任があるが、その際、人間はまた、人と人、町と町、都市と都市、国家と国家の間という様々なレベルで経済的正義を尊重しなければならない。というのは、経済的正義を無視することによって引き起こされる無限定的な不平等は殆ど常に、環境破壊に至る自然環境の過度の搾取と関係しているからである。すでに見たように、神と人間と自然は相互に関係しているという見解を考慮すると、エコジャスティスを軽視することは、単に人間と自然を侮蔑することではなく、神を冒瀆することでもある。それは、種々のレベルの共同体に対峙する行為である。

西洋、日本と共にアメリカ合衆国は、地球規模の市場を確立してきたが、第三世界の殆どの国は、1970年代の過度の借入によって依然として負債を負っている[98]。この地球規模の市場が機能し続けるための基準は、エコジャスティスではなく、経済効率、つまり、資源の最適な分配である。ここで人間は共同体における人間としてではなく、むしろ、市場における個

96　Cf. Cf. Cobb, Jr., John B. & Daly, Herman E., for the common good, p.331.

97　Cobb, Jr., John B., Sustainability p.21.

98　以下については、cf. Cobb, Jr., John B., Reclaiming the Church, p.36; Cobb, Jr., John B., Sustaining the Common Good, pp.10f.; Cobb, Jr., John B. & Daly, Herman E., for the common good, pp.8f., 14, 59, 146f.

人と理解される。こうした地球規模の市場と、特に、第三世界における伝統的な地域共同体に対するその破壊的な影響に対して、エコジャスティスは、共同体の福祉を強調する。この福祉は、各構成員の福祉と深く関係し、商品やサービスの享受と同等の重要性を持っている[99]。この福祉は、商品よりも重要である。なぜなら、商品とサービスは市場で交換可能であるが、この福祉は交換できないからである。したがって、人間の福祉は、体の健康に対する本質的な必要が満たされる限り、商品やサービスの享受よりも、むしろ、共同体における人間の福祉の程度によって評価されるべきである。

カブの神学は、確かにその内容において学際的であり、その視点において地球規模の広さと地域に対するきめ細かさを持つ。しかし、彼が自分の神学を現代社会に適合したものにしようとする時、彼の思想は、時としてキリスト教神学の資源よりも、むしろ、現代の支配的な思想の影響を受けているようである。最後に、この傾向を次の三点に分類して 検討しよう。

第一に、カブは自分の神学において、「刷新」よりも「変革」に重要性を置いている。彼は、これらの用語の区別を次のように示している。「もし、私たちが自分たちの信仰を他から借用した範疇で形成してきたことを認識するなら、私たちは今や……自分たち自身の遺産の言語を信頼することができる。課題は、私たちがその信仰の象徴の中に生き、それによって形作られることにある。私は、教会改革のこの形態を『刷新（renewal）』と呼ぶ」[100]。「教会内の人々が継承されてきたイメージや儀式に深く適合す

99　Cf. Cobb, Jr., John B., Sustaining the Common Good, pp.10f.:「キリスト者は、……地球が神のものであり、地球を軽視することは悪であると信じる。これは、私たちが自分たちの経済生活を形成する際に、私たちは地球をさらに軽視することなく、人間の必要に答えるようにすべきであるということを意味する。キリスト者は……さらに、私たちの相互の関係は、少なくとも私たちの商品、サービス消費と同様に重要であると信じる。これは、私たちが私たちの人間共同体を破壊し続けない形で、私たちの必要を満たす方法を見出すべきであるということを意味する。……経済の目標は、市場の拡大ではなく、むしろ、共同体の形成となるべきである」。

100　Cobb, Jr., John B., Reclaiming the Church, p.42.

ることに専心する代わりに、教会の多くの教えの抑圧的、疑義的性質によって疎外されてきた人々に到達することに専心する時、私はこの改革モデルを『変革（transformation）』と呼ぶ[101]」。

これらの定義を一層単純に解説すると、刷新とは、教会を教会内の伝統によって改革することであり、変革とは、教会を教会外の伝統によって改革することである。カブによると、教会の直面している状況に応じて、これらの二種の改革のどちらかが必要とされる。彼が述べているように、「聖書の明白な主題が文化的要素の支配によって曇らされるという問題が起こる時、刷新が必要である。変革が必要とされるのは、私たちの歴史的教説が私たち自身の伝統の中に私たちを限定し、私たちの歴史的教説の故に、苦しむ人々の声が聞こえなくなる時であり、また、この限定が他の資源に由来する解放的、拡大的洞察の活用を排斥する時である[102]」。

カブの理解によると、変革が教会史においてある程度の優位を持っており[103]、彼自身、聖書やキリスト教諸信条の伝統の解釈や適用よりも、むしろ、現代哲学にかなり依存することによって、自己の神学において変革を優先しているようである。確かに彼は一方で、自分のプロセス神学がキリスト教信仰の視点に基づいて展開されていると主張する。しかし他方で、彼の神学はプロセス哲学とその神概念に依存している[104]。例えば、実際カブは、

101　Cobb, Jr., John B., Reclaiming the Church, p.43. Cf. Cobb, Jr., John B., ed. & intro. by Knitter, P., Transforming Christianity and the World, p.110:「深いレベルにおいて他者から学ぶということは、単に新しい情報や洞察を得ることではない。それは、成長の一形態であり、ヘンリ・ネルソン・ウィーマン（Henry Nelson Wieman）に従って私は創造的変革と呼んでいる」。

102　Cobb, Jr., John B., Reclaiming the Church, p.55. Cf. Cobb, Jr., John B., Reclaiming the Church, pp.42f.

103　Cf. Cobb, Jr., John B., Reclaiming the Church, p.57.

104　Cobb, Jr., John B. & Griffin, D. R., Process Theology, p.41. Cf. Cobb, Jr., John B., A Christian Natural Theology, p.268:「ホワイトヘッドの哲学は、その出発点においてキリスト教的な現実認識の影響を深く受けているという意味において、キリスト教的であったと私は信じる。ある程度彼自身は、この事実を意識していたようである。さらに、ホワイトヘッドの最も重要な著作は、自然

三位一体論やキリスト論の再解釈において、キリスト教の伝統以上にプロセス哲学を過度に優先しているようである。カブは、これらの教理における実体論的言語を否定し、代わりに、一層関係論的なプロセス思想に依拠する。ここで彼は、こうした教理を形成した教会教父に使用可能な範疇はぎこちない実体論的言語のみであったという印象を与えている。しかし実際は、これらの教理に関する関係論的言語も存在したのであり、カパドキアの教父たちを含む古代のギリシャ教父たちは、「関係（schesis）」というギリシャ語を駆使して、神の内部の相互関係を解説したのである。したがって、カブ自身の「私たちの西洋教会史において私たちは、信条に関する論争が終結した後は東方正教会を無視しがちである」という警告は[105]、カブ自身の神学に対しても向けられるべきである。カブは、自分の関係論的な神学を補強するためにギリシャ教会教父の概念と思想を一層広範囲に活用できただろうという意味において、彼は現状以上に刷新を自分の神学において行いえたであろう[106]。

神学に関する講演であるギッフォード講演に由来する。したがって、ホワイトヘッドの哲学は私たちに適切なキリスト教的自然神学を提供しているという判断は、決して彼に対する違和感ある押し付けではない」。Cf. also Cobb, Jr., John B., A Christian Natural Theology, p.270:「ホワイトヘッドにおいて、私たちはキリスト教信仰との緊張関係のない類まれな優れた哲学が与えられている。この緊張は、キリスト教が活用しようとする他の哲学において特徴的なものである」。

105　Cobb, Jr., John B., ed. & intro. by Knitter, P., Transforming Christianity and the World, pp.80f.

106　カブの変革プログラムはまた、キリスト教の仏教化においても見られる（Cf. Cobb, Jr., John B., ed. & intro. by Knitter, P., Transforming Christianity and the World, pp.45f.）。例えば、Cobb, Jr., John B., Beyond Dialogue, pp.128f. によれば、「私たちは、これまでキリストに対する信仰だと見なしてきたものの多くが、偶像的であると明白に認識することができる。つまり、キリストはあまりにしばしば、特定の時間と場所に限定されたある現実の一つの特徴であるにもかかわらず、絶対的なものとして取り扱われている。そのような信仰は、固執の一形態であり、阿弥陀を省察することによって解放されるべきである」。こうしたカブの言明の問題点は、私たちがモーセの偶像礼拝禁止を意識的に

第二に、カブは、自分の神学を現代の世界観に対して妥当なものにしようとして、相対主義に深く取り込まれているようである。カブは、すべてのものは相互関係にあると確信しており、この立場は、20世紀の科学的世界観と調和するホワイトヘッドの関係論的哲学に影響されている。神もまた、人間をある一定の方向へ導こうとする関係論的な存在であり、決して、すべてのものに命令をし、それを統制する絶対的君主ではない。したがって、悪も発生しうるのであり、悪は神と共に存在し続ける。悪と善は、相対的な程度の問題である。

しかし、この種の相対主義は、責任主体の独立性を弱体化させ、様々なレベルでの責任感を曖昧にするという深刻な問題を孕んでいるだろう。責任感が特に人間の側において必要とされるのは、人間が実際に自然破壊に関与してきたからである。しかし、もし、すべての人とすべてのものが相互関係にあるのなら、ある種の否定的出来事に対してすべての人とすべてのものに責任があると言える。ここで勿論、その責任の深刻さに関して差異があることは言うまでもない。「集団責任は無責任（everybody's business is nobody's business)」という諺は、まさしくこうした状況に当てはまる。この相互関係の脈絡において、責任主体を浮き彫りにすることは決して簡単ではない。すべてのものとすべての人が何らかの形でその出来事に関与しているからである。特にこの脈絡において、人間は何らかの悪事を自己と関係のある他者に容易に転嫁することができるのである。

さらに、人間に強要せず、ただ説得し、人間の応答を待つだけのプロセス的神は、神に耳を傾け、神の言葉を検証し、それを実行する力をすべて喪失した絶望的な罪人に対しては何の助けにもならない。苦しむ人と共に苦しみ、喜ぶ人と共に喜ぶだけのプロセス的神は、確かに必要だが、窮状からの救いを真剣に望んでいる無力な人々にとっては十分ではない。決定的状況に巻き込まれた罪人に必要なものは、神の単純明快な命令と力強い

遵守することよりも、むしろ、仏教の教説の幾つかを省察することによって、偶像礼拝から解放されうるとするカブの想定にある。特に、聖書の教説を守れないキリスト者が、いかにして仏教の教説を守ることができるのだろうか。

実行力であるように思われる。

第三に、特にカブの終末論において、人間の個別の価値が矮小化していくようである。カブがすべてのものは相互関係にあると主張する時、すでに見たように、これは完全に独立別個の存在を仮定しない20世紀の科学的世界観に由来する。しかし、私たちが日常言語においてすべてのものは相互関係にあると述べる時、この言明は、ある意味ですべてのものは相互に区別された個体であるということを前提にする必要がある。というのは、もし、すべてのものが相互に区別されえないのであれば、それらはすでに他の個体の一部であり、それらの間の関係はその同一性の故に消滅する。

ところが、カブの神学においては関係性が個別性以上に支配的であり、この傾向は、彼の終末論において顕著である。カブは、復活したすべての肉体が、相互に一つの体に繋がれるだろうと示唆している。しかし、もし、個別の肉体の将来的復活が明晰さを要求する現代の科学時代において種々の問題を引き起こすなら、すべての肉体の将来的一体化も明晰さを殆ど兼ね備えていない。カブは個人の倫理を論じる時、人間の倫理における自由と責任の均衡を実際に保っている。もしそうなら、彼は同様に、人間存在における個別性と関係性の均衡を保つこともできるであろう。彼は、人間の相互関係性を過度に強調する時、西洋個人主義という長期に渡る伝統に対する過度の反応を示していると言えよう。

これらの批判三点は、決してカブの思想の重要性を貶めるものではない。むしろ、彼の神学は、宗教間、学問間、文化間の対話が必要とされている現今、間違いなく最も重要な思想の一つである。「二つの共同体において最も価値があり、興味深いことは、それらの共同体の共通点ではなく、それらの共同体が相互に新しい何かを提示できる点にある」とカブが述べているように、これらの対話は、様々な異なる共同体に属する人々が自分たちの相違点を知り、新しい方向へと共に成長する契機を提供している。[107]

107　Cobb, Jr., John B., ed. & intro. by Knitter, P., Transforming Christianity and the World, p.105.

要　旨

カブの神学は、基本的にユダヤ・キリスト教の伝統を汲みつつ、20世紀の哲学的及び科学的世界観に対応した思想であり、神学者ウェスレーや哲学者ホワイトヘッドの影響を受けている。従来の西欧の神学が、二元論、個人主義、実体論、そしてまた、資本主義の影響下に構築されたことを批判的に鑑み、これらの否定的側面を克服するために、関係論的な思想を神学に導入する。特に、人間を個人主義でも集団主義でもない共同体における人間と位置づけ、人間の現在置かれている生態学的、経済的状況を具体的に斟酌し、持続可能な人間の生き方を推奨する。カブの思想は、仏教との対話、神学以外の学問との対話、現代経済世界、自然世界との対話を通して、幅広い内容と洞察を現代社会に対して提示している 。

キーワード

愛着　悪　ジョン・ウェスレー　ポール・ラルフ・エーリック　エコジャスティス　エコロジー　J. B. カブ Jr.　感覚のある存在　歓喜　関係　関係性　感受　享受　強勢　共同体　共同体における人間　共同体論　キリストにおいて　空　具体化　苦難　経験の諸契機　経済　経済人　経済福祉　限定　国民総生産　個人主義　個体　個別性　混沌からの創造　刷新　悟り　持続可能な経済福祉指数　ガウタマ・シッダールタ　実体　実体論　資本主義　社会　社会主義　テヤール・ド・シャルダン　自由　集団主義　主体的目的　信仰共同体　精神的極（原初的性質）　生命圏　責任　先導的目的　相互関係　創造的・応答的神　創造的変革としてのキリスト　男性中心主義　蓄財術　調和　諦観　動的生成　二元論　人間中心主義　涅槃　把握　チャールズ・ハーツホーン　パウロ　オールダス・ハクスリー　複雑性　物理的極（結果的性質）　プロセス神学　プロセス哲学　不和　平凡さ　変革　補助性の原則　アルフレッド・ノース・ホワイトヘッド　無からの創造　誘因　ヨーロッパ中心主義　両極の性質　倫理　ロゴス

文献表

Cobb, Jr., John B., Living Options in Protestant Theology A Survey of Methods, (Lanham, MD: University Press of America, 1986, Originally 1962)

Cobb, Jr, John B., 'Is the Later Heidegger Relevant for Theology?' Robinson, James M. & Cobb, Jr, John B. (eds.), New Frontiers in Theology Discussions among German and American Theologians Volume I The Later Heidegger and Theology, (New York, NY: Harper & Row Publishers, 1963), pp.177-197.

Cobb, Jr, John B., 'Faith and Culture,' Robinson, James M. & Cobb, Jr, John B. (eds.), New Frontiers in Theology Discussions among German and American Theologians Volume II The New Hermeneutic, (New York, NY: Harper & Row Publishers, 1964), pp.219-231.

Cobb, Jr, John B., 'Past, Present, and Future,' Robinson, James M. & Cobb, Jr, John B. (eds.), New Frontiers in Theology Discussions among German and American Theologians Volume III Theology as History, (New York, NY: Harper & Row Publishers, 1967), pp.197-220.

Cobb, Jr., John B., A Christian Natural Theology Based on the Thought of Alfred North Whitehead, (Philadelphia, PA: The Westminster Press, 1965)

Cobb, Jr., John B., 'Alfred North Whitehead,' Hunt, George L. (ed.), Twelve Makers of Modern Protestant Thought, (New York, NY: Association Press, 1971), pp.129-140.

Cobb, Jr., John B., Is It Too Late? A Theology of Ecology, (Denton, TX: Environmental Ethics Books, 1995, originally 1972) =J. B. カブ Jr.（郷義孝訳）『今からではもう遅すぎるか？　環境問題とキリスト教』（ヨルダン社，1999）

Cobb, Jr., John B., Liberal Christianity at the Crossroads, (Philadelphia, PA: The Westminster Press, 1973)

Cobb, Jr., John B. & Griffin, D. R., Process Theology An Introductory Exposition, (Philadelphia, PA: The Westminster Press, 1976) =J. B. カブ Jr./D. R. グリフィン（延原時行訳）『プロセス神学の展望　概論的解説』（新教出版社，1993）

Cobb, Jr., John B., Christ in a Pluralistic Age, (Philadelphia, PA: The Westminster Press, 1976)

Cobb, Jr., John B. 'Postscript: The Problem of Evil and the Task of Ministry,' Davis, S. T. (ed.), Encountering Evil live options in theodicy, (Atlanta, GA: John Knox Press, 1981), pp.167-176.

Cobb, Jr., John B., 'Ch. I Explanation and Causation in History and the Social Sciences,' Cobb, Jr., John B. & Schroeder, W. W. (eds.), Process Philosophy and Social Thought, (Chicago, IL: Center for the Scientific Study of Religion, 1981), pp.3-10.

Cobb, Jr., John B., 'Ch. II The Political Implications of Whitehead's Philosophy,' Cobb, Jr., John B. & Schroeder, W. W. (eds.), Process Philosophy and Social Thought, [Studies in Religion and Society], (Chicago, IL: Center for the Scientific Study of Religion, 1981), pp.11-28.

Cobb, Jr., John B., Process Theology as Political Theology, (Philadelphia, PA: The Westminster Press / Manchester University Press, 1982）

Cobb, Jr., John B., Beyond Dialogue Toward a Mutual Transformation of Christianity and Buddhism, (Philadelphia, PA: Fortress Press, 1982）=J. B. カブ Jr.（延原時行訳）『対話を超えて　キリスト教と仏教の相互変革の展望』（行路社，1985）

Cobb, Jr., John B. & Tracy, D., Talking about God Doing Theology in the context of Modern Pluralism, (New York, NY: John Carroll University, 1983), pp.39-91.

Cobb, Jr., John B., 'Afterword The Role of Theology of Nature in the Church,' Birch, C., Eakin, W. & McDaniel, J. B. (eds.), Liberating Life Contemporary Approaches to Ecological Theology, (Maryknoll, NY: Orbis Books, 1990), pp.261-272.

Cobb, Jr., John B., Matters of Life and Death, (Louisville, KY: Westminster / John Knox Press, 1991）=J. B. カブ Jr.（延原時行訳）『生きる権利　死ぬ権利』（日本基督教団出版局，2000）

Cobb, Jr., John B., Can Christ Become Good News Again?（St. Louis, MO: Chalice Press, 1991）

Cobb, Jr., John B., Sustainability Economics, Ecology, and Justice, [Ecology and Justice Series], (Maryknoll, NY: Orbis Books, 1992）

Cobb, Jr., John B., Becoming a Thinking Christian If We Want Church Renewal, We Will Have to Renew Thinking in the Church, (Nashville, TN: Abington Press, 1993）

Cobb, Jr., John B. & Daly, Herman E., for the common good redirecting the economy toward community, the environment, and a sustainable future, (Boston, MA: Beacon Press, 1994, 2nd）

Cobb, Jr., John B., Lay Theology, (St. Louis, MO: Chalice Press, 1994）

Cobb, Jr., John B., Sustaining the Common Good A Christian Perspective on the Global Economy, (Cleveland, OH: The Pilgrim Press, 1994）

Cobb, Jr., John B., 'On the Deepening of Buddhism,' Cobb, Jr., John B. & Ives, C. (eds.), The Emptying God A Buddhist-Jewish-Christian Conversation, [Faith Meets Faith Series, An Orbis Series in Interreligious Dialogue], (Maryknoll, NY: Orbis Books, 1994), pp.91-101.

Cobb, C. W. & Cobb, Jr., John B., The Green National Product A Proposed Index of Sustainable Economic Welfare, (Lanham, MD: University Press of America, 1994）

Cobb, Jr., John B., Grace And Responsibility　A Wesleyan Theology For Today, (Nashville, TN: Abington Press, 1995)

Cobb, Jr., John B., Reclaiming the Church　Where the Mainline Church Went Wrong and What to Do about it, (Louisville, KY: Westminster / John Knox Press, 1997)

Cobb, Jr., John B., ed. & intro. by Knitter, P., Transforming Christianity and the World　A Way beyond Absolutism and Relativism, [Faith Meets Faith Series, An Orbis Series in Interreligious Dialogue], (Maryknoll, NY: Orbis Books, 1999)

Cobb, Jr., John B. & Pinnock, C. H. (eds.), Searching for an Adequate God　A Dialogue between Process and Free Will Theists, (Grand Rapids, MI: William B. Eerdmans Publishing Company, 2000), pp.ix-xiv.

第6章　物語神学——S. ハワーワス

1. 序　論

本章の目的は、S. ハワーワスの共同体思想の意義を解明する点にある。ハワーワスの主要著作に基づき、彼の略歴に触れた後、彼の物語神学、イスラエルの物語、イエスの生涯、奉仕者の共同体を検討することによって、彼の物語神学の共同体思想の意義について探究しよう。

2. S. ハワーワス（Stanley Hauerwas）

アメリカのテキサス州で1940年に生まれたスタンリー・ハワーワスは、キリスト教の家庭で育てられ、教会で信仰を育てられた[1]。しかし、テキサス州ジョージタウンのサウス・ウェスタン大学時代（Southwestern University in Georgetown, Texas）に彼は、キリスト教の真実性に疑問を持った。そして、哲学の研究を進めると同時に、彼はキリスト教を十分に理解していないことに気付いた。キリスト教の真実性に対する疑問を抱きつつ彼は、さらにイェール大学神学大学院で組織神学を学んだが、組織神学は、教会の現実と密接に関係している神学の個々の問題を十分に、同時代的に把握していないと考えるようになった。したがって、彼の関心は組織神学からキリスト教倫理学に移っていった。キリスト教倫理に対する彼の

1　彼の略歴については、cf. Hauerwas, S., A Community of Character, pp.145-147; Hauerwas, S., The Peaceable Kingdom, pp.xix-xxvi; Hauerwas, S., Suffering Presence, p.65.

関心は、彼のメソジストの伝統における聖化（sanctification）の教理にも由来している。

イェール大学神学大学院時代にハワーワスは、H. リチャード・ニーバー（H. Richard Niebuhr）の著作から、神学的確信は、実践的性格を持つキリスト教倫理学によって最も適切に解明されうることを学んだ。L. ウィトゲンシュタイン（Ludwig Wittgenstein）の著作からは、神学が人間の経験に関する一般的な記述に安置されず、信仰者の言語の文法に基づいて最も適切に表現されうることを学んだ[2]。ハンス・フライ（Hans Frei）の指導の下では、カール・バルト（Karl Barth）の神学を研究しつつ、正統的なキリスト論がイエスの生涯に関する聖書の物語を十分に把握していないことに気付き、また、初代教会のイエス理解の基礎にある聖書の物語形式に興味を持つようになった。

さらにハワーワスは、人格（character）と徳目（virtues）という概念がキリスト教の実践的性質を明示するために恐らく最も適切であるという点を、ジェームズ・ガスタフソン（James Gustafson）から示唆された。したがって、ハワーワスは初期の著作から、聖化のテーマと共に、人格の概念に焦点を当てている。キリスト者の生涯における成長の可能性、つまり、キリスト教の聖化の概念を義認の概念ほどは強調しなかったラインホールド・ニーバー（Reinhold Niebuhr）に対して、ハワーワスは、個々のキリスト者の人格と徳目における成長が、それに対応した人格と徳目の共同体において教育されうるということを強調した。アイリス・マードック（Iris Murdoch）の著作は、ハワーワスに道徳的生活の特質としての理想像（vision）というものの重要性を認識させるのに大きな役割を果たした。

2　Cf. Hauerwas, S., Against the Nations, p.5:「自由主義者は、特定の確信が普遍的な原理や構造の表明であることを熱心に示そうとする。そのような普遍性がなければ、信仰者にも不信仰者にも、信仰を信用しうるものとして提示できないからである。これとは対照的に、ポスト・リベラルの立場は、自国語の翻訳を読むことによってフランス語を学ぶことができないのと同様に、宗教はそれ以外の媒体に翻訳されえないと信じている。宗教は、言語と同様に、それ自身の観点からのみ理解されうるのである」。

イェール大学神学大学院で倫理学の分野の博士課程を終えて後、ハワーワスは1968年から1970年までイリノイ州ロック・アイランドのオーガスタ大学（Augusta College in Rock Island, Illinois）で、1970年から1984年まではインディアナ州ノートル・ダムのノートル・ダム大学（Notre Dame University in Notre Dame, Indiana）で教鞭を執った。ヴェトナム戦争の混乱の中で教鞭を執り始めた彼は[3]、ノートル・ダム大学へ移ってから、ジョン・ハワード・ヨーダー（John Howard Yoder）の著作に真剣に注意を払い、そこから、非暴力（nonviolence）こそキリスト教的生活の特質であることを学んだ。こうして、ハワーワスの倫理学においては、ヨーダーの平和主義が、ラインホルト・ニーバーの正義と権力均衡に基づく現実主義（realism）を殆ど完全に駆逐した。

1984年以降ハワーワスは、ノース・カロライナ州ダラムのデューク大学（Duke University in Durham, North Carolina）で主として神学的倫理学を教え、種々の神学的、政治的確信を持った人々との対話を通して、現代社会の諸問題の渦中で倫理学を発展させ続けている。ハワーワスにとって、キリスト教哲学者のアラスダー・マッキンタイア（Alasdair McIntyre）は、刺激的な対話相手の一人である。

ハワーワスは、根本主義者（fundamentalist）でも自由主義者（liberal）でもなく、経歴上は福音主義メソジスト（evangelical Methodist）の神学者である[4]。しかし彼は、自分自身を「高教会のメノナイト（high-church

---

3　Cf. Hauerwas, S. & Willimon, W. H., Resident Aliens, p.62:「ヴェトナム（戦争）は、次世代を担う共同体として私たち自身を建て上げることを可能にするような種類の物語を私たちに提示しなかった。その物語は、若者が自分たちの両親の犠牲を誇りに思えるような物語である。私たちは徳のある国家であるという古き世代の記述を、その戦争は粉砕してしまった」。Hauerwas, S. & Willimon, W. H., Resident Aliens, p.159は、ヴェトナム戦争を「大きな過ち（a big mistake）」と呼んでいる。

4　Cf. Hauerwas, S., A Community of Character, p.6; Hauerwas, S., The Peaceable Kingdom, p.26; Hauerwas, S., In Good Company, pp.10f., 61f., 66f. ハワーワスは、自分自身を倫理学者というよりも、神学者と理解している（cf. Hauerwas, S.,

Mennonite)」と呼ぶことを好む。彼は、メノナイトの伝統と深く関係している平和主義に熱心に傾倒しており、また、神の物語を現実的に生き生きと再生させる教会の礼典（liturgies）を高く評価しているからである。同時に彼は、アリストテレスやトマス・アクィナスに依拠しつつ、教会のカトリック的性格を重視し、より広い文脈の中で自分の神学を構築しようと試みている[5]。

まずハワーワスの物語神学を明示することによって、彼の神学を解明していこう。

3. S. ハワーワスの物語神学

ハワーワスによると、神学はひとまとまりの組織的教理や、思弁のための原則に縮小されえず、牧会に関係のある学科として本質的に実践的性格を具備し、この世界におけるキリスト者の生活を反映すべきものである[6]。神学は信仰（belief）に基づくだけではなく、行動（behavior）にも本来関

Character and the Christian Life, p.xviii; Hauerwas, S., A Community of Character, p.1; Hauerwas, S., Suffering Presence, p.142.)。彼は、すべての人々に共有される普遍的な宗教経験があると想定する自由主義神学者には属さない。むしろ、こうした想定を否定するポスト・リベラルの神学者の一人である（cf. Hauerwas, S., Against the Nations, p.2.)。

5　Cf. Hauerwas, S., The Peaceable Kingdom, p.xix:「私の立場は、決して独創的ではない。私は、ニーバー兄弟、カール・バルト、ポール・ラムゼー、ジェームズ・ガスタフソン、フレッド・カーニー、ジョン・ハワード・ヨーダー、アラスダー・マッキンタイア、そして、アリストテレス、アクィナス、アウグスティヌス、カルヴァン、ウェスレー、エドワーズなど、過去の多くの古典的人物から多くを学び、借りている。……私の何よりも大きな関心は組織神学である。つまり、キリスト教の確信が、実際にキリスト者の信仰すべき内容を歪曲して記述したり単純化したりすることなく真理であることを、いかにして主張できるかということを、理解しようとする点にある」。

6　Cf. Hauerwas, S., The Peaceable Kingdom, pp.xvi, 55.

係するものであり、そのようなものとして神学は倫理学でもある[7]。この倫理学は、単に個人の倫理学ではない。ハワーワスにとって、神学は単に個人の学科ではなく、むしろ、教会が主体的に神学の構築を行うという点で、共同体の行為なのである[8]。このように、神学の一形態であるキリスト教倫理学は、社会倫理学としてよりよく定義されうる。

特定の場所と時代における特定の共同体に本質的に関係するこの社会倫理学は、一般に知られている他の非限定的な倫理学（unqualified ethics）から明白に区別される[9]。キリスト教の倫理学は、ある行為の道徳的善悪が、その結果によって決定されるとする目的論（teleological theory）とは異なり、また、それが行為そのものの性質によって決定されるとする義務論（deontological theory）とも異なる。前者では、道徳的判断基準は善と悪の結果における均衡にあり、後者では、それは行為がどの程度義務に基づいているかによる。ハワーワスは、これらの理論が人間の行為（actions）を行為主体（agency）から分離することによって、人間の道徳的生活を歪曲させると論じる。主としてこれらの理論は、私たちはどうあるべきか（what we ought to be）という行為主体の問題よりは、むしろ、私たちは何をなすべきか（what we ought to do）という行為の問題に焦点を当てている。言い換えると、これらの理論は、人間が位置づけられ、一定の役割を果たしている共同体という背景において人間の行為は明確になり、意味を持つということを理解していない。「私たちはどうあるべきかという質問は、私たちは何をなすべきかという質問の必然的な背景なのである[10]」。キ

7　Cf. Hauerwas, S., The Peaceable Kingdom, p.xvii.

8　Cf. Hauerwas, S., In Good Company, p.52. Cf. also Hauerwas, S., A Community of Character, p.2:「倫理学と神学は、ある特定の共同体の確信との関係においてのみ行われうる」。

9　以下については、cf. Hauerwas, S., The Peaceable Kingdom, pp.20f.

10　Hauerwas, S., The Peaceable Kingdom, p.21. 私たちのすることよりも、私たちのあり方の方が重要であることについては、cf. Hauerwas, S., Character and the Christian Life, p.89; Hauerwas, S., A Community of Character, p.113; Hauerwas, S., The Peaceable Kingdom, p.33; Hauerwas, S., Suffering Presence, p.144.

リスト教社会倫理学では、人間の行為はその行為主体から分離されえない。英語表現にもあるように人間は、初めに、「人間存在（human beings）」なのであって、「人間行為（human doings）」なのではない。人間存在として人間が、共同体の中でいかなる行為をするのかが最も重要なのである。

キリスト教倫理学のこのような理解は、人間の道徳的生活における非人間化（dehumanisation）と個人主義化（individualisation）の傾向を阻止するために重大な役割を果たす。非限定的倫理学では、人間のすべきことに対する強調は原則（principles）や規則（rules）として一般化され、この原則や規則は、これこれのことをしなさいという定言命令を人間に与える主要な主体として機能する[11]。これとは対照的にキリスト教社会倫理学では、人間はどうあるべきかということに対する強調は人間の行為主体に焦点を当て、こうした理解において、人間の行為は、単にその人間の過去の姿だけではなく、現在の姿、そしてさらに、未来における姿を映し出すものなのである[12]。キリスト教社会倫理学において最も重要なことは、現実の人間の生活から抽象化された原則や規則ではなく、具体的状況における人間の人格の形成と、その成長である。この状況は、しばしば共同体という脈絡であり、そうした脈絡において人間は個人としてある決断に直面するのではなく、むしろ、他者や神との本質的な関係において決断がなされるのである。したがって、キリスト教社会倫理学は、一般原則を共同体から分離された個人に適用しようとする伝統的な個人主義的決疑論（casuistry）には反対する[13]。

11　Cf. Hauerwas, S., The Peaceable Kingdom, p.23:「義務論に引かれる人々は、命令における神の存在や、契約における忠実さの必要性を強調する傾向があり、目的論に一層引かれる人々は、しばしば愛をキリスト教倫理学の主要な側面として強調する」。

12　Cf. Hauerwas, S., Character and the Christian Life, p.8. Cf. also Hauerwas, S., The Peaceable Kingdom, pp.33f.:「私たちの行為は単に、私たちの人格の反映でしかありえない」。

13　Cf. Hauerwas, S., The Peaceable Kingdom, p.130. Cf. also Hauerwas, S., In Good Company, p.180:「決疑論は、善を行うことよりも、むしろ悪を避けることに

もし、原則や規則がキリスト教社会倫理学の議題とは見なされないのなら、ハワーワスの倫理学における中心的な概念は何か。それは、神と世界と自己とをその相互関係において物語る物語である。ハワーワスが述べているように、「キリスト教倫理学の性質は、キリスト教の確信が、ある物語（story）の形をしている、より適切に言うなら、ある伝統を構成するひとまとまりの物語の形をしているという事実によって決定される。そして逆にその物語は、ある共同体を形成する。キリスト教倫理学は、規則や原則を強調することによって開始されるのではなく、被造物に対する神の取り扱いを語る物語（narrative）に私たちが注意を向けることによって開始される[14]」。これは、キリスト教倫理学がキリスト教共同体で生まれた物語を中心とし、さらに逆にその共同体を立て上げていくということである。次に、ハワーワスが物語という用語によって意味している内容を検討しよう。

ハワーワスによると、物語は行為主体を示す最も効果的な方法である[15]。第一に、物語において行為者（agent）は、相手が人間であろうと、物であろうと、神であろうと、他のものとの関係において行為をする。この意味で行為者は、他の存在から分離されていない共同体の中に位置づけられ

主として関心を持つミニマリスト的倫理学に退行しえた。しかし、このように決疑論を特徴づけることは歪曲であろう。キリスト者の行為全体は、キリスト者は聖なる者となるように召されているため、悪を避けるだけでは十分ではないというキリスト教的前提を背景とした時のみ意味をなした。……キリスト教の脈絡における決疑論は、神の模倣者（imitators）となろうという傾倒によって形成されるひとまとまりの確固とした実践を背景としてのみ意味を持つ」。

14　Hauerwas, S., The Peaceable Kingdom, pp.24f.

15　Cf. Hauerwas, S., The Peaceable Kingdom, p.xxv. Cf. also Hauerwas, S., Character and the Christian Life, p.83:「行為主体という語は、ある結果を生み出す力を持つあらゆるものを指す（The idea of agency refers to anything that has the power of producing an effect.）。ある人に行為主体を問うということは、その人が自分自身の周囲の環境を変えることができるということを想定している……」。

いる[16]。つまり、物語は共同体論的な次元を持つ。第二に、物語が進行するにつれて、行為者の人格が一層明確になる[17]。これは単に、行為者が現在誰であり何者なのかということだけが明確になるという意味ではなく、行為者が他のものとの関係において将来どのようになるかということも明確になるという意味である。物語は、このように歴史的な次元をも備えている[18]。第三に、物語において行為者は、ある一定の最終点に到着する。すべての物語は何らかの形の終わりを持ち、その時、その場では、行為者がしたことの意図と意味が、相互関係の中における幾つかの出来事の意図と共に、明確に浮き彫りにされる。この意味で物語には、意図的次元もある。

もし、これらのことをキリスト教の脈絡の中で表現するなら、次のようになる。神も世界も自己も、相互に分離されるなら、明確に示されえない[19]。それらは、相互関係の中で知られるもので、特に人間と世界は、すべての存在の創造者である神と関係づけられる時、真実に知られる。この意味で、人間と世界は歴史の必然性にではなく、神の意図に依存している、究極的に依存的（contingent）存在である。人間の生涯における幾つかの筋（plots）の中や、共同体において現れ、歴史的に断片化された現実の間の意図的関係に表されている神の意図は、時の進展と共に徐々に示され、究極的に開示される。しかし、神の意図はすでに、イスラエルの物語に続くイエスの生涯と死と復活において啓示されている。

16　関係論的、社会的自己については、cf. Hauerwas, S., Character and the Christian Life, pp.33, 102f., 120; Hauerwas, S., The Peaceable Kingdom, pp.96f.

17　Cf. Hauerwas, S., Character and the Christian Life, p.67:「アリストテレスとアクィナスにとって、人格の倫理学は、人間が自分の行為に対して与える理由と結び付いている。彼らにとって、ある行為に与えられる理由は、その行為そのものに対して偶発的なものではありえない」。

18　Cf. Hauerwas, S., The Peaceable Kingdom, p.35:「すべての存在、特に、人間の自己は、物語の中で形成される。別の言い方をすれば、歴史的存在であることが私たちの性質である」。

19　以下については、cf. Hauerwas, S., The Peaceable Kingdom, pp.26-29.

ここで、聖書が重大な役割を果たす。聖書は、イスラエルの物語とイエスの生涯と死と復活、そして、その後の教会の歴史を語るからである。言い換えると、聖書は、神の物語を歴史的に、また現実的に語るのである。聖書は物語として、共同体論的、歴史的、意図的次元を保持している。キリスト者が聖書を尊重するということは、キリスト者が記憶（memory）を通して生きる共同体であることを意味する[20]。キリスト者にとって記憶は、イスラエルとイエスと教会の歴史的物語である。これらの物語は、単に幾人かの個人の記録ではなく、むしろ、共同体的な出来事と経験から成り立っている。この歴史的、共同体的出来事は、断片化された現実ではなく、むしろ、神を証しする一貫した意図的な現実である。逆に、物語の性質を持つ聖書は、読者にこうした現実に呼応した共同体の創造を要求する。

したがって、聖書はその記憶が生きた現実として保持されるために、歴史的に次世代へと受け継がれるべきであり、また、キリスト教の共同体において読まれるべきである。より形式的には、聖書は個人の読書や研究の対象ではなく、教会の礼典を通して用いられるべきものである[21]。しかし、歴史的に長期にわたる伝統も、大きな共同体も、聖書の権威を作り出すことはできない。聖書は誤りがなく、そのようなものとして問題解決者であるという想定も、聖書の権威を作り出しているのではない。聖書が権威的であるのは、聖書が真理、つまり、すべての存在は創造者である神によって意図的に導かれているという真理の物語を語っているからである[22]。キリスト者は、自分たち自身の物語をこの真理の物語に信仰的に位置づける人々であり、こうして、自分たちの物語におけるすべての出来事が相互に神の配慮ある摂理によって意図的に結び付けられていると考える[23]。

20　Cf. Hauerwas, S., The Peaceable Kingdom, p.70. Cf. also Hauerwas, S., The Peaceable Kingdom, p.98.

21　Cf. Hauerwas, S., A Community of Character, pp.68, 240.n.9.

22　Cf. Hauerwas, S., A Community of Character, pp.53-71, 149.

23　Cf. Hauerwas, S., The Peaceable Kingdom, p.27:「自己認識は神認識とのみ結び付いているのではない。私たちが私たち自身を真実に知るのは、私たちが

次に、ハワーワスがイスラエルとイエスの物語に言及する時に、具体的に何を思い浮かべているのかを検討しよう。「イスラエルとイエスに対する神の行為を抜きにして、私たちは、神を創造者や救済者と呼ぶことの意味を知りえない」からである[24]。

4. イスラエルの物語

物語は共同体から生まれ、逆に物語は共同体を建て上げていくという意味において、物語と共同体の間には重要な相互関係がある。ハワーワスが論じているように、「真実な人生を形成していくために、物語と共同体は重要な相互関係を持つということは、私たちの実存に関する多くの物語を分析し、評価するための『物語中の物語（story of stories)』は存在しないということを示している[25]」。この議論は、聖書においても妥当である。聖書はイスラエルとキリスト教の共同体の中から生まれ、また逆に、その後の教会共同体を形成し続けているからである。しかし一方で、聖書の中に物語中の物語はないと言えるが、他方で、聖書の中にはいくつかの重要な中心的物語があるとも言える。言い換えると、人々は自分たち自身の物語を多く持つので、いつの時代の人々にも、どの場所の人々にも、どのような人々にも普遍的に妥当するような物語中の物語は、聖書の中には見つけられないのに対して、特定の時代、場所における特定の共同体にとって何よりも重要な物語というものは聖書の中に存在しうる。

聖書は、種々の共同体に生きる人間と神の相互関係から発生した記録から成り立っている。さらに、聖書を読み、解釈する共同体は、様々な形態を取っている。つまり、聖書における中心的な物語が何なのかということ

自分自身を神との関係において知る時である。私たちが誰であるかを知るのは、私たちが私たち自身を、私たちの物語を神の物語の中に位置づける時のみである」。

24　Hauerwas, S., The Peaceable Kingdom, p.62.

25　Hauerwas, S., A Community of Character, p.96.

は、種々の共同体が相互に異なるのと同様に、共同体によってかなり異なっているはずである。これは、聖書からイスラエルとイエスの要約的な物語を抽象化することはできないことを意味する。したがって、以下の物語は、ハワーワスが聖書の物語をどう理解しているかということの一部分である。旧約聖書と新約聖書のどういう物語が、ハワーワスの属する共同体（それが彼の教会であろうと、地域共同体であろうと、アメリカであろうと）にとって重大であると彼が考えるのかを調べよう。その際、特に天地創造と出エジプトが、彼の共同体にとって何を意味するのかという点に焦点を絞ろう。

疑いもなく、天地創造物語は、イスラエルの物語の決定的な開始点であり、そのようなものとしてイスラエルの物語を考察する時、いかなる意味でも見落とすべきではない。ハワーワスにとって、天地創造物語は、もし、創世記 1 章の物語るように神がすべての存在の創造者であるなら、人間は神の被造物であり、人間の人生は究極的に他ならぬ神にのみ属するため、人間は他の、または他者のいかなる生命に対しても主権を主張できないということを意味する[26]。もし、神がすべての生命に対して主権を持つのなら、生存主義的倫理（survivalist ethic）はイスラエルの共同体では容認されえない。この生存主義的倫理では、人間は他のものに奉仕することよりも、むしろ、他のものより長く生きる努力が、支配的な生き方になるからである[27]。

神をすべての存在の第一原因と見なす理神論は、こうしたイスラエルの共同体とは疎遠な考えである。理神論の思考方法では、最初の被造物とその後の自然が、因果関係によって保持されていると考えられるため、その両者は連続的な存在と見なされる。しかし実際、この理神論は、「創世記の記述における被造世界は、私たちの現在の自然世界とは根本的に異なっていることを認識していないし、したがって、私たちの現在の悲劇を説明

26　Cf. Hauerwas, S., A Community of Character, p.225.

27　Cf. Hauerwas, S., In Good Company, p.192.

する堕落（Fall）の重大性を無視している[28]」。イスラエルの共同体において堕落は、極めて深刻で永続的な性質を持つものであり、後代に至るまで悪影響を及ぼすものである。こうして後代の人々は、来るべき救済者を待たなければならないのである。

出エジプトの物語もまた、重要な物語である。出エジプトの出来事は、イスラエルの共同体としての存在（corporate identity）を確立する出来事であった。出エジプトにおいて、イスラエルの神は、イスラエルの民をエジプトの地、奴隷の家（申命記 5 章 6 節）から導き出した神であるということが啓示された。イスラエルの民には頼るべき神が他にはいてはならないということは、「イスラエルは自分たちを旅する民、冒険する民と見なすようになったことを意味する[29]」。イスラエルの民は、自分たち自身の計画や要望に基づいてではなく、神が主権的に決定した方へと向かう新しい冒険に乗り出したのである。

ハワーワスが解説しているように、この冒険において、「イスラエルの課題、つまり、まさしくイスラエルをイスラエルとするのは、主の道を歩むことであり、要するに、預言者（神の律法）、王（神の子）、祭司（神の知識）という手段を通して神に倣う者となることである。神の道を歩むということは、イスラエルは神の命令に従い（申命記 8 章 6 節）、主を恐れ（申命記 10 章 12 節）、主を愛し（申命記 11 章 22 節）、そして、神の道において完全でなければならない（創世記 17 章 1 節）ことを意味した。……したがって、イスラエルがイスラエルであるのは、イスラエルが『主の道』を『覚えている』限りにおいてである。その記憶によって、イスラエルは実際に神に倣うのである[30]」。この冒険は、決して無目的な彷徨ではなく、預言者、王、祭司という三つの手段を通して神に従い、神に倣うことを正確に学ぶための道のりなのである。イスラエルが従い、倣わなけれ

28　Hauerwas, S., In Good Company, p.191.

29　Hauerwas, S. & Willimon, W. H., Resident Aliens, p.54.

30　Hauerwas, S., The Peaceable Kingdom, p.77. ここでハワーワスは、Tinsley, E. J., The Imitation of God in Christ, p.35 に依拠している。

ばならないこの神が誰なのかは、この三つの職責を革新的な形で継承した神の子、イエス・キリストに従い、彼に倣うことによって決定的に計画になる。その点を次に見よう。

5. イエスの生涯

ハワーワスによると、イエスの生涯がイスラエルの物語を背景として提示されることによって、イスラエルの物語とイエスの生涯はより明快になる。ハワーワスは、イエスの生涯を、イスラエルの生活の総括と考えている。誘惑の物語（ルカによる福音書 4 章 1-13 節）はイスラエルの物語とイエスの生涯の並行構造を最も明確に示している。「イエスはイスラエルのように荒野をさ迷い、イスラエルに対する神の賜物を濫用するように誘惑されることを通して自分の召命を発見したからである」[31]。

第一に、イエスは悪魔によって、石をパンに変えるようにという誘惑を受けた。この場面でイエスは、空腹のイスラエルの民に神の助けによってパンを提供しなければならなかった（出エジプト記 16 章 1-36 節）イスラエルの預言者モーセ（申命記 34 章 10 節）のようである。しかし、イエスはこの誘惑を避け、人間の命は究極的にパンに依存しているのではなく、むしろ、すべての命の源である神に依存していることを示した。第二に、イエスはこの世のあらゆる王国の権威と栄光を享受する王権を受け取るようにという誘惑を受けた。再びイエスは、それを受け取ることを拒否した。イエスは、自分の父なる神が政治的権力によってではなく、愛の力によって世界を治めていると理解していたからである。第三に、イエスは、自分自身が神殿の上から飛び降り、神のための犠牲になる時、自分を助ける神の救いを宗教的権力で引き出すことによって、祭司的役割を果たすように

31　Hauerwas, S., The Peaceable Kingdom, p.78. 以下の聖書解釈において、ハワーワスは「私たちが聖書において見るイエスは、初代教会のイエスと同一であると想定することに全く満足している」（Hauerwas, S., The Peaceable Kingdom, p.73.）。

という誘惑を受けた。同様にしてイエスは、そのような英雄的役割を拒否し、代わりに、十字架に至る従順の道に従った。

イエスが父なる神によって備えられた十字架の道に従ったという事実は、イエスが苦難を受けたこと、さらに、イエスの父なる神の本質的な属性は強制力ではなく苦難であることを意味している[32]。したがって、イエスは、道徳的に苦しむ汚れた人々、経済的に苦しむ貧しい人々、宗教的に苦しむ罪人など、苦難に遭った人々に開かれた態度を示している[33]。また、神がこの世を強制力によって治めないということは、神は平和を可能にする神の国を作り出すということである。このことは、平和を可能にする神の国は、将来的にのみ到来するということではなく、神の国はすでにイエスにおいて実現されており、現存しているということを意味する[34]。イエスこそ、政治的支配ではなく愛の力を持った王だからである。さらに、もし、人々がイエスの生涯によってこの暴力的な世界において平和に生きる人々へと変革されるなら、神の国はまたそこにも現存しているのである[35]。

この変革は、単にイエスの時代にのみ起こったことではない。キリスト教の確信によると、イエスは十字架で死んだ後、復活させられたからである。このことは、イエスが現在も存在しているということを意味する。ハワーワスが主張するように、「復活は、私たちが神の現存を阻止するためになしうることは何もないということを意味する[36]」。私たちにできることは、ただ復活したイエスに従い、倣うことだけである。神の国は、イエスが生き、弟子たちを呼び集めた時に存在した[37]。さらに現在においても、

32　Cf. Hauerwas, S., Suffering Presence, p.179.

33　Cf. Hauerwas, S., The Peaceable Kingdom, p.85; Hauerwas, S., Truthfulness and Tragedy, p.137.

34　Cf. Hauerwas, S., A Community of Character, p.45; Hauerwas, S., Against the Nations, p.59. 神の国については、後に詳しく検討する。

35　Cf. Hauerwas, S., The Peaceable Kingdom, p.83.

36　Hauerwas, S., In Good Company, p.37.

37　Cf. Hauerwas, S., The Peaceable Kingdom, p.86.

人々がイエスに従う時、神の国は存在するのである。

ハワーワスは、神を知り、理解するために、私たちはイスラエルの物語とイエスの生涯を知らなければならないし、さらに、イエスの生涯を知り、理解するためには、イエスに従い、倣わなければならないと強調する。[38] これが可能であるのは、私たちが最初に苦しみ、私たちの苦難において私たちがイエスの生涯に参与するからではなく、むしろ、イエスが最初に苦しみ、イエスの苦難においてイエスが私たちの人生を共有するからである。[39] イエスの苦難とその後の現存において、イエスは自分自身に従い、倣う道程を人間のために備えたのである。

イエスに従い、倣うことは、二つの別々の行為ではなく、一枚のコインの両面である。ハワーワスが論じているように、「イエスに従う者となることによって、私たちは自分の生涯を神の生命の中に、神の国を形成する冒険旅行（journey）の中に位置づけることを学ぶのである。……神の国に至る道を辿る時、最も重要なことは、まさしく神のようになることである」。[40] イエスに従うことは、イエスのようになり、イエスに倣うと同時に、イエスの父なる神に倣うことにもなる。イエスとイエスの父なる神は、一つだからである。したがって、マタイによる福音書5章38-48節において、イエスに従う者は、天の父なる神が完全であるのと同様に、完全になるようにと呼びかけられている。この完全な姿は、単にお互いに許し合い、愛し合うだけではなく、敵さえをも許し、愛する行為において見られるものである。こうした徹底的な変革は、福音書がイエスに従う者に実践するよ

38　Cf. Hauerwas, S., A Community of Character, pp.43, 52; Hauerwas, S., The Peaceable Kingdom, p.74; Hauerwas, S., Against the Nations, p.56. Cf. also Hauerwas, S., A Community of Character, p.42:「この男［イエス］の物語は、この物語を通して私たちがイエスにいかに従うべきかという点と分離できない。福音書が示しているように、弟子たちは、何よりもまずエルサレムに至るまでイエスに従ったがゆえに、復活の意義を理解することができたのである」。

39　Cf. Hauerwas, S., Suffering Presence, p.179.

40　Hauerwas, S., The Peaceable Kingdom, p.75. Cf. Hauerwas, S., The Peaceable Kingdom, p.76.

うにと命令しているものである。ハワーワスが、福音と理論の相違点に言及しつつ明示しているように、「福音とは、あなたにこの世におけるあり方を示す物語である。……理論とは、あなたが、あなた自身によってこの世を変えることなく、この世を知るために手助けをするものであるのに対して、物語とは、あなたが、あなた自身を変えることを通して、この世を変えることによって、この世に対応できるように手助けをするものである」[41]。

神に従う人々は、自分たちの物語が神の物語の中に位置づけられるようにして、自分自身を変えられた人々のことである。その人々の人生は、神の生命の中に位置づけられたのである。さて、するとこの世は、いかにして神の物語や生命と関係するのであろうか。キリスト教共同体、つまり、神に従う人々からなる教会は、この関係においてどのような役割を果たすのだろうか。

次に、神に従う人々とこの世の変革の過程を、この世の具体的な現実に即して、より詳しく検討しよう。

6. 奉仕者の共同体

ハワーワスは、根本的に天地創造後の堕落に由来する現代世界の諸問題に、キリスト教倫理学の視点から取り組もうとするが、この取り組みは、極めて神学的な、三位一体論的な枠組みの中で実行される。ハワーワスが述べているように、「創造に関するキリスト教の確信は、キリスト論的、終末論的確信と呼応していなければならない。創造に関するキリスト教の確信は、三位一体論的確信だからである。私たちの三位一体論的見解によると、『創造物』は『隷属状態にある創造物』として理解されなければならない。……創世記の1、2章は、……キリストにおける私たちの贖いという観点から、また、私たちの最終目標としての神の国という観点か

41　Hauerwas, S., Truthfulness and Tragedy, p.73.

ら読まれなければならない。この最終目標にキリスト者を導くのは、聖霊である。……原初の創造物は、現在隷属状態にある創造物との関係において、また、新たな創造の開始される終末との関係において理解されるのである」[42]。要するに、隷属状態にある創造物における具体的な罪の表現としての現代の諸問題は、キリスト論と聖霊論を含む三位一体論的視点から取り組まれなければならないのである。まず、ハワーワスがそうした罪の表現と見なしているものを指摘しよう。

第一に、罪の根本的な形態は、自己欺瞞（self-deception）である[43]。人間は、自分自身の創造者であり、救済者であるかのように僭越に振る舞うことによって、自分自身を欺くという点において、罪人である。人間は、恰も自分たちが神の被造物ではなく、救済者なしで生きていくことができるかのように振る舞っている。物語神学の脈絡で表現すると、罪人は、自分たちが自分自身の物語の著者であると想定し、自分たちが神の国における劇の登場人物（characters）であるということを忘れている。もし、この罪人たちが、イエスの生涯と死と復活という観点から自分たちの姿を認識するように訓練されないのなら、罪人たちは自分たちの罪深さを発見することができないのである。罪というものは、自明のものではないからである。このように、自己欺瞞は根本的に、罪人は自分自身を罪人と認めることができないということを意味する。

第二に、罪人が自分自身を自分の主人と見なす自己欺瞞は、容易に暴力の行使に繋がる。罪人は、自分たちの欺瞞的な物語を真理と見なし、それを無理に擁護しようとするからである[44]。まさしく罪人は、自分たちの欺瞞的な物語に基づいて生きているため、自分たちの人生が一貫していて、目的を持ったものであるかどうか確信できなくなり、その結果、自分たち

42　Hauerwas, S., In Good Company, pp.191-193.

43　以下については、cf. Hauerwas, S., A Community of Character, p.105; Hauerwas, S., The Peaceable Kingdom, pp.9, 30f., 46f., 62; Hauerwas, S. & Pinches, C., Christians among the Virtues, p.119.

44　以下については、cf. Hauerwas, S., The Peaceable Kingdom, pp.6, 32.

の断片化された、脆弱な存在を擁護するために、容易に暴力を使用する誘惑を受ける。ハワーワスは、言論、自由、職業選択といった普遍的な権利と今日しばしば結び付けて考えられる自然法が暴力の過度の正当化となりうると警告している。[45]

暴力の正当化の極端な表現は、戦争である。[46]戦争は、罪人が他の領域で他の生命の上に君臨し、それを破壊しようとする倒錯した行為であり、罪人は恰もこの世にすべての生命の主がいないかのごとくに振る舞う。戦争を行う人々は、他者の生命の犠牲によって、自分たち自身の欺瞞的なシナリオを無理に書こうとする。生存主義的倫理がこの人たちの 歴史の第一の主題であり、この倫理は他者の生命と引き換えに確立される。ハワーワスが強調しているように、交戦の歴史は神の歴史ではなく、好戦的な物語は神の物語ではない。欺瞞的な歴史と物語は恐怖に満ちており、この恐怖が人々の間の、共同体の間の、そして国家間の戦闘的緊張感を繰り返し高めている。

第三に、自己欺瞞は、個人主義の形態をとる。[47]戦争が他の領域の人々や国家に君臨する専制政治の一形態であるのに対して、個人主義は言わば自己に対する専制政治の一形態である。ハワーワスが明確に指摘しているように、アメリカの個人主義においては、「私たちの一人一人は、自分自身の暴君（tyrant）に仕立て上げられている」[48]。個人主義は、自分自身の

45　Cf. Hauerwas, S., The Peaceable Kingdom, p.61. しかし、実際「アクィナスにとって自然法は、共同体の実践から抽象化された『普遍的倫理』を正当化する原則として役立つものではないし、行為者の人格や徳目の代替物として役立つものでもない。むしろ、自然法は、旧約聖書を読むために必要な釈義上の原則であり、また、神の律法と直面した時に、私たちが自分自身を罪人であると常に理解することを助けるために必要な釈義上の原則である」（Hauerwas, S., In Good Company, p.96.）。

46　以下については、cf. Hauerwas, S., Against the Nations, pp.195f.; Hauerwas, S., A Community of Character, p.109.

47　Cf. Hauerwas, S., The Peaceable Kingdom, pp.9, 143.

48　Hauerwas, S. & Willimon, W. H., Resident Aliens, p.164. Cf. Hauerwas, S., Against the Nations, p.125:「ロシア人は、すべての権威を誤って党の権力に委

自己というものが神の所有物ではなく、暴君的な恣意に基づく自分自身の所有物であるという想定にある。個人主義的な人々は、他者が自分の生活様式に介入し、自分の内の暴君的態度が崩壊され始めるなら、恐怖を感じる。このように、個人主義者は、自分の友人が自分自身の暴君的態度という欺瞞的物語を暴露しないように、注意深く友人の輪を拡大する傾向がある。しかし、この欺瞞的な物語は、いずれ機能しなくなる。暴君と言えども、他者から完全に独立して生きることはできず、そのうち、他の暴君と出会い、破滅的な結末に直面するからである。

個人主義は、アメリカにおいては自由主義社会（liberal society）と連携している。ハワーワスによると、自由主義社会とは、「誕生と共同体という恣意的な『偶発物（accidents）』から個人を自由にすることを、主要な目的とする社会」のことである[49]。この偶発物には、自然、習慣、強制などが含まれている。自由主義的な人々は、共有された共同体と共に共有された歴史を取り除き、自律的で自己利益を追求する個人の集合体になろうとする。こうした人々は、歴史的な過去や共同体における他者から独立することによって、自律的になろうとする。それにもかかわらず、人々は他者の損失を謀り、そこに発生する自分自身の利益を獲得しようとする。こうした状況は、もう一つの欺瞞的で倒錯した物語である。経済的に自己利益の追求は、資本主義の勃興と共に増長され、政治的に自律性は、民主主義社会において相互に他者を見知らぬ人（strangers）にする。こうした自由主義的状況の背後には、最大多数の最大自由（the greatest amount of freedom for the greatest number of people）という倫理がある。しかし、ハワ

託することによって、自由を達成しようとする社会組織の中で生きている。アメリカ人は、各個人が自分自身の暴君となれることを保証することによって、自由を確保しようとする社会組織の中で生きている」。

49　Hauerwas, S., Against the Nations, p.81.n.14. 以下については、cf. Hauerwas, S., A Community of Character, pp.78f., 83, 171; Hauerwas, S. & Willimon, W. H., Resident Aliens, p.77. Cf. also Hauerwas, S., A Community of Character, p.289.n.8: 「私は、自由主義を……、ロールズ（Rawls）やノージック（Nozick）の政治哲学、ダール（Dahl）の政治学、新資本主義の経済と結び付けて考えている」。

ーワスが論じるように、「そのような倫理は共通善に高度に専心しているように見えるけれども、実際、その支持理論は個人主義である。善というのは、私たちの個人の欲望の合計に過ぎないからである」[50]。したがって、個人だけではなく、「すべての社会秩序と機関が、多かれ少なかれ、神ではなく私たちが私たち自身の存在の主人であるという虚偽の上に建て上げられているのである」[51]。個人主義において個人は、自分自身の主人であり、共同体は、何らかの確固とした倫理を共有しない緩やかな集合体に過ぎないからである[52]。

現代世界の諸問題としての自己欺瞞、暴力、個人主義という三つの点が共有しているのは、人間は自分自身の主人であり、そして他の生命の主人でもあるという欺瞞的な物語である。この物語に対して、教会は全く異なった物語を持っている。つまり、神がすべての存在の主であり、すべての物語の著者である。この混沌とした現代世界において、教会はどのような役割を果たすことができるのであろうか。

ハワーワスは繰り返し、教会の第一の課題は教会自身であること、そしてそのようなものとして、この世が自己をこの世として知ることを可能にするという役割を果たすのであると主張する[53]。教会がこの世と本質的に

50　Hauerwas, S., The Peaceable Kingdom, p.9.

51　Hauerwas, S., The Peaceable Kingdom, p.142.

52　Cf. Hauerwas, S., The Peaceable Kingdom, pp.6f.:「私たちは道徳的に混乱し、断片化された世界に住んでいるという私たちの意識は、最近の倫理理論の支配的な特徴のうち、次の二つと結び付いている。(1) 道徳的生活の必須事項としての自由、自律、選択の強調、そして、(2) 私たちの歴史と共同体という偶発性から解放された道徳的生活のための基盤を確保しようとする試み。……これらは、自由というものが私たち自身を私たちの関与している事柄から解放する手段を見つける点にあると想定する限り、密接に結び付いている」。

53　以下については、cf. Hauerwas, S., Truthfulness and Tragedy, p.140; Hauerwas, S., A Community of Character, pp.2f., 10, 50, 68, 74, 84, 91, 247.n.8; Hauerwas, S., The Peaceable Kingdom, pp.12, 97, 100f.; Hauerwas, S. & Willimon, W. H., Resident Aliens, pp.17f., 38, 77, 81f., 94, 132; Hauerwas, S., Against the Nations, pp.11, 74, 126.

異なり、分離されているのは、教会が真理の物語を享受しており、この世が欺瞞的な物語を抱擁しているという点においてである。もし、教会が真理の物語の証人として、教会であり続けることがないのなら、この世は自己を、欺瞞的な物語に満ちたこの世として認識することができないのである。ハワーワスによると、こうした教会の立場は、この世の単なる拒否ではなく、この世からの秘密裏の撤退でもない。教会は、第一に、この世がこの世の現状を知ることを手助けする形で、この世に奉仕するのである。もし、この世が自己欺瞞、暴力、個人主義という現代社会の諸問題の漏出を認知できるとすれば、それは、教会がこの世に対する対照的なモデル（contrast model）として存在しているからである。[54] この意味で、教会とこの世は、二つの分離された概念ではなく、むしろ、関係的な概念である。それらの意味と目的は、それらの相互関係において明確になるからである。したがって、ハワーワスは、例えば、キリスト者を政界に送り込むことによって、この世をキリスト教化し、最終的に教会とこの世を一体化させようとする立場を拒否する。この世のこうした直接的変革は、ハワーワスによってコンスタンティヌス主義と呼ばれている。このコンスタンティヌス主義においては、教会の独自性は色薄れる。教会は、この世と同様に、政治的支配権行使に終わるからである。もし、キリスト教が、アメリカの生活様式と民主主義を正当化するために援用されるなら、そこにもコンスタンティヌス主義の姿が立ち現れている。この世の変革は、この世ではなくまず各個人が必要とするものであり、各個人の変革、そして共同体の変革を通して、この世は、鮮明に認識され、変革されるのである。[55]

したがって、コンスタンティヌス主義に対してハワーワスは、「最も信

54　ハワーワスによると、対照的なモデルは、イエスの山上の垂訓で明確に提示されている。Cf. Hauerwas, S. & Willimon, W. H., Resident Aliens, pp.83f.:「山上の垂訓は、命令形ではなく、直接形である。……したがって、山上の垂訓は、より良い社会を実現する方策ではない。それは、示唆であり、姿である。つまり、新しい社会像の介入である」。

55　Cf. Hauerwas, S., The Peaceable Kingdom, pp.30, 33.

用のできる証しの形態（そして、教会がこの世に対してなしうる最も『効果的な』こと）は、生きた、息づく、見える信仰共同体を実際に創造することである」と確信している[56]。次に、信仰共同体、つまり、教会は、この世に対してどのような形態を取るのかについて探究しよう。

第一に、教会は、神の真実の物語を現実的に再現する共同体という形態を取り、あらゆる欺瞞的な物語を拒否する[57]。ハワーワスの言葉で言うと、「教会は、イスラエルとイエスの物語が語られ、実演され、聞かれる所であり、キリスト者として、私たちのできることのうち、これ以上に重要なことは文字通り何一つないと私たちは確信している[58]」。神の真実な物語を最も形式的に再現するのは、聖礼典である。例えば、洗礼は、イスラエルとイエスの物語への加入（initiation）の儀式である。洗礼を受ける人は、イスラエルの民が紅海を通り抜け、神の民となったのと同様に、また、イエス自身も洗礼を受け、神の子としての働きを開始したのと同様に、水の中を通されるのである。洗礼を受ける人は、単に、イスラエルとイエスの物語を習うのではなく、むしろ、それらの物語に参加し、イスラエルの物語とイエスの生涯と死と復活の歩みに従って、その登場人物になるのである。 聖餐式は、神が平和な食事の座に永続的に現在していることを示す儀式であり、すべての人は、神の国の構成員となるように招待されている。説教は、言葉を通してこれらの物語を証しし、それらを常に新鮮に維持する決定的な手段である。

もし、人々が神の物語に加入され、神の国の登場人物となるなら、その人々は、自分たちではなく神が、その物語の著者であり、物語を終局まで発展させるということを知らされる。神の真実の物語は、人間や国民国家（nation states）ではなく、神がすべての存在の創造者であるというシナリオにある。この物語は、人々に新しい視点を与える。「私たちの存在と、

56　Hauerwas, S. & Willimon, W. H., Resident Aliens, p.47.

57　以下については、cf. Hauerwas, S., A Community of Character, p.1; Hauerwas, S., The Peaceable Kingdom, pp.107f., 131f.; Hauerwas, S., In Good Company, p.88.

58　Hauerwas, S., The Peaceable Kingdom, pp.99f.

宇宙それ自体の存在は、一つの賜物（a gift）である。それは、私たちの人生が、被造物の終末論的目的に貢献するようにと神が与えた賜物である。被造物として私たちは、そのような壮大な意図を持った賜物を神に返そうと望むことができない。逆に、私たちは、それを喜んで受け取るという形で応答することができる」[59]。人間の存在、生涯、そこで発生するすべての出来事は、神からの賜物である。それらは、神によって創造されたものとして、与えられたのである。そのような出来事の中には、自分にとって有利に見えるものもあれば、不利に見えるものもある。

ハワーワスは、人間が生涯の中で起こる種々の出来事に対処できるように、徳目（virtues）の重要性を指摘する。ハワーワスが論じるように、「もし、共同体がその存在を保持しようとするなら、忍耐、勇気、希望、愛という徳が確固として存在していなければならない。……その他の徳も同様にして重要であるが、これらの徳の一つ一つは、その意味と形態を聖書の物語から引き受けている。そして、もし、私たちが聖書の物語を記憶し、それに忠実に生き続けようとするなら、これらの徳の一つ一つが必要とされるのである」[60]。忍耐は、平和的な共同体を建て上げようとするいかなる努力も無に帰するように見える暴力的世界において最も必要とされる徳である。こうした世界に対して、人々は勇気を持って、この世界の支持する物語は自己欺瞞的であると語らなければならない。勇気はまた、悲劇の到来するこの世界において特に重要である。悲劇は、確かに、真実の物語に忠実に生きる人々に到来するが、それは不利をもたらす運命としてではなく、むしろ、その人々の成長のために有利な賜物として到来する。その人々が、勇気を持って悲劇を自分の物語の一部として受け入れる時、悲劇は希望をもたらす手段に変貌するのである。その人々は、正義の国が神に

59　Hauerwas, S., The Peaceable Kingdom, p.27. Cf. Hauerwas, S., Truthfulness and Tragedy, p.219.n.47; Hauerwas, S., A Community of Character, pp.50, 148, 151.

60　Hauerwas, S., A Community of Character, p.68. 以下については、cf. Hauerwas, S., Truthfulness and Tragedy, p.12; Hauerwas, S., A Community of Character, pp.106, 108, 127f., 136, 144; Hauerwas, S., The Peaceable Kingdom, pp.102-106.

よってより十分に実現するだろうと希望することができる。終わりの時と状況を知っているからである。ここで希望と忍耐は、相互に分かち難く結び付いている。忍耐のない希望は、危険な楽観主義に陥り易い。希望のない忍耐は、この世界の現状の否定的な受容に繋がる。愛は、神がすべての存在と波乱に満ちたすべての生命をどのように取り扱うかを示す、キリスト教の特質である。キリスト者は、神に従う者として、他者に愛を示すことによって、神と同様に振る舞うことが要求されている。

創造者であり、救済者である神に従う者は、自分たちが神によって創造されたものであり、そのようなものとして、イエス・キリストによる救済を必要とすることを認識しなければならない[61]。さらに、上述した点に基づいて、人間は、聖化者としての神をも必要とすると言うことができる。「聖化されるとは、私たちの人格（character）が、神に関する私たちの基本的な情熱と信仰によって決定されるということである[62]」。忍耐、勇気、希望、愛という徳は、この聖化の手助けとなるものである。パウロは、これらの徳を霊の結ぶ実と呼んでいる（ガラテヤの信徒への手紙5章22-23節[63]）。したがって、聖霊は、イエス・キリストによる救済の業を完成するために、すべてのものの聖化において本質的な役割を果たしている。神の三位一体論的働きは、ここで明確に示されている。創造者として父なる神は、救済者として御子は、聖化者として聖霊は、神のダイナミックな物語において各自の役割を果たしているのである。

第二に、教会は、この暴力的世界とは対照的な平和の国を実現する共同体という形態を取る。平和の国は、単に、未来に到来するのではない。上述したように、イエス・キリスト自身が王であり、それは平和の王である。もし、復活したイエスが共にいることを示す食事である聖餐式に人々があずかるなら、平和の国は、すでにそこに実現しているのである[64]。この平

61　Cf. Hauerwas, S., The Peaceable Kingdom, p.68.

62　Hauerwas, S., Character and the Christian Life, p.203.

63　Cf. Hauerwas, S., A Community of Character, pp.122, 268.n.66.

64　以下については、cf. Hauerwas, S., A Community of Character, pp.33, 85, 101;

和は、平和の王がイエスであるという神の真実な物語の上に建て上げられるなら、可能になる。他方、国家は虚偽の上に平和を位置づけようとするため、強制力に訴えざるをえない。神の真実な物語を受け入れるキリスト教平和主義者は、また、暴力を拒否するために死に直面する可能性があるという現実を受け入れる。キリスト教平和主義者は、生きることそのものが自分たちの目的ではなく、場合によってキリスト者は、暴力に訴えて生き残るよりも、無実の人のために死ぬ用意をしておかなければならないということを前提に考えている。したがって、神によって実現される平和は、単に、暴力や戦争のない状態ではなく、むしろ、友であろうと敵であろうと、実際の生活の中で他者のために死ぬ覚悟のことを指す。キリスト者は、単に友だけではなく敵をも愛するようにと教会で訓練され、神によってそれが可能とさせられているからである。

言うまでもなく、こうした立場は、イエスの生涯の根底にあるものである。イエスにおいて、生存主義的倫理（survivalist ethic）は見られない。イエスは、生存者（survivor）としてではなく、奉仕者（servant）としての人生を歩んだのである。生存主義的倫理は、生存主義者が、どのような手段に訴えてでも他者より長く生きようとする点で、量的に定位されている。これとは対照的に、奉仕者の倫理（servant ethic）は、奉仕者が神と他者に自己の生涯を捧げるために最善を尽くすという点で、質的に定位されている。奉仕者の最優先課題は、いかに神と他者に奉仕するかという点にあり、決して、どれくらい他者より長生きできるかという点にはない。生存主義的倫理は、自己欺瞞的倫理である。誰一人として、長生きすることを目的そのものとすることはできないからである。[65] 長生きすることが意味を持つのは、人間がその生きている間に価値あることを行う時のみである。キリスト者が最善を尽くして他者に奉仕するのは、神の真実な物語に従って平和を創造し、維持するためである。神のこの物語においては、

Hauerwas, S., The Peaceable Kingdom, pp.xvif., 15, 114f.; Hauerwas, S., Against the Nations, pp.7, 135ff., 154, 166, 193, 196f.

65 Cf. Hauerwas, S., Truthfulness and Tragedy, pp.11, 64.

真の正義は決して暴力や戦争によってもたらされることはなく、非暴力と無抵抗によってもたらされるのである。

現代世界において非暴力や無抵抗は、平和を創造し、維持することができないと想定する忍耐のない人々は、悲劇と同様平和は、人間の力によって実現されるものではなく、神からの賜物であるという神の物語を忘却している。このような人々は、また、教会において平和が現に実在しているということにも気付いていない[66]。逆に、キリスト者は、平和が神の贈り物（present）であり、現実の（present）事柄であることも知っている。したがって、キリスト者は忍耐強く、希望を持ち続けることができるのである。

第三に、教会は、個人主義を克服しつつ、他者に対して開放的な共同体という形態を取る。ここで再び、ハワーワスが強調する聖餐式に戻ろう。ハワーワスによると、「歴史の主によって備えられた食事において、私たちは、私たちの特質（particularity）が、見知らぬ人（stranger）の到来によって破壊されることなく、向上させられるということを発見する。教会において、私たちが戦争とは別の状態を発見するのは、まさしく、教会において私たちが他者の歴史を自分たち自身の歴史とすることを学んでいるからである。私たちがそのようにできるのは、神がイエス・キリストの生涯と死と復活を通して私たちをいかに新しい民へと作り変えたかを、私たちに示したからである」[67]。こうした理解は、教会がどうあるべきか、教会はどのようになりうるのかについて、種々の可能性を提示してくれる。このような教会を、次の四点において自由主義社会と対比してみよう。

（1）　自由主義社会において個人主義が、他者の存在からの自由を選択する傾向があるのに対して、教会は、他者の存在への自由を享受することができる[68]。自由主義社会は、自由が選択の権利にあると想定する。

66　Cf. Hauerwas, S., The Peaceable Kingdom, pp.12, 147.

67　Hauerwas, S., Against the Nations, p.197.

68　以下については、cf. Hauerwas, S., A Community of Character, pp.115, 147-149;

しかし、他者からの孤立の選択は、自己を狭隘な個人的物語の中に閉じ込めてしまう結果になる。他者からの自由は、自己による自己の束縛という状況に至る可能性がある。しかし、キリスト者は、真の自由が他者を神からの賜物として受け入れ、自己の物語の一部分として新しい関係を創造する力にあると信じる。その物語は根本的には、神の壮大な物語の中に位置づけられているからである。このように、キリスト者の人格は、他者の助けがあって自由に形成されるものであり、またそれ自体が神からの賜物である。キリスト者にとって、他者の存在そのものが、自分自身の可能性を実現し、自分自身の人格を形成してくれる自由の条件なのである。

(2) 個人主義的な自由主義社会は、他者を見知らぬ人（strangers）として取り扱う傾向があるが、教会は、他者を隣人（neighbors）に、さらに、友人（friends）にする努力を怠らない[69]。自由主義社会において人々は、自己と他者との距離を取り、他者を見知らぬ人として位置づける。逆に教会は、他者に親切にし、他者を神の物語の中に招待することができる。キリスト者は、以前は神を見知らぬものとしていた。それにもかかわらず、神は人間の隣人となり、さらに、友人となったのである（ヨハネによる福音書15章11-17節）。同様に、神に従う者としてキリスト者は、他者と友達になることができる。友人の中に、キリスト者は神の現存を見るからである。キリスト者は、他者が神からの賜物であり、期待していなかった何かが、自分たちの人生の意味や目的や方向性を与えることがあるということを知っているのである。

(3) 個人主義的な自由主義社会においては、他者を見知らぬ人として恐怖の対象にするのに対して、教会は他者を友人として信頼する共同

Hauerwas, S., The Peaceable Kingdom, pp.37-45; Hauerwas, S., In Good Company, p.202; Hauerwas, S. & Willimon, W. H., Resident Aliens, p.67.

69 Cf. Hauerwas, S., Truthfulness and Tragedy, pp.133, 138, 143, 205.n.10; Hauerwas, S., A Community of Character, p.93; Hauerwas, S., The Peaceable Kingdom, pp.91, 97, 106, 109, 144, 146.

体を建て上げることができる[70]。自由主義社会において、各個人は自分自身の主人であり、そのような者として他者の存在に恐怖を抱いている。時として、人々は他の主人の僕となる危険性を感じているからである。しかし、神の真実な物語においてキリスト者は、自由に他者を信頼することができる。他者も神からの賜物であり、神の国における目的を持った登場人物であり、友人であるとキリスト者は知っているからである。この国において神は、すべての存在の主であり、神の国のドラマにおいて恵み深い保護者である。

（4）　自由主義社会は、すべての個人の平等性を確保しようと努力するが、教会は、賜物と徳の多様性を特徴とする[71]。平等の自由主義的な強調は、社会の構成員が平等を達成する程度に応じて、静的で同質的社会へと容易に移行する。この社会において人々は、異なる技量と性格の相互作用によって実現する成長の機会が殆ど与えられていない。しかし、教会は単に、人格の共同体（a community of character）であるだけではなく、むしろ、種々の賜物と徳を享受する人格者たちから成り立つ共同体（a community of characters）である。この多様性においてこそ、教会は、異なる賜物を活かして相互に奉仕することによって、同一の主において一致を保持するのである[72]。

70　Cf. Hauerwas, S., A Community of Character, pp.49-51, 85; Hauerwas, S., The Peaceable Kingdom, pp.46, 144.

71　Cf. Hauerwas, S., A Community of Character, pp.85, 106, 231.n.9; Hauerwas, S., The Peaceable Kingdom, p.113; Hauerwas, S., Suffering Presence, pp.162, 207, 213. ハワーワスの論じるように、ハンディキャップを持つ者（私は、むしろ「心身上の少数者」と呼ぶ）は、共同体の質を独自の方法で向上させる。「遅進者（the retarded）は、多様性と相違の共同体へと私たちを誘う。そこでは、相違というものが恣意的な差別の基礎として利用されることはない」（Hauerwas, S., Suffering Presence, pp.207f.）。Cf. Hauerwas, S., Suffering Presence, p.161:「病気の記述や治療は、社会の価値観や必要性によって変わってくる。したがって、『遅進（retardation）』は、競争や野心よりも協力を重視する社会においては『存在』していないかもしれない」。

72　Cf. also Hauerwas, S. & Pinches, C., Christians among the Virtues, p.148:「キリ

ハワーワスはまた、他者の存在の重要性を、より身近なものとの関係において解説する。それは家族である。一般的に言って、自由主義的社会において人々は、自由な個人であるために、家族関係から自己を分離しようとする[73]。核家族の増加は、古き過去やより大きな共同体からの分断を示している。自由主義の伝統においては、家族関係は変則的な状態（anomaly）となり、家族は権利を持った個人から成り立つ契約社会と見なされている。しかし、ハワーワスによると、これは間違っている。誰一人としてある家族に生まれてくることを頼んだ人はいないし、すべての人は単に、ある家庭に生まれてきただけであるという事実は、家族が契約のみによって人を拘束する有志団体ではないということを意味する。家族の中には、権利や契約とは全く異なった責任と義務が存在するのである。

教会は、神が単に他者から友人を作り出すだけではなく、伴侶や家族までも作り出すという、家族に関する真実な物語を語る[74]。したがって、キリスト者の家族は、神に対する証しである。人々が単にある家族の中に生まれてきたという事実の中に、キリスト者は、神の意図的な摂理を認めることができる。人間的な動機による愛だけでは、主体的に結婚への道備えをすることができないのである。現代のロマン主義は誤って、愛が結婚のための必要条件であると想定している。しかし、事実はむしろ、結婚こそ、

ストに従い、キリストのようになることによって、キリスト者は、ジョン・ヨーダーの言う『徹底的従属（radical subordination）』という形で、相互に従う。この従属は、新約聖書の著者が、共同体のすべての構成員に対して要求したことである。単に、弱者が強者に対して要求されたことではない」。

73　以下については、cf. Hauerwas, S., A Community of Character, pp.81, 159f., 165, 171; Hauerwas, S., Suffering Presence, pp.128f. Cf. also Hauerwas, S., A Community of Character, p.170:「女性解放の核心は、家族の抑圧的な性質からの解放にあるのではない。むしろ、家族の重要性が失われると同時に、女性の道徳的地位が問題となったのである。……家族の喪失と共に、女性の必要性が失われたのである」。

74　Cf. Hauerwas, S., A Community of Character, pp.168, 178, 194; Hauerwas, S. & Willimon, W. H., Resident Aliens, p.83.

神が異なった賜物と徳を持った人々の間に作り出した愛を学び、理解するための必要条件であるというものである[75]。ここで、「あなたは常に、間違った人と結婚しなさい（You always marry the wrong person）」という、いわゆるハワーワスの法則が重要である。「間違った人」とは、予期していなかった、異なる賜物と徳を持っていた人を意味しうるからである。ハワーワスが述べているように、「私たちが他者を愛することを学ぶのは、他者が私たちと似ているからではなく、私たちと似ていないからである[76]」。

ハワーワスによると、キリスト教の結婚理解の基盤と意味は、初代教会の独身理解との対比においてより明快に解説されうる[77]。初代教会のキリスト者は、結婚と同様に独身がキリスト者の人生の適切な形態であると理解していた。それは、当時のキリスト者たちが、セックスをキリスト教道徳に反すると考えていたからではなく、来るべき神の国に終末論的に奉仕するように神に召し出されたキリスト者がいたからである。こうしたキリスト者は、子どもをもうけ、自分自身の家庭を大きくすることによってではなく、教会外の人々を回心させ、洗礼を受けさせることを通して、自分の全生涯を教会の成長のために捧げたのである。したがって、こうした終末論的キリスト者は、セックスを放棄したのではなく、子孫を放棄することによって、家族ではなく、教会の中にのみ自分の将来があることを証ししたのである。こうした視点から、結婚もまた、一つの召命（vocation）と理解することができる。初代教会のキリスト教の理解では、結婚と子孫を残すことは深く関係している。結婚して子孫を残すということは、自分

75　Cf. Hauerwas, S. & Pinches, C., Christians among the Virtues, p.181.n.13: キリスト教と結婚の「両者は、生活において実践するまでは理解することのできないものを含んでいる。しかし、皮肉にも、両者は私たちに、真の幸福は回顧によってのみ可能である（true happiness is possible only retrospectively）と教えてくれる」。

76　Hauerwas, S., A Community of Character, p.284.n.26.

77　以下については、cf. Hauerwas, S., A Community of Character, pp.189f., 209f.; Hauerwas, S., Suffering Presence, p.148; Hauerwas, S. & Willimon, W. H., Resident Aliens, pp.60, 66.

たちの戦いは、自分たちの生涯において終わるものではなく、次世代に至るまで戦いは続くということを意味しているからである。キリスト者の使命は、次世代に受け継がれるのである[78]。

したがって、子どもは教会において特に際立った役割を担っている。子どもは、この世において神の物語を運ぶ歴史的共同体を形成するという重要な役割を果たすことを期待されている[79]。この物語は、もし、神が創造者であり、救済者であるなら、種々の困難や苦難にもかかわらず、人生は神と共に生きるに値するということも語る。希望は絶望を克服し、平和と正義は暴力と不正義に勝るからである。キリスト者が神のこうした物語を子どもに教えず、神を信じるように勧めないのは、道徳的に自己欺瞞である。ハワーワスは、子どもを持つことと子どもに教えることは、共に結婚したキリスト者の義務であると考える。しかし、同時に重要なことは、伴侶や子どもは神の賜物であるという理解である。キリスト者にできることは、伴侶や子どもが神に賜物として与えられた時、心を開いて受け取ることだけである。こうして親は、自分たちの人生もまた神のものであると子どもから学ぶのである。

ハワーワスは一般の人々に、一体なぜ子どもを持つのかと尋ねることによって異議を唱える。人々はこう答える。「子どもはおもしろいから（明らかに、こういう人々は子どもを持ったことがない）。……自分たちの愛の現れだから（しかし、愛が冷めたら子どもたちはどうなるのか）。または、祖父母の喜びとなるから、夫婦が寂しくなるのを防いでくれるから（これも、十分な理由とは言えない。子どもは、自分以外の目的のために利用されているから）。または、子どもは将来に対する自分たちの希望だ

78　この意味で、子どもを持つことと結婚とは、キリスト者の政治的行為である。Cf. Hauerwas, S., A Community of Character, pp.176, 183, 228.

79　以下については、cf. Hauerwas, S., Truthfulness and Tragedy, pp.150-152, 240f. n.35; Hauerwas, S., A Community of Character, pp.166, 169, 209, 226; Hauerwas, S., Suffering Presence, pp.147f., 152, 193; Hauerwas, S. & Willimon, W. H., Resident Aliens, p.60; Hauerwas, S., Against the Nations, p.57.

から（しかし、将来子どもは必ず私たちを失望させる）」[80]。ハワーワスは、人々が子どもを持つ自信を失わせようとしているのではなく、単に、子どもを持つという決断は、何らかの深遠な道徳的確信に基づくべきであり、忍耐などの徳が必要であるということを示唆しているのである[81]。キリスト者にとっては、子どもを持つことは、希望と自己愛の印であるが、終末論的理由を除けば、子どもを持たないことは、絶望と自己嫌悪の印である[82]。

したがって、すべてのキリスト者は、結婚しているかいないか、子どもを持っているかいないかにかかわらず、さらには子ども自身であったとしても、神の真実な物語を親から受け継ぐべきであり、そのような者として、神の国の登場人物なのである。キリスト者は、他者より長生きすることによってではなく、他者に奉仕することによって、王なるイエス・キリストのために生きる人々である[83]。これは、キリスト者がイエスのために生き

80　Hauerwas, S., Suffering Presence, p.145. Cf. Hauerwas, S., Truthfulness and Tragedy, p.148; Hauerwas, S., A Community of Character, pp.173, 208f., 228; Hauerwas, S., Suffering Presence, p.185.

81　Cf. Hauerwas, S., Suffering Presence, p.155:「私たちは試験管ベビーのために資金供給すべきではない。社会として私たちは、希望者が試験管ベビー研究を遂行することを禁止すべきではないが、私の意見では、キリスト者はそのような研究を支持したり、それに従事すべきではない。そのような研究は、私たちには、家族を家族たらしめる道徳的確信を、生物学的操作に置き換えようとするうぬぼれた不正行為にしか見えない」。Cf. also Hauerwas, S., Suffering Presence, p.149.

82　Cf. Hauerwas, S., A Community of Character, p.165. ハワーワスにとって、妊娠中絶、自殺、安楽死は、絶望の深刻な印である。ハワーワスが、それらに反対する時、それは、神がすべての生命の創造者であり、生命はすべて神の賜物として、究極的に人間に属するものではないと考えるからである（cf. Hauerwas, S., Truthfulness and Tragedy, pp.101-115; Hauerwas, S., A Community of Character, pp.196-211; Hauerwas, S., Suffering Presence, pp.100-113.）。

83　以下については、cf. Hauerwas, S., Truthfulness and Tragedy, pp.109, 178; Hauerwas, S., A Community of Character, p.86; Hauerwas, S., Suffering Presence, pp.36, 91-93, 96; Hauerwas, S., Against the Nations, pp.56f., 129; Hauerwas, S. &

ることと、イエスのために死ぬことが同一の事柄であるということを意味している。キリスト者が自分自身のためにではなく、他者のために、悪のためにではなく、善のために死ななければならない時が来るかもしれないからである。キリスト者は、自分の人生が自分自身にではなく、神に属するものであり、目的そのものではなく、忠実に奉仕を行うための手段に過ぎないと信じている。イエスの僕としてイエスに従うことは、イエスの死にまで従うことを意味するのである。

ハワーワスはさらに、奉仕者の共同体、つまり、教会によって実践されるそのような生と死を、冒険旅行（journey）という観点から明確に説明する[84]。ハワーワスが説明しているように、冒険旅行は、計画旅行（trip）と異なる。「私たちは計画旅行に行く時、どこに行くのか、そこまでどのくらいの時間がかかるのか、どのような準備をする必要があるのかなど、よく知っている。しかし、私たちが冒険旅行を企てる時は、しばしば、どこ行くのか、どのくらいの時間がかかるのか、どのような準備をすべきなのか、曖昧な知識しか持っていない。……私たちは勿論、人生を冒険旅行として描くほうがよいと思う。……それがどのようなものであろうと、冒険旅行は、つまらない、束の間のものではない。それは計画旅行ではないのである。冒険旅行は、本質的に時間的なものである。それは、ある場所からある場所への時間的な移動を意味するだけではなく、冒険旅行者が時間をかけて成長していくことをも意味する（このようなわけで、冒険旅行者は、自分が出発するまでは、正確にどこを終着点にしようとしているのか分からない。その人は、冒険旅行によって自分が変えられていき、目標を再定義することを正しく期待しているからである）[85]」。

Pinches, C., Christians among the Virtues, p.29.

84　以下については、cf. Hauerwas, S., A Community of Character, pp.13, 149; Hauerwas, S., The Peaceable Kingdom, p.24; Hauerwas, S., Suffering Presence, p.154; Hauerwas, S. & Willimon, W. H., Resident Aliens, pp.52f.

85　Hauerwas, S. & Pinches, C., Christians among the Virtues, p.18. ハワーワスが述べているように、この記述は、アリストテレスの倫理学を明示するためのも

キリスト者の人生が冒険であるのは、単に、他者と同様に、ある特定の時間、場所、共同体に生まれてくることを計画していなかったからだけではなく、自分の人生と死が自分自身によって計画されているのではなく、むしろ、究極的に神によって導かれているからである[86]。キリスト者の人生の出発点と終着点は、同一点である。それは、神にほかならない。さらに、誕生から死に至る途上においても、キリスト者は常に神と共に冒険するのである。

もし、キリスト者の人生が神と共に歩む冒険物語であり、神の意図と目的を伴ったものであるなら、キリスト者の人生における苦難（suffering）は、自分の人格の成長と発展の機会という観点から理解されなければならない[87]。ハワーワスによると、苦難はキリスト者が回避すべきものではなく、むしろ、自分の人生の一部として受け入れるべきである。したがって、上述したように、キリスト者は苦難に対処するために、忍耐や希望といった徳を必要とする。さらに、冒険は、苦難を共有する友人が一緒なら、共同体の援助があるなら、よりよく遂行することができる[88]。まさしく苦難は、

のである。

86　ハワーワスの述べるように、ハンディキャップを持つ子どもは、その家族の人生を冒険旅行にする。「遅進の子どもは、私たちが自分の子どもに望んでいた事柄に関して、私たちの計画と夢とを破壊する。このように、遅進の子どもは、大抵の子どもよりもいち早く私たちを現実に引き戻す。私たちが自分の子どもに対して抱く計画は、本来私たちが子どもを持つ目的とは一致していないかもしれないということを遅進の子どもは私たちに思い起こさせる。したがって、こうした子どもたちは、私たちが子どもを持つのは、子どもたちが成功するためではなく、人類の善と進展のために何かをなしうるからでもなく、私たちはキリストの食卓の周りに集められた人々だからであるということを私たちに思い起こさせる特殊な賜物を持っている」（Hauerwas, S., Truthfulness and Tragedy, p.154.）。

87　以下については、cf. Hauerwas, S., Truthfulness and Tragedy, pp.114, 167f.; Hauerwas, S., Suffering Presence, pp.24, 179; Hauerwas, S. & Pinches, C., Christians among the Virtues, p.20.

88　Cf. Hauerwas, S. & Pinches, C., Christians among the Virtues, pp.31-33.

苦しむ人をそれ以外の人から分離するため、苦しむ人はその苦難を理解し、共有する友人を必要とする[89]。共同体の中でキリスト者がその友人と共有すべき肝心な点は、苦難が神の放棄を意味しているのではなく、かといって、すべての苦難が自動的にキリストの苦難と関係づけられるわけではないということである。つまり、苦難は、他者に対する奉仕と関係づけられている時のみ、その苦難は、キリストとキリストの十字架の苦難に参与する一形態なのである[90]。もし、キリスト者が他者への奉仕において苦しむなら、また、もし、キリスト者の苦難が他者の苦難の理解と共有に役立つなら、キリスト者は神の国の真正な登場人物として、神の真実な物語の一部分を構成しているのである[91]。

歴史的にキリスト教は、神の国の最も真正な登場人物を聖人（saints）と呼んでいる。ハワーワスが述べているように、「キリスト者は、自分たちが苦難を喜ぶことを可能にする忍耐（endurance）を、決して個人の偉業として記述することができない。それは、苦難が賜物であるからだけではなく、苦難が聖人を熱心に想起するすべての人々の忍耐だからである。聖人から私たちは、苦難に耐える力を私たちに与える共同体とその歴史の構成員になる方法を学び取る」[92]。聖人は自らの実践によって、幸福ではなく、むしろ、苦難がキリスト教共同体の特質であり、また、苦難を忍耐す

89　医学もまた、苦しんでいる人と苦しんでいない人とを同一の共同体の中で結び付けるという点で、道徳的行為である（Hauerwas, S., Suffering Presence, p.26. cf. also Hauerwas, S., Suffering Presence, pp.76-78, 175.）。

90　Cf. Hauerwas, S., Suffering Presence, pp.31f.; Hauerwas, S., In Good Company, p.117; Hauerwas, S. & Pinches, C., Christians among the Virtues, p.122.

91　ここで、次の点に留意しておくことが重要である。「あまりにしばしば、私たちはまず、単に孤独の中で苦しむ人々と共にいること（be with）、その人たちのもとにいること（be present to）よりも、むしろ、その人たちに何かをすること（do something）を求めてしまう」（Hauerwas, S., Suffering Presence, pp.175f.）。

92　Hauerwas, S. & Pinches, C., Christians among the Virtues, p.124. Cf. Hauerwas, S. & Willimon, W. H., Resident Aliens, pp.102f.; Hauerwas, S. & Pinches, C., Christians among the Virtues, p.14.

ることがキリストに倣うことによって実行可能となると証明している。聖人の中には、殉教者として、最も真正な忍耐深い人生を送った者もいる。殉教者は、キリストのために死ぬことが、キリストのために生きることと同じように尊く、信仰深い行為であるというキリスト教の確信を証しした人たちである。このような忍耐は、決して人間の意志に由来するものではなく、勇気、希望、愛といった徳をも人間に与える聖霊に由来するものである。[93]

したがって、奉仕者の共同体として教会は、神の生き方の生きた実例であり、また、神の死に方の実例でもある。神が備えたキリスト者の道は、冒険の道のりであり、価値ある歩みである。その道は、もし、血における家族であろうと、信仰における家族であろうと、それ以外の人であろうと、他者と共に歩むなら、一層価値がある。それらの人々は皆、神の物語の登場人物だからである。

7. 結　論

「ハワーワスからまたもう一冊（Yet another book from Hauerwas）」という句が示しているように、ハワーワスは神学的倫理学の種々の分野で極めて多作な研究者である。[94] しかし、ここでは主として、ハワーワスの豊富な神学的倫理学の中から、共同体理論に焦点を絞った。最後に、共同体の概念に特に留意して、ハワーワスの神学の幾つかの特徴を指摘しよう。

第一に、ハワーワスの神学的倫理学は、実践志向型の性質を持つ。ある意味でこれは、ハワーワスが、「キリスト教の確信の分かり易さと真実性は、その実践力にある」と主張しているように当然のことである。[95] この実践の行為者は、教会のキリスト者自身である。キリスト者が信仰する

93　Cf. Hauerwas, S. & Pinches, C., Christians among the Virtues, p.173.

94　Hauerwas, S., In Good Company, p.11.

95　Hauerwas, S., A Community of Character, p.1. Cf. Hauerwas, S., Truthfulness and Tragedy, p.2; Hauerwas, S., The Peaceable Kingdom, p.16.

ことと、行動することは正確に呼応していなければならない。この意味で、不信仰の社会とは対照的にこのような実践における呼応性を示す教会は、単に社会倫理を持っているのではなく、むしろ、教会自体が社会倫理なのである（the church is a social ethic）。[96] 自分たちの信仰を実践し、教会と社会に奉仕することが可能な共同体であることによって、教会は社会倫理なのである。言い換えると、キリスト者は、社会に対して教会という対照的なモデルを提示することによって、社会に実践的に貢献できるのである。キリスト教の確信によると、ある点でこの世から分離され、教会において訓練された者だけが、この世を明確に真実に見極めることができ、この世の姿を語ることができる。例えば教会は、洗礼や聖餐式といった聖礼典において人々を訓練し、平和を可能にする神の国に関するキリスト教の確信を劇的に教える。この確信によって、この世の姿が浮き彫りにされるのである。

神の国に加入されたキリスト者は、徳を持つ人々である。このキリスト者は、神の三位一体論的物語の中で生きている。キリスト者は、創造者なる神である御父から、すべての存在と生命とは創造者なる神からの賜物であり、そのようなものとして保持され、配慮されなければならないということを学び、救済者なる神である御子から、自分たちは自分たちと同様に救済を必要とする他者のための奉仕者であるということを学び、聖化者なる神である聖霊から、自分たちの徳は聖なる人生を送るために聖霊から与えられた賜物であるということを学ぶ。徳を持ったキリスト者は、三位一体の神の庇護の下でこの世において成長し、発展することができる。したがって、三位一体論は実践的教理であり、キリスト教の実践という観点からのみ理解されうるのである。

第二に、物語という概念がハワーワスの神学的倫理学の中で不可欠の役割を果たしている。[97] キリスト教の確信を実践し、証明した聖人や殉教者

96　Cf. Hauerwas, S., A Community of Character, pp, 1-3, 9-11; Hauerwas, S., Against the Nations, pp.74f.

97　Cf. Hauerwas, S., The Peaceable Kingdom, p.xxv:「私は、物語神学（a narrative

の生涯は、しばしば物語という形態で残されている。言うまでもなく、聖人たちの生涯の背後には、イエスの物語があり、イエスは御子として、御父、聖霊と共に壮大な三位一体論的物語をその相互関係の中で構成している。三位一体論的物語は、御父が世界を創造し、御子が堕落した世界を救済し、聖霊がそれを聖化するという分かり易い構造をしている。この物語においては最初から最後まで、この物語の著者である神の意図と目的が、世界に対する神の永続的な配慮と愛という形で明示されている。

これとは対照的に、一般に人間は、自分の人生の初めと終わりだけでなく、自分の人生や死の意味や目的をも明確に知らない。人間は自分自身の自由で意識的な意志によって自分の人生を開始したのではないからである。人間の人生は、気付いた時には単に与えられているだけである。しかし、すべての物語には何らかの意味で初めと終わりがあり、その中の種々の出来事を通して登場人物の意味と目的が示唆されている。ハワーワスの言葉で言うと、「物語とは、……種々の出来事と行為者を理解できる形で相互に結び付ける説明のことである」[98]。人間が物語を好む理由の一つはここにある。物語は、人間にとって不可解な事柄を理解できる形で提示するから

---

theology）や物語の神学（a theology of narrative）を展開しようと意図したこともないし、今もそうするつもりはない。……物語は、キリスト教の道徳的生活を建設的に説明しようとする時に展開した種々のテーマの相互関係を明示するために役立つ一つの概念に過ぎない」。Cf. also Hauerwas, S., Truthfulness and Tragedy, p.8:「私は物語神学（story theology）や物語の神学（theology of story）を、恰も、これが何らかの新しい神学的立場を表明するかのように、展開しようとしているのではない。むしろ、物語は、宗教的確信の文法が提示され、また、自己がこうした確信によって形成される方法をよりよく理解するための永続的範疇であると私は確信している」。このように、これらの言葉は、ハワーワスが彼の神学における物語の役割を軽視していることを意味しない。物語は、彼の神学において基本的な範疇であるという意味において、彼の神学は依然として物語神学であると言える（cf. Hauerwas, S., A Community of Character, p.9; Hauerwas, S. & Willimon, W. H., Resident Aliens, pp.54f.）。

98　Hauerwas, S., Truthfulness and Tragedy, p.76.

である。物語は、人間の人生の実例を挙げることによって、人間に人生の指針を与える。

特に、教会の説教や聖礼典で表現される聖書の物語は、キリスト者の人生において、信仰が不信仰に打ち勝ち、希望が絶望を克服し、愛が憎しみに取って代わるであろうことを、現在のこの世においてこれらと逆の証拠が多く存在するにもかかわらず、啓示している。ハワーワスが述べるように、「真の物語は、私たちが歩み続ける（go on）ことを手助けするものでなければならない。というのは、……理解するということは、まさしく、いかに歩み続けるかということを知ることだからである」[99]。この言葉は、キリスト者の人生に最もよく当てはまる。聖書の物語は、キリスト者がこの世において歩み続けることを手助けするものだからである。

第三に、ハワーワスは、神の物語を歴史的に保持し、伝達する行為者としてキリスト教共同体の重要性を強調する。ここで特に、洗礼と聖餐式が重要である。個々のキリスト者がこの世で歩み続けることは、極めて困難に見える。しかし、たとえ、自分たちの人生がしばしば冒険であり、悲劇的なものであったとしても、キリスト者は共同体として、教会として、信仰深く、奉仕者としての人生を送ることができる。この共同体は、人格者たちの共同体であり、種々の逆境に対処できる人格者たちから成り立っている。こうした人格者たちは、神の真実な物語の中で意味と目的を持った役割を果たす神の国の登場人物である。誰一人としてこの物語においては、他者から、さらには神からも分離されていない。この人々の道徳的考察と行動は、その共同体全体の行為である。すべての登場人物と出来事は相互に密接に関係し合い、最終的には壮大な大団円を形成する。したがって、この共同体においては、未来という次元、終末論的視点もまた、この人々の道徳的考察と行動の手助けとなっている。

ハワーワスは、共同体が疑似共同体となる危険性があると洞察力を持って警告する。「私たちのような世界では、人々は孤独からの安直な脱出の

99 Hauerwas, S., Truthfulness and Tragedy, p.80.

道や、共通の趣味、人種的、倫理的特色に基づく一致や、相互の自己利益などを約束してくれる共同体に引かれる傾向がある。そこには、その共同体が個人主義的なエゴとして暴君的になることを牽制するものは殆ど存在しない。共同体の唯一の目的が、所属意識を育成し、孤独な個人の脆弱さを克服することになる時、共同体は全体主義に陥るのである[100]」。こうした疑似共同体に対して、ハワーワスは、この世において「キリスト教共同体は、植民地における生活（life in the colony）であり、単に共にいること（togetherness）を主として求めているのではない」と続けて述べる。キリスト教共同体は、イエス・キリストによって召し出された人々がイエスと共に歩む共同体である。また、「私たちが真実な人生を送るための材料を提供する真理の物語と一致するように、私たちの要求と必要を訓練する共同体でもある[101]」。要するに、キリスト教共同体は、イエス・キリストを中心に据えるのであり、個人のエゴや利益を中心とするのではない。したがって、キリスト教共同体は、究極的に三位一体の神の共同体に位置づけられているのである。御父、御子、聖霊は、本質的に相互関係の中にいるからである。

さらに、ハワーワスの立場を明確にするために、次の点を指摘しておくと有益である。ハワーワスは、彼の神学において共同体の基本的役割を認識しているが、自分自身を共同体論者（communitarian）とは見なしていない。「私は、共同体論者という名称を拒否することを一層強調しなければならない。共同体という語は、私たちが教会と呼ぶ体（body）の名称としてはあまりに弱いからである[102]」。そして、ハワーワスはこう続けて説明する。「自由主義者たちは、人間の善に関して競合する概念に対して、政府が中立のままであることを求め、共同体論者たちは、何らかの型の共同体を定義するような人間の善に関して、共有されうる理想像を表現するこ

100　Hauerwas, S. & Willimon, W. H., Resident Aliens, p.78.

101　Hauerwas, S. & Willimon, W. H., Resident Aliens, p.78.

102　Hauerwas, S., In Good Company, p.25.

とを政府に求める[103]」。ハワーワスがここで言おうとしているのは、政府ではなく教会が、この世に対して対照的なモデルとして本質的な役割を果たす真正な共同体の像を示さなければならないということである。自由主義者も共同体論者もこの意味で、社会の理想像を積極的または中立的な形で政府に依存しているという点で、コンスタンティヌス主義として拒絶されなければならないのである。ハワーワスは、キリストの体として教会が、生きた有機的な機関として社会の真正な理想像を証ししなければならないと主張する。

ハワーワスの議論は、極めて説得力があり、魅力的でもある。彼の議論は、キリスト教の伝統的な神学者の種々の著作と同様、現代社会の具体的な諸問題に基づき、現代の哲学的、倫理学的、政治学的著作との対話の中で展開されているからである。しかし、ハワーワスが、強調していることを強調し過ぎる時、彼の神学は、部分と全体、具体性と抽象性、特殊性と普遍性の間における均衡の保持が困難になる傾向があり、したがって、次のような異議を差し挟まざるをえない。

第一に、ハワーワスは、しばしば自己よりも共同体を優先させる。ハワーワスが、共同体の重要性を強調し過ぎる時、これは起こる。ハワーワスによると、「共同体は、私たちを他者と結び付け、共同体の伝統の成長を促進させる。この伝統の持つ多くの物語は、個人のアイデンティティーの形成を助け、その歩む道を善へと導くものである。自己は、共同体に従属しており、その逆ではない。というのは、私たちは、共同体において語られる伝統を通して自己を発見するからである[104]」。上述したように、道徳的考察と行動においても、ハワーワスは、それらが個人の行為であるよりも、

103　Hauerwas, S., In Good Company, p.25.

104　Hauerwas, S., The Peaceable Kingdom, p.28. Cf. Hauerwas, S., The Peaceable Kingdom, p.61:「私は、歴史を持たずして生まれた自己ではない。むしろ、私の人生の物語は、常に私が何者であるかを特定する共同体の物語の中に位置づけられている」。ハワーワスが社会的自己を強調することについては、cf. Hauerwas, S., The Peaceable Kingdom, pp.96f.

むしろ、共同体の行為であると見なしている。ハワーワスが個人を共同体に従属させるのは、共同体が個人に個々のアイデンティティーと、人生のための道徳的指針を与えるからである。これは、個人が生まれる時、すでにそこに何らかの伝統を持った歴史的共同体が存在しているという意味において正しいと思える。つまり、共同体は歴史的に個人に優先しており、そのため、種々の点でより豊富な知的供給源である。

しかし、ハワーワスも指摘しているように、誰一人として自分自身の自由で意識的な意志によって、ある特定の時間、場所、共同体に生まれてくることを決定していないという事実に真剣に留意する必要がある。これは必然的に、各個人の誕生とその後の人生は、むしろ、共同体、特に親が決定したということを意味する。この事実は、共同体がその構成員一人一人の潜在可能性を最大限実現しなければならないという深刻な責任を引き出す。個人は、自己のアイデンティティーと人生の指針を共同体に依存しているという点で、共同体に従属しているが、共同体は、その構成員各個人の人格形成に重大な責任を追っているという点で、各個人に従属しているのである。ともかく、こうした個人は、将来の共同体の主要構成員となるのであり、そのようなものとして、潜在的に現在の共同体の構成員よりも重要なのである。したがって、共同体と各個人は、弁証法的な相互関係の中で理解されるべきである。個人が共同体に従属すると同時に、そして、同程度に、共同体は個人に従属しなければならないのである。もし、キリスト者が神をすべての主権的な創造者と信仰するなら、尚更そうである。私たちは、聖書の多くの物語において、神に従った個別の預言者がしばしばイスラエルの共同体のアイデンティティーを認識させる手助けを行ったことを知っているし、後に、キリスト教の歴史においても、多くのキリスト者が個人として、預言者的にキリスト教の共同体全体のために貢献したことを知っている。共同体と個人とは、究極的に神に従属しているのである。神の前に、共同体も個人も優先権はなく、優先権は可能な限り相対化されるべきである。

第二に、ハワーワスの神学において、物語の範疇は教理よりも支配的である。上述したように、物語は、彼の倫理学において基本的な範疇であるが、彼の倫理学は特定の神学課題をより分かり易く、説得力を持つようにするためのものである。ある意味で彼は、神学の一部分として、または単に神学として、倫理学に従事しているのである。さらに彼は、自分自身を神学者と呼ぶことをより好む。もし、そうなら、神学者として彼は、キリスト教の神学的教理そのものに取り組むことを免れえないだろう。これに対して彼は、教理は常にその背後にある、またはそれと共にある具体的物語によって解説されうると論じることもできるだろう。この点に私は反対しないが、これは話の一側面でしかない。

ハワーワスによると、キリスト教の教理はそれ自体、「物語であり、おそらく、物語の概略（outline）と言った方がよい」と考えている[105]。物語の概略は、物語全体を一層詳細に理解する際の助けとなるだろう。つまり、物語の概略は、物語全体を解釈したり、個々の物語をその相互関係の中で理解する手段ともなりうる。しかし、どのようにしてこの物語の概略は形成されたのであろうか。教理は物語の概略として、イスラエルとイエス、さらには、その後の初代教会の物語を教会が歴史的に一般化し、蓄積したものである。同時に、そのような教理は、教会が聖書の物語を解釈する際の手助けをした。このように、物語と教理の間にも、弁証法的な関係が存在する。教理の存在は、キリスト教が比較的新しい共同体においては極めて重要である。人々がより正確に聖書の物語を理解するためには、そのような共同体が何らかの解釈学上の道具を持っていなければならない。聖書の物語が、その共同体の特殊な生活様式、思想方法に基づいて恣意的に解釈される危険性が存在するからである[106]。

三位一体論を例に取ろう。三位一体論は、ハワーワスの神学的倫理学の基本的枠組みをなしているものである。彼が述べているように、「神の本質的性質は、三位一体論的関係である[107]」。三位一体は、次のような物語に

105 Hauerwas, S., The Peaceable Kingdom, p.26.

106 Cf. Hauerwas, S., A Community of Character, p.94.

107 Hauerwas, S., The Peaceable Kingdom, p.25.

よって説明されうる。御父として神は、世界を創造し、御子として堕落した世界を救済し、聖霊としてそれを聖化する。同じ三位一体は、次のような教理によっても説明されうる。御父と御子と聖霊とは、その存在と行為において一つの神であり、神として永遠に等しい。この教理的解説はそれ自体、確かに抽象的で理解しがたいものであるかもしれない。この教理的解説は三位一体の物語によってより明確にされる。しかし同時に、教理的解説は、創造、救済、聖化における神の業が、「等しく」重要であり、すべての神の業は実際「同一」の神によって実現されているため、神の業に関する物語の一つ一つは、相互に不可分であるということをより深く理解する手助けとなる。こうした理解は、キリストに従う者としてのキリスト者が、部分的には虚構（fictions）を含むかもしれない恣意的な物語を持つ特定の集団にではなく、イスラエルとイエス・キリストと初代教会の相互関係的な物語を持った教会の伝統の中に、自己を位置づけることを助ける。

第三に、ハワーワスの教会理解は分派主義的色彩を帯びている。ハワーワスが認めるように、「私自身の教会論は、トレルチが『分派型（sect type)』と呼んだものに近い。それによって私は、キリスト者が常に世俗社会と根本的な緊張関係にあるものだということを意味している[108]」。しかし、これはハワーワスが全くの分派主義者であることを意味しない。彼が述べているように、「教会の第一の社会的課題は、教会自身であることだという主張は、もし、分派が世界からの隠遁や撤退を意味するなら、その意味で分派主義ではない[109]」。これらのことを総合すると、教会は、分派型の共同体として世界から撤退することなく、世界と緊張関係を保持するべきであるということである。上述したように、この関係は、教会の対照的なモデルという観点から説明される。

この関係のより具体的な意味は、ハワーワスの次の説明から一層明確になるだろう。ハワーワスは、イエスの弟子を塩という観点から説明する。

108　Hauerwas, S., Truthfulness and Tragedy, p.215.n.5.

109　Hauerwas, S., A Community of Character, p.253.n.37. Cf. Hauerwas, S., A Community of Character, p.109; Hauerwas, S., Against the Nations, p.4.

「イエスが説くように、弟子たちは塩のようなものである。塩は多く取り過ぎると、喉に詰まったり、病気にさえなる。少量の塩は、程よく味付けをし、好まれる」[110]。ここでハワーワスは、分派型の共同体を、社会全体の中である一定の刺激を与え続ける塩のようなものに譬えていると言っても過言ではないだろう。しかし、壮絶な暴力の世界の中で、教会が少量の塩として存在するだけで十分であろうか。教会がこのような世界に対して、少量の塩として程よく味付けをするというのはあまりに楽観的ではないだろうか。実際、塩には食物の腐食を防ぐという、もう一つ別の機能がある。キリスト教共同体が世界の腐食を防ぐには、大量の塩を確かに必要とするのではないだろうか。大量の塩があって初めて、教会は世界との緊張関係を維持することができるのではないだろうか。少量の塩は、世界に対して従属的で殆ど無力な関係しか持てないであろう。したがって、ハワーワスの教会論は、暴力的な世界の中で、社会的にも政治的にも直接的に、積極的にも参与することなく、塩味の効いた証しをする教会であり続ける間は、たとえ社会からの撤退という意図はないにしても、分派主義であると言える。ハワーワス自身の言葉によってハワーワスを批判すると、こうなるだろう。教会が、キリスト教的確信を社会的、政治的領域にも直接的に展開せず、教会内のみで維持し続けることは、自己欺瞞的ではないだろうか。

現代世界の国際的脈絡においては、物事は一層複雑である。ハワーワスによると、「教会の第一の課題は、国民国家という組織を機能させることではなく、むしろ、国家が、特に今日私たちが知っている国家が、人間の生活にとって存在論的な必然性ではないことを、私たちに想起させることにある。教会は、国際的な社会として、国家ではなく神がこの世を治めていることを示す印である」[111]。教会が国際的社会でありうるのは、キリスト者がどの国籍を持っていても、神の真実な物語を共有しているからである。実際、「教会の会員であることによって、私たちは国家に結び付けられて

110　Hauerwas, S. & Willimon, W. H., Resident Aliens, p.151.

111　Hauerwas, S., A Community of Character, pp.109f. Cf. Hauerwas, S., A Community of Character, p.51.

いるよりも、一層深遠な形で他国の教会と結び付けられていることを知っている」[112]。キリスト教共同体は、核心部分において同一の物語、同一の価値観を共有することができ、平和的な関係を維持することができる。しかし、キリスト者にとって単に欺瞞的で暴力的にしか映らない他の物語を持つ共同体とキリスト教共同体の間の関係はどうだろうか。いかにして、これらの二つのタイプの共同体は、少なくとも非暴力を維持し、平和を創造していくことができるのだろうか。暴力的な世界を背景とする諸国が、相互に平和に生きるためには、何らかの種類の政治的関与が必要であろう。キリスト者が、平和な世界を創造するために、直接的な政治的貢献をしてはならない確固とした理由は見当たらないであろう。

上述したように、ハワーワスは、自己よりは共同体を、教理よりは物語を、制度教会よりは分派型教会を強調する。しかし、自由主義社会において共同体よりも個人を、過去の教会の伝統において物語よりも教理を、また分派型教会よりも制度教会を過度に強調してきたとしたなら、ハワーワスの神学は共同体、物語、分派型教会を強調することによって、共同体と個人、物語と教理、分派型教会と制度教会の均衡を保持したのであると言うこともできるだろう。

要　旨

S. ハワーワスは、現代の代表的な物語神学者であり、神学の真正さはその実践において説得力を持つという見方から、特に倫理的実践を重んじる神学を展開する。その神学は共同体の中に位置づけられ、そこにおいてイスラエルの物語やイエスの物語を規範とした人格の共同体の構築が目標とされる。この人格の共同体は、自己欺瞞、暴力、個人主義に代表される現代社会の罪を克服するために、信仰、希望、愛といった徳目を身に付けた奉仕者からなる教会を形成し、人間の真実な物語、平和主義、人間の共同体的性格の再構築を試みる。奉仕者たちの歩みは、地上では危険を伴う

112　Hauerwas, S., The Peaceable Kingdom, p.150.

冒険旅行であり、キリストと同様に苦難の道を通るが、それはこの世の塩としての聖人の生き方でもある。

キーワード

トマス・アクィナス　アリストテレス　イエスの生涯　イスラエルの物語　L. ウィトゲンシュタイン　ジェームズ・ガスタフソン　家族　記憶　義務論　教会　共同体　苦難　計画旅行　決疑論　結婚　現実主義　行為　行為主体　個人主義　子ども　コンスタンティヌス主義　自己欺瞞　実践　自由主義社会　人格　人格の共同体　聖化　聖人　生存主義的倫理　戦争　徳目　ラインホールド・ニーバー　H. リチャード・ニーバー　忍耐　カール・バルト　S. ハワーワス　S. ハワーワスの物語神学　非人間化　福音主義メソジスト　ハンス・フライ　分派型　平和主義　冒険旅行　奉仕者の共同体　奉仕者の倫理　暴力　アイリス・マードック　アラスダー・マッキンタイア　メノナイト　目的論　物語　物語神学　ジョン・ハワード・ヨーダー　倫理学

文献表

Hauerwas, S., Character and the Christian Life A Study in Theological Ethics with a new introduction by the author, (Notre Dame, IN: University of Notre Dame Press, 1994, originally 1975)

Hauerwas, S. with Bondi, R. & Burrell, D. B., Truthfulness and Tragedy Further Investigations into Christian Ethics, (Notre Dame, IN: University of Notre Dame Press, 1977)

Hauerwas, S., A Community of Character Toward a Constructive Christian Social Ethic, (Notre Dame, IN: University of Notre Dame Press, 1981)

Hauerwas, S., The Peaceable Kingdom A Primer in Christian Ethics, (Notre Dame, IN: University of Notre Dame Press, 1983) =S. ハワーワス（東方敬信訳）『平和を可能にする神の国』［現代キリスト教倫理双書］（新教出版社，1992）

Hauerwas, S. & MacIntyre, A. (eds.), Revisions Changing Perspectives in Moral Philosophy, (Notre Dame, IN: University of Notre Dame Press, 1983)

Hauerwas, S., Suffering Presence Theological Reflections on Medicine, the Mentally Handicapped, and the Church, (Notre Dame, IN: University of Notre Dame Press,

1986）

Hauerwas, S. & Willimon, W. H., Resident Aliens　Life in the Christian Colony　A provocative Christian assessment of culture and ministry for people who know that something is wrong, (Nashville, TN: Abingdon Press, 1989）=S. ハワーワス / W. H. ウィリモン（東方敬信 / 伊藤悟訳）『旅する神の民　「キリスト教国アメリカ」への挑戦状』（教文館，1999）

Hauerwas, S., Against the Nations　War and Survival in a Liberal Society, (Notre Dame, IN: University of Notre Dame Press, 1992）

Hauerwas, S., In Good Company　The Church as Polis, (Notre Dame, IN: University of Notre Dame Press, 1995）

Hauerwas, S. & Pinches, C., Christians among the Virtues　Theological Conversations with Ancient and Modern Ethics, (Notre Dame, IN: University of Notre Dame Press, 1997）=S. ハワーワス /C. ピンチス（東方敬信訳）『美徳の中のキリスト者　美徳の倫理学と神学的対話』（教文館，1997）

『福音と世界　2000年9月号　特集 = ハワーワスの神学』（新教出版社，2000）

結　章

本書で取り上げたL. ボフ、J. H. コーン、R. R. リューサー、S. マクフェイグ、J. B. カブ Jr.、S. ハワーワスは、各々の神学を通して平和、人権、環境の理念を提示することによって、現代キリスト教に対し、また、現代アメリカに対して甚大な貢献をしている。

これらの神学者たちは現在も活躍中であり、本書を執筆している最中も、次々とこれらの神学者たちの著作が出版されているような状況である。本書では、執筆段階で入手可能であった著作をすべて検討したが、検討できなかった著作については、別の機会に何らかの形で本書に統合したいと考えている。また、それぞれの神学者に関する研究書も膨大な数に上り、本書ではそれらを部分的にしか活用していない。各神学者の豊かな神学は到底、一つの章で消化し切れるものではなく、最低でも一冊の本程度の研究が必要となるであろう。しかし、本書の目的にしたがって、21 世紀の神学を構築するための必須の主題は、提示したつもりである。その真価は、むしろ、今後の神学構築を通して問われるべきかもしれない。

現代アメリカ神学思想は、本書で取り上げた神学思想に決して限定されえないことは明白であり、世俗神学や政治神学、動物の神学や少数派の神学もいずれ何らかの形で研究する必要があるだろう。それと同時に、やはり、こうした現代アメリカ神学の背景にあるニューイングランド神学、福音主義神学、自由主義神学、新正統主義神学、実存主義神学等の伝統も、今後の研究課題として極めて重要である。神学の拠点がドイツ語圏から、英語圏へシフトしつつある現今、以上のような豊かな背景を持つアメリカ神学思想は、21 世紀の地球規模のキリスト教と神学に対して、実に示唆に富んだ展開を見せている。

補　章　現代アメリカの宗教と政治に関する神学的考察

1. 序　論

本論は、アメリカの近年の政治行動を神学的に検討するものである。アメリカの宗教と政治というテーマは、旧来から存在する茫洋たる研究対象であるが、本論では特にアメリカが、21 世紀以降に関与した戦争行為を支持する一般市民に見られるような黙示録的終末思想や善悪二元論的思想の問題点を神学的に批評することを目的とする。

最近は日本においても、キリスト教や神学に特化していない一般の新聞、雑誌、書籍などの中で、「福音派」、「宗教右派」、「根本主義者」または「原理主義者」という極めてキリスト教的または神学的用語が頻出するようになってきた。それは、日本と同盟関係にあるアメリカの対外的な戦争行為がもはや日本にとっても対岸的なものではなく、日本を一層広く巻き込む可能性が一段と鮮明になってきた度合いに応じて、アメリカやその大統領の行動形態の背後にあると思われる根本的な行動原理に対する興味が高揚してきたからだろう。

例えば、最近のアメリカのニュースには次のようなものがある。ドイツのシュレーダー前首相は、その自伝『決定』（2006 年）でブッシュ大統領を「神との会話」に基づいて政治判断をする政治家と見なし、不信感を抱いていたことを明示した[1]。シュレーダー前首相はイラク戦争に反対し、ブッシュ大統領と対立していたことが知られている。そして、その自伝で

1　「『ブッシュ大統領は神との会話で政治する人』」を参照。

シュレーダー前首相は、言わば神との会話で「政治的決定を正当化する人物は、批判や意見交換を通じて他人を理解したり考えを相対化させたりできない」とブッシュ大統領を批判した。

また、アメリカではハロウィーンの時期に、各地に設けられるお化け屋敷の形を利用した「ヘルハウス（地獄の家）」と呼ばれるものが流行しているという[2]。ヘルハウスは、七つの部屋からなり、同性愛、人工妊娠中絶、自殺、飲酒運転、オカルトに携わった人々が地獄に落ちる筋書きで、最後にはその地獄と天国も体験できるものである。ヘルハウスは三十年以上も前からあったが、1995年に福音派の牧師がキリスト教の世界観を教えるために筋書きと設営の仕方をセットにして売り出して広がった。

しかし、このような神がかりで好戦的でグロテスクなアメリカとは対照的な姿も日本では報道されている。特に印象的なニュースは、2006年10月2日、ペンシルベニア州ランカスター郡のアーミッシュの村にあるウエスト・ニッケルマインズ小学校に散弾銃などを持った男が、6歳から13歳まで26人の全児童のいる教室に侵入し、立てこもり、最終的に5人の女児を射殺した事件に関する出来事である[3]。射殺された5人の女児の中で最年長だったマリアン・フィッシャーさん（13歳）は、教室に人質として監禁された10人の女児を容疑者が撃とうとすると、「私から撃ってください」と言って進み出たという。後に病院で意識を回復したその妹バービー（11歳）さんも、マリアンさんの次に「その次は私を」と言って、他の小さな子どもたちの身代わりを申し出たという。

さらに、アーミッシュの人々は女児を射殺した後に自殺した容疑者の家族をその日の夜から訪ねて許しを表明し、手を差し伸べ、また、一部の遺族は容疑者の家族を、射殺された自分たちの子どもの葬式に招いたという。

2　「『お化け屋敷』で神の教え」を参照。

3　「4人射殺7人けが　米の学校襲撃　容疑者自殺か」、「学校銃撃　断てぬ連鎖　北米、夏から急増　『コロンバイン』模倣も」、「許す信仰　息のむ米国　学校5女児射殺　『力』排すアーミッシュ　犠牲13歳『私から撃って』　容疑者家族を葬儀に招く」を参照。

アーミッシュの人々は絶対非暴力主義に基づき、基本的に電気や自動車を使用しないことで知られるキリスト教共同体であり、その教えは17世紀後半スイスのメノナイト派の牧師ヤーコプ・アマンに由来する。

日本ではキリスト教原理主義に基づく好戦的なキリスト教とこのような絶対非暴力に基づくキリスト教のニュースが目立って入ってくる。情報源の限られた人にとっては、アメリカのキリスト教はこのようなものが代表的であるかのように見えるのではないだろうか。そうした状況を憂慮しつつ、まずは現代アメリカの政治と宗教の一般的問題に着目しよう。

2. 日本における近年の研究の紹介

近年のアメリカの政治と宗教または神学の関係に言及した研究に次のようなものがある。ここでは便宜上、神学の専門家または神学を専門的に研究したことのある日本人研究者の手による主要な論考に絞り、それらの内容を要約して紹介し、後に批評する。

アメリカが21世紀以降に関与した戦争行為には、主として2001年9月11日の同時多発テロ事件を契機として称揚された大義名分「反テロリズム」に基づいて[4]、2001年10月7日に開始し、タリバン掃討作戦を展開したアフガン戦争、2003年3月19日に開始し、フセイン政権打倒を目的としたイラク戦争がある。この間、2004年11月のアメリカ大統領選挙ではジョージ・W・ブッシュ（1946年−、在任2001年−2009年）大統領が再選され、2005年1月から二期目四年間の大統領職に就いた。これらのことは、アメリカ国民の過半数が大統領を支持することで反テロリズム戦争

4　九・一一に関する次の指摘は興味深い。従来から、紀元前はBC（Before Christ）、つまり「キリスト以前」、紀元後はAD（Anno Domini）、つまり「主（イエス・キリスト）の年による」と表記されてきたが、現在アメリカではBA（Before Attack）、つまり「（あの）攻撃以前」、AA（After Attack）、つまり「（あの）攻撃以後」という表現が出てきたという（森孝一『「ジョージ・ブッシュ」のアタマの中身』117-120頁）。

を大方肯定していることを示唆している。[5]

こうした大統領に主導された戦争国家であるスーパーパワー・アメリカに対する透徹した理論的批判が多くない中で、「今日のアメリカの政教関係およびキリスト教原理主義に関する批判的考察」を試みたのが、[6]国際基督教大学の千葉眞氏による「アメリカにおける政治と宗教の現在」である。以下それによると、今日のアメリカの政教関係は政教分離の原則を危機にさらすもので、ホワイトハウス内の政治的新保守主義（Neoconservatism、いわゆるネオコン）とキリスト教原理主義とユダヤ教原理主義などからなる宗教右派（Religious Right）のイデオロギー的癒着という新しい事態を招来しており、これがアメリカの単独行動主義（Unilateralism）に基づく新帝国主義覇権行動を駆動させている。つまり、宗教右派が国民意識や世論を形成し、大統領選挙における有権者の動員を経て、政治的影響力を発揮しているのである。

アメリカの政教分離の原則は法的には、連邦議会が宗教の国定もしくは宗教活動の自由の禁圧に関する法律を制定してはならないとする合衆国憲法修正箇条（1791年確定）の修正第一条前文に由来する。この法的原則の解釈史における代表的な具体例は、エヴァスン判決（1947年）に関連して連邦最高裁ブラック裁判官が提示した次の七例である。

1. 連邦政府も州政府も教会を設立できない。2. いずれの政府も宗教を援

5　ただし、ここで次の事実を考慮に入れておく必要があるだろう。2000年11月にブッシュは第43代大統領に当選するが、それはアメリカの政治史上前代未聞の混乱した開票であった。実際に共和党ブッシュの総得票数は、対立候補の民主党副大統領アル・ゴアより53万票少なかった。ブッシュの弟が州知事であったフロリダでは投票所に行ったが投票できなかったり、投票所によっては集計の手違いから無効票が大量に発生したりした。結局、保守派が多数を占める最高裁判所が票の再集計の差し止めという判断を下し、ブッシュ側に有利な結果となったのである（栗林輝夫『キリスト教帝国アメリカ』44頁）。

6　千葉眞「アメリカにおける政治と宗教の現在」7頁。以下、この論文の要旨を紹介する。

助したり、特定宗教を優遇する法律を制定できない。3. いずれの政府も個人が教会に行く、行かないを強制できない。4. いかなる宗教に対する信仰、不信仰の告白を強制できない。5. 信仰、不信仰、または教会出席、欠席を理由に処罰されてはならない。6. 税金によっていかなる宗教も支援してはならない。7. いずれの政府もいかなる宗教組織、団体の管轄事項に関与してはならない。

しかし、ピューリタンの移民を背景に持つアメリカは、植民地時代と建国期を通してプロテスタントと政治は友好的な関係を培ってきたため、政教分離の原則は緩慢なものであり、今日に至るまで宗教の持つ公共的役割も積極的に評価されている。そして、こうした原則の緩慢さが同時に特定の宗教勢力と特定の政治権力とを癒着させるという問題性も惹起するのである。

このような問題の端緒となる重要な出来事としてニューヨーク州の公立学校での祈禱を禁じた1962年6月25日の最高裁判決が挙げられる[7]。このエンゲル判決は、ニューヨーク州教育委員会が1951年以降、公立学校の始業前に共同の祈禱をすることを義務づけたことを違憲としたもので、1963年のシェンプ判決では始業前の聖書朗読も禁止する決定がなされた。このような流れの中で、政治的に比較的無関心だった福音派、もしくはより保守的な聖書的根本主義者（聖書逐語霊感説に基づいて聖書を字義どおりに理解する宗教的保守主義者）はアメリカの古き良き道徳的伝統が危殆に瀕していると認識し、政治的に行動するキリスト教原理主義者（キリスト教国アメリカを志向する政治的保守主義者）へと部分的に変容していったのである。

現在では、このように変容したキリスト教原理主義者が、「九・一一」の衝撃とそれ以後のネオコンの勢力増大と相俟ってアメリカの新帝国主義の拡張に荷担している。ドイツの政治学者カール・シュミット（1888年－1985年）はすでに1932年に世界平和といった普遍的理念を説いて世界干

7　千葉眞「アメリカにおける政治と宗教の現在」10-12頁。

渉主義的な戦争を展開する可能性がアメリカにあることを見抜いていたが、今やアメリカは「アメリカ民主主義」や「反テロリズム」といった理念を翳して軍事的、政治的、経済的な覇権主義をグローバルに開拓しつつある。これがアメリカの新帝国主義である[8]。そして、特にレーガン元大統領以降ホワイトハウスには、キリスト教原理主義のビリー・グラハム（1918年－）などの大衆伝道師たちが出入りし、ホワイトハウスのネオコンはこのような宗教右派を政治的に利用し、キリスト教原理主義は自らのイデオロギーを宣教するためにホワイトハウスを宗教的に活用するという事態が顕著になっている。

現代の社会学者ロバート・ベラーは、アメリカが歴史的に保持してきた普遍的・超越的な宗教的実態を市民宗教（Civil Religion）と命名したが、千葉氏の指摘によると、この市民宗教がアメリカ国家の建設やその使命と連携してきた点で、大きな問題を孕んでいると見る[9]。つまり、市民宗教がアメリカ国家の政治や体制を擁護して正当化することはあっても、それらを批判して相対化する契機に欠けているからである。こうした歴史的背景の中で特筆すべきことは、18世紀ジョナサン・エドワーズ（1703年－1758年）や20世紀のラインホールド・ニーバー（1892年－1971年）、マーティン・ルーサー・キング（1929年－1968年）などの神学者が、各々の時代状況の中で預言者的な公共的役割を果たし、問題性を孕む市民宗教とは対極的な立場を闡明した点である。特にニーバーは、アメリカが元々は宗教的に形成されたイスラエル的要素と現世的で富裕な国家であったバビロン的要素を兼ね備えている点を見抜き、種々の権力が集中することで傲慢になったアメリカが、「明白な運命（Manifest Destiny）」といったイデオロギーの誘惑に翻弄される危険性を批判した。

現代のアメリカのキリスト教に多大な影響を与えている雑誌に、キリスト教保守主義の福音派右派の『クリスチャニティー・トゥデイ』、同じく

8　千葉眞「アメリカにおける政治と宗教の現在」13頁。

9　千葉眞「アメリカにおける政治と宗教の現在」16-17頁。

福音派でも社会問題にも関心を持つ『ザ・ソージャナーズ』、キリスト教主流派自由主義の立場の『クリスチャン・センチュリー』がある。ここで、福音派とは宗教改革の主要な主張を受容し、聖書の権威と充全性を認める立場であり、概して自由主義とはそうでない立場を指す。

これらの雑誌の立場は、イラク戦争に対する見解において明確に表れている。『クリスチャニティー・トゥデイ』は、古くからある正戦論の議論や現在の政府の政治的責任論に基づいてイラク戦争を容認した。『ザ・ソージャナーズ』はキリスト教の社会批評家であるジム・ウォリスを編集長とし、イラク戦争に反対するだけでなく、イラク戦争を容認する福音派右派に対する批判も展開している。同様にして、『クリスチャン・センチュリー』もイラク戦争に反対し、それが正戦論における戦争遂行のための諸条件を満たしていないとした。この諸条件とは、戦争の目的が正当であるか、戦争の目的を実現する可能性があるか、戦争遂行者は正当であるかなどである。

さらに、アメリカのキリスト教に多大な影響を与えているものにFOXテレビやCNNがある。これらのメディアはイラク戦争肯定の立場を取っていたため、その影響を受け易い教会の信徒たちは6~7割が戦争を支持した。逆に教会指導者たちは種々の情報源を持っているために概して戦争反対の立場を取った。そして、メディアに関して重要なのは、特に1980年代以降キリスト教原理主義に基づくテレヴァンジェリスト（Televangelist）と呼ばれるテレビ伝道家が、アメリカの新帝国主義的主張を促進させるような単純明快な「福音」を聖書から引き出して各家庭に吹き込んでいるという事態である。その内容は、ハルマゲドンと呼ばれる世界終末戦争や善悪二元論を特徴とする世界観である。この世界観は、善であるアメリカが悪であるイラクなどの国家を駆逐しながら世界戦争をリードするという構図と重ね合わせられている。

このような状況を裏打ちするのが、1995年以降、圧倒的な売れ行きを誇っている小説『レフトビハインド』シリーズ（全十二巻）の登場である。この小説は世界終末戦争や善悪二元論といった黙示録的終末論を前提とし、再臨のキリストが武力を行使する正義の権化として、非暴力主義の平和主義者が反キリストとして描写されている。

そして、最後に千葉氏は、今回のイラク戦争に反対する勢力は必ずしも少数でなかったにもかかわらず、驀進する新帝国主義的権力を明確に批判し、実行可能な代替案を明言する預言者的存在、つまり公共的スポークスマンが欠けていた点にアメリカのキリスト教の危機があることを指摘する[10]。

関西学院大学の栗林輝夫氏は、2001年から2003年までアメリカ・カリフォルニア州に滞在していた時に「九・一一」に遭遇し、その後イラク戦争直前まで同地でアメリカの宗教と政治を分析、検討した。その成果の一部が『ブッシュの「神」と「神の国」アメリカ』や『キリスト教帝国アメリカ』である[11]。

『ブッシュの「神」と「神の国」アメリカ』は、ブッシュ大統領の奉じる種類のキリスト教が個人の枠内にとどまるものであるなら結構なのだが、それを超えて国内外の政策に広く影響を与えているとしたら深刻な問題であることを憂慮しつつ、神学的に検討している。

近年のブッシュ大統領の一層好戦的な国際政治手腕は、神学的に表現すると、内面性や敬虔を重視するウェスレーの思想に基づくメソジスト神学から、黙示録的で戦闘的な種類の偏狭なカルヴァン派神学への転向と言える[12]。ジョン・ウェスレー（1703年−1791年）はイギリス国教会の牧師で

10　千葉眞「アメリカにおける政治と宗教の現在」22頁。

11　より最近の詳細な研究については、栗林輝夫『キリスト教帝国アメリカ』を参照。

12　栗林輝夫『ブッシュの「神」と「神の国」アメリカ』10頁。以下、この本と栗林輝夫『キリスト教帝国アメリカ』の要旨を紹介する。ちなみに、栗林輝夫『キリスト教帝国アメリカ』144頁によると、1980年代以降の世界の大きな変化は、ソヴィエト共産圏の崩壊、経済的グローバル化の急速な進展、世界的なエコロジー的危機の深まり、そして九・一一以後のアメリカの「テロリズムとの戦い」である。本論文で、ブッシュ大統領に言及する時は、この九・一一以後のことを指す。

あったが、メソジスト運動を展開し、キリストのみによる義と神の恩恵による聖化を強調し、後に彼の後継者たちがメソジスト教会を形成した。ジャン・カルヴァン（1509年－1564年）は主としてスイスで活躍した宗教改革者で、特に神の栄光や主権性を強調する神中心的神学を展開し、そこから導かれる予定説で知られている。つまり、1985年にビリー・グラハムの感化を受けてクリスチャンになったブッシュ大統領はメソジスト教会員であるが、神との人格的応答を重視するメソジスト的信仰から、神の特別な予定によって選ばれたアメリカを標榜する歪曲されたカルヴィニスト信仰へと転向したのである。

こうしたブッシュ大統領の転向の背後に潜むのがキリスト教原理主義である。キリスト教原理主義者たちの登場は、ジミー・カーター元大統領（1924年－、在任1977年－1981年）の政策とも関係がある。1977年に福音派のクリスチャンであるジミー・カーターが大統領に就任すると、アメリカの保守的な福音派は、多元主義や宗教的寛容といったリベラルな思潮が蔓延しつつある中で、父親の権威の復興、同性愛反対、中絶反対、公教育における祈禱の復活などの伝統的な価値観の奪還をカーター元大統領に期待した。しかし、カーター元大統領は概してリベラルな政策を遂行したため、福音派は大いに幻滅したということがあった。この出来事も、従来は政治に比較的無関心であった福音派が政治的に行動するキリスト教原理主義者へと変貌する契機の一つである。

ブッシュ大統領は、こうしたキリスト教原理主義者たちを共和党の支持基盤とし、例えば二百万人もの会員を擁する全米キリスト教連合（The Christian Coalition of America）という宗教団体は共和党の大票田となっていた。こうして、ブッシュ政権は、「三位一体の神を父・子・聖霊から父・子・共和党に修正した」と皮肉られるようになった[13]。三位一体論はキリスト教の礼拝と教理の枠組みをなす中心的教理であり、3世紀から5世紀にかけて定式化されたものである。天地万物を創造して万物を保持してい

13　栗林輝夫『ブッシュの「神」と「神の国」アメリカ』18頁。

る父なる神と、救いの業をこの世で完成した神の子イエス・キリストと、その業を引き続き展開する聖霊が神として一つであることを指し示すものである。ブッシュ大統領は親子二代に渡るので、キリスト教本来の三位一体の「父、子、聖霊」が今や、「父ブッシュ、子ブッシュ、共和党」になってしまったというのである。

さらに問題なのは、ブッシュ大統領が神の子になぞらえられるのと同様に、イスラエルも神の子と解釈される点である。確かに、聖書ではイスラエルは神の長子と呼ばれ[14]、特別な役割と特権を与えられていた。しかし、キリスト教原理主義者たちは、複雑な歴史的背景を捨象して現在のイスラエル共和国が占領している地を神がユダヤ人たちに与えた聖なる地と見なし[15]、かつてのイスラエルのダビデ王国が復興することを、イエス・キリストの再臨の必須条件と理解している。こうして、イラク戦争など、イエス・キリストの再臨までの戦争は、終末の前に起こる大戦争の予行演習とも見なされている。

アメリカの宗教右派は様々な形でその活動を展開しているが、モラル・マジョリティー（Moral Majority）や全米キリスト教連合の次に1990年に登場したのが、やはり伝統的な家族観を力説するプロミス・キーパーズ（Promise Keepers）である。その団体は統治の神学（Dominion Theology）という特異な世界観を保持している。それは、ヨハネの黙示録の偏向した解釈に基づき[16]、終末が近づくにつれて少数の選ばれた神の民がこの世において神の国を建て上げていき、キリストの再臨時にはキリストと共に世界を統治するという教義に基づいている。ブッシュ大統領はこのような教義の影響を受け、政治家の代表として自らがその任務を遂行する使命を確信していたと言われている。

こうした使命が深刻な問題を揺曳することは、ブッシュ大統領自身がテロに対する戦いを「十字軍（Crusade）」と口にしていたことからも明白で

14　出エジプト記4章22節、エレミヤ書31章9節。

15　創世記12章7節。

16　ヨハネの黙示録5章10節。

ある[17]。中世キリスト教世界が十字軍によってイスラム社会を敵としたのと同じく、アメリカが敵であるイラクなどのイスラム社会に対する倒錯的な戦争行為を意図しているからである。倒錯的というのは、そのイラクを戦略的に対イランの地政学的理由から支援し続けてきたのはアメリカだからである。

アメリカの統治の神学を支持している重要な政治団体に、ティム・ラヘイ氏が主宰する「国家政策評議会」というものがあり、ここには共和党の多くのキリスト教原理主義議員や、キリスト教原理主義の大衆伝道師たちが定期的に集っている。財力に物を言わせて黙示録的終末論を描いた映画『レフトビハインド』を制作したのもこのラヘイ氏である。そして、この映画にも十字軍的な発想が貫流している。

かつて十字軍が聖地エルサレムの奪還を目指したように、現在のアメリカも言わば聖なる国イスラエルを偏重する。そして、栗林氏が明示しているように、このイスラエル支持の背景にネオコンと宗教右派の結託がある。宗教右派とは異なりネオコンは、「民主主義」や「自由」や「正義」を世界へ拡大することを目指し、本来伝統的家族観や同性愛反対などには関心がない。しかし、宗教右派とネオコンが利害を一致させるのは、「イスラエル支持の中東政策」である[18]。宗教右派にとっては、聖書預言の実現が主要関心事であり、特にキリスト再臨のためにはイスラエルが勢力を拡大してダビデ王国がこの世に復興することが必須と考えるため、イスラエル西岸およびガザ地区へのユダヤ人入植を支援する。

こうした二重の勢力に支えられてブッシュ大統領の思想は、アメリカとイスラエルを支持することは善であるが、それらに反対することはすべて悪であるという短絡的な二元論に圧倒されていた。それは神学的に表現すれば、古代教会が異端として峻拒したマニ教的な見解である[19]。マニ教は、ササン朝ペルシャの時代にマニ（216年−276年）によって始められたも

17　栗林輝夫『ブッシュの「神」と「神の国」アメリカ』33頁。
18　栗林輝夫『キリスト教帝国アメリカ』163頁以下。
19　栗林輝夫『キリスト教帝国アメリカ』110頁。

のであり、それによると、この世は明暗、つまり善悪に分けられ、「明」の神がこの世の「明」の子らを救うために預言者を送り、悪と戦うというものである。ここで、アメリカにおいて大統領が預言者の役割を果たすと理解されれば、こうした世界観は確かに、戦争行為を正当化するために悪用され易いと言えよう。

同志社大学の森孝一氏による『「ジョージ・ブッシュ」のアタマの中身』は、アメリカとアメリカ国民を分析する際には、その「集団的信念」とも言うべき宗教的世界観に着眼しないと間違うという主張に基づいて著されている[20]。

ブッシュ大統領は1946年に父ジョージの長男として生まれ、1968年に東部の名門イェール大学を卒業するが、1972年にはコカイン所持で逮捕されるなど奔放な日々を送っていた[21]。こうして、彼はついにアルコール依存症になるのだが、1986年、39歳の時にビリー・グラハム牧師に出会い、回心をしたという。そして、ブッシュ大統領はこのグラハム牧師から、頭に手を置いてもらって按手礼を受けたこともあると言う。按手礼とは牧師になる時の儀式である。要するに、ブッシュ大統領は宗教的指導者にもなったということをこの出来事は意味する。

2001年1月20日の第43代大統領就任演説は、ブッシュ大統領がこのような宗教的指導者を自任していたことを如実に示している。例えば、「前世紀の大半を通じて、自由と民主主義に対するアメリカの信念は、荒れ狂う海の中の岩のような役割を果たしてきた。」という文は、弟子と共に船に乗っていたイエスが、荒れ狂う湖を鎮める場面を想起させるし[22]、「岩」という表現は、明らかに使徒ペトロにイエスが言ったように、教会の土台を示唆している[23]。また、森氏の指摘どおり、「われわれは、自らの

20　森孝一『「ジョージ・ブッシュ」のアタマの中身』6-7頁。

21　以下については、森孝一『「ジョージ・ブッシュ」のアタマの中身』24-25頁を参照。

22　マタイによる福音書8章23-27節。

23　マタイによる福音書16章18節。

姿に似せてわれわれを創りたもうた、より大きな力に導かれている」という表現も聖書の創世記1章26-27節などに基づくものであり、「わが国の目標が、エリコへの道で出会った傷ついた旅人を避けて通ることのないものであることを私は誓う」とブッシュ大統領が言う時、これはイエスによる良きサマリア人のたとえ話に言及している[24]。さらに、「自らの目的をもって時間と永遠とを満たす者」は神自身を指しており、より具体的に「天使」も登場する。

森氏は、宗教右派と共和党またはブッシュ大統領との結び付きだけでなく、全米ライフル協会と共和党またはブッシュ大統領との関係も指摘している。つまり、共和党内の最大勢力は宗教右派と全米ライフル協会であり、ブッシュ大統領の発想は全米ライフル協会の発想と似ているというのである。ブッシュ大統領は、九・一一の出来事がアメリカ本土に対する攻撃であり、それに対して反撃することは当然の権利と考え、国連などの賛否にかかわらず、アメリカ一国で「われわれは自分の土地、国土を守るんだ」という発想を持っている[25]。そして、全米ライフル協会のスローガンは「私の土地、財布、銃に手を触れるな」であり、自分たちが銃の保持を支持するのは、「自分の家族を外敵から守るんだ」という思考方法であり、この点でブッシュ大統領の思考方法と合致しているのである。

「外敵」という表現にも明示されているように、味方と外敵という単純な二分法はブッシュ大統領や原理主義者の常套手段である。元々はキリスト教の神学概念であった原理主義（者）とは、「自分たちは真理を知っている。その真理は単純であり、聖書やクルアーン（コーラン）などの正典やグル（尊師）の言葉の中に明白に示されているとし、それを実際の政治や政策の上に実現しようとする考え方（者たち）」である[26]。ブッシュ大統領の場合は、その演説において明らかなように、ほとんどが「正義」と「悪」、「光」と「闇」、「文明」と「暴力」という二極概念を駆使して、自

24　ルカによる福音書10章25-37節。

25　森孝一『「ジョージ・ブッシュ」のアタマの中身』16、56-57頁。

26　森孝一『「ジョージ・ブッシュ」のアタマの中身』61頁。

分たちアメリカが前者を代表しているとし、自由という表現を反復する[27]。

こうした対立概念は、具体的にイスラエルを支持するアメリカとイスラム社会との対立となる。宗教右派は例えば、額に神の刻印を受けたイスラエルの十二部族が聖地に集められるというヨハネの黙示録7章の表記をそのまま受け入れ、イスラエルの土地を守ろうとし、さらにヨハネの黙示録16章に記されたキリスト陣営とサタン陣営の戦いである「ハルマゲドン（終末戦争）」が、アメリカ・イスラエル陣営とイスラム陣営の戦いという形で実現すると信じている[28]。逆に言えば、終末とその時における自分たちの救いのためには、イスラエル入植とイスラム陣営との戦いを完遂しなければならないということになる。

アメリカの現状はこのようなものであるが、森氏はロバート・ベラーがルソー（1712年－1778年）の『社会契約論』の用語を借りて「市民宗教」を「見えざる国教」と呼び[29]、それが原理主義的要素を近年まといつつも超越的性格を持つ「見えざる国教」がある点において、アメリカの将来に一縷の希望を託している[30]。つまり、アメリカの「見えざる国教」に超越的要素があるのは、それが人種的に、宗教的に「共通の過去」に由来するものではなく、「共通の未来」としての啓蒙主義的理念を中心に据えた宗教であったためであり[31]、具体的には1863年、南北戦争の激戦地、ペンシルベニア州ゲティスバーグでのアブラハム・リンカン（1809年－1865年、在任1861年－1865年）によるあの「ゲティスバーグ演説」に顕著に現れ

27　森孝一『「ジョージ・ブッシュ」のアタマの中身』64、88頁。

28　森孝一『「ジョージ・ブッシュ」のアタマの中身』69-71頁。

29　アメリカの市民宗教とは、アメリカ人に「アイデンティティーや存在の意味をあたえる特定の宗教体系、あるいは価値の体系である」（森孝一『宗教からよむ「アメリカ」』37頁）。

30　森孝一『「ジョージ・ブッシュ」のアタマの中身』164、179-184頁。

31　ここでいう啓蒙主義的理念とは、アメリカにおけるリベラリズムの理念であり、多様な人々を束ねるための普遍的、合理的、機能的な理念を指している（山内進「解説　アラブとヨーロッパの視点から　十字軍思想とアメリカ」森孝一『「ジョージ・ブッシュ」のアタマの中身』211-220頁を参照）。

ている。

この演説は、「人民の、人民による、人民のための政治」という名句で知られているが、森氏は特に、「神のもとに、新しく自由の誕生をなさしめるため、そして人民の、人民による、人民のための、政治を地上から絶滅させないため」とあるように、前半の語句の重要性に着目し、リンカンが「見えざる国教」を自己正当化や自己絶対化の道具とせずに、神の超越性のもとでの自己吟味を喚起している点を指摘している。そして、現代においてこの超越的「見えざる国教」を体現したのが、「私には夢がある」と演説してアメリカの将来に期待したキング牧師である。

3. 日本における近年の研究の批評

次に、以上の三人の研究者の論考に対する批評をまとめよう。

千葉氏の主張の要諦は、現代アメリカにおいて預言者的指導者が必要であるという点にあるが、預言者のみならず、王や祭司という職にも言及して論じる必要があるだろう。預言者と王と祭司という三職は、旧約聖書の各所で示されているように、古代イスラエル社会においては任職時に油が注がれた重要な職である。例えば、イスラエルの民の間では、サウルやダビデなどの王[32]、アロンなどの祭司[33]、エリシャなどの預言者に対して油が注がれた[34]。ユダヤ・キリスト教の伝統を汲むアメリカを分析する際には、この三職の役割を活用することが可能である。

すると、現代のアメリカはあたかも世界に冠たる「王」の役割を否定的な形で果たし、その下でかつていたような批判的な「預言者」的存在は影を潜め、安直な「祭司」の役割をキリスト教原理主義の立場に立つ保守的教会が果たしていると言えるだろう。

特に現代アメリカのホワイトハウスが新帝国主義の中枢として世界の王

32　サムエル記上 10 章 1 節、12 章 3 節、16 章 1 節、6 節、13 節。

33　出エジプト記 29 章 7 節、レビ記 4 章 3 節、5 節、8 章 12 節、30 節。

34　列王記上 19 章 16 節、イザヤ書 61 章 1 節。

のように振る舞っていることは明白である。かつて、イスラエルの民は初期の神権政治に不満を抱き、周辺社会に倣って王政を求めた[35]。その際、イスラエルの民は王が陣頭に立って戦争を進めることを期待したが、預言者サムエルはこのような王を求めることが悪であることをイスラエルの民に説いた[36]。このような預言者の警告は、古代イスラエルから現代アメリカに文脈を置き換えても、依然として有効である。現代アメリカの預言者は、陣頭に立って戦争を進めるような大統領を求めることが悪であることを大多数のアメリカ国民に納得のいく形で説明する必要があるだろう。

千葉氏も指摘しているように、「九・一一」の直後、国民的トラウマのいやしを求めてアメリカ人たちが教会に殺到したという[37]。こうして、キリスト教原理主義の立場に立つ保守的教会は、いかに正義のキリスト教国アメリカが不当な攻撃を悪国や悪集団から受けているかを聖書の偏狭な解釈に基づいて解説してきた。すると、ある意味でこのような教会は、表層的ないやしを行い、安直な慰めを与えることで祭司の役割をしてきたと言えるだろう。

しかし、教会はもう一度、真の王であり祭司であり預言者であるのは、イエス・キリストであることの意味を確認する必要があるだろう。イエス・キリストの「キリスト」とは「油を注がれた者」という意味であり、イエスが王としてこの世を統治し、祭司として神と人との間を取り持ち、預言者として神の言葉を人々に伝える者であるということを意味して

35　サムエル記上 8 章 4-22 節。

36　サムエル記上 12 章 19-20 節。

37　千葉眞「アメリカにおける政治と宗教の現在」19 頁。森孝一『「ジョージ・ブッシュ」のアタマの中身』129-130 頁によると、九・一一の時にアメリカのサンフランシスコ郊外の大学町バークレーに滞在していた森孝一氏は、次の日曜日にサンフランシスコで最も有名な教会であるグライド・メモリアル教会に礼拝開始三十分前に到着したが、すでに八百メートルの人々の列ができていて、教会に入れず別の教会へ向かったという。そして、ギャラップ調査によれば、それまで四十 % であった教会礼拝出席率が、九・一一後は四十七 % に上がったという。

いる[38]。これは、少なくともキリスト教国に対しては、この世のすべての王、祭司的教会、預言者的存在はイエスの前に徹底して相対化される必要性があることを意味している。確かに、神の民も王であり、祭司であるとも言われるが[39]、これらは真の王であり祭司であるイエスのもとでの終末論的比喩である。つまり、現在のことではなくて将来のことであり、字義的な意味ではなく象徴的な解説である。

栗林氏の解説によると、ブッシュ大統領の神学はメソジスト神学から始まり、それが極端なカルヴィニスト神学である統治の神学になり、同時に今や異端的マニ教神学に変容したというものである。また、キリスト教の根幹でありその枠組みを示す「父、子、聖霊」という三位一体論も、言わば「父ブッシュ、子ブッシュ、共和党」という形で簒奪され、ブッシュ大統領自らが神に成り上がったような様相を呈していた。

そして、重要な点は、果たしてそのようなブッシュ大統領の宗教心は見せかけで、ただ政治的にキリスト教原理主義者たちを利用しているだけなのか、本心からそのようなキリスト教を信じていてそれを実践しようとしていたのか、どちらなのかという問題である[40]。ここで、宗教右派とネオコンがイスラエル支持において結託しているという点が参考になるだろう。両者は上述したようにその主張点において本来異なっているが、ブッシュ大統領の政策においては、イスラエル支持という点で一つのものとして受容されているのである。

つまり、宗教右派は聖書預言の実現のために、またキリスト教の聖地エルサレムのある国としてイスラエルが必要であるし、ネオコンは石油を産出する中東の拠点として[41]、また莫大な資本を握る在米ユダヤ人の故郷と

38　マルコによる福音書6章15節、8章28節、ヘブライ人への手紙5-7章、ヨハネの黙示録20章6節。

39　ペトロの手紙一2章5節、9節、ヨハネの黙示録1章6節、20章6節。

40　栗林輝夫『ブッシュの「神」と「神の国」アメリカ』23頁、栗林輝夫『キリスト教帝国アメリカ』159頁。

41　「イラクに民主主義を伝道して親米政権を立て、石油を確保する見通しを

してイスラエルが必要であり、こうした本来別々の動機が大統領職の中で一つとされ、宗教右派を支持するためにはネオコンの支持が必要となり、ネオコンを支持するためには宗教右派の支持が必要となるという悪循環の深淵にはまり込んでいるのが現状だろう。

この悪循環の果てが戦争であることを考慮すると、ここで三つの「せいせん」に基づいてアメリカの現状を解説することが可能である。アメリカがユダヤ・キリスト教の伝統を汲む国であることを考慮すると、現代アメリカの言わば「政戦」、つまり政治的意図をもって遂行される戦争は、古代のイスラエルの民による「聖戦（Holy War）」とキリスト教の「正戦（Just War）」を結託させたものだと表現することもできるだろう。つまり、古代イスラエルの民は、神意に基づいて神から与えられたとする土地に侵入し聖なる戦争を展開してきた。そして、キリスト教国家としてのアメリカは、上述したような古代からあるキリスト教正戦論が戦争を正当化する要素となっている。現代のアメリカは自らの遂行する戦争が聖なるものであり、正しいものであると確信する点において、まさしくユダヤ・キリスト教の伝統を否定的な形で踏襲しており、現代アメリカの政戦は、古代イスラエルの聖戦論と古代からあるキリスト教正戦論が一体化したものに依拠していると言えよう。要するに、現代アメリカにおいて「政戦＝聖戦＋正戦」という図式が成立するだろう。

こうした確信に基づいた戦争行為を阻止するのが困難極まりないことは明白である。ここに至って、19世紀中葉の西部開拓や領土拡張を正当化する表現「マニフェスト・デスティニー（明白な運命）」は「マニ教的デスティニー（二元論的運命）」になり、さらには「マニアック・デスティニー（狂信的運命）」になりかねないだろう。

森氏の研究は、一方でブッシュ大統領の演説や宗教右派の主張の中に、聖書の特異な解釈に基づく世界観があることを明示しており、他方でブッ

立てる」のがイラク戦争の目的である（栗林輝夫『ブッシュの「神」と「神の国」アメリカ』45頁）。

シュ大統領と全米ライフル協会の思考方法が軌を一にしている点を指摘している。すると、これらの指摘は、宗教右派と全米ライフル協会の間にも何らかの親和性があるのではないかということを連想させる。

そして、実際に次のような点でこの両者の間には、親和性があると言えるだろう。宗教右派は聖書の独特な解釈によって、イスラエルが神の民であり、現在占拠している土地はイスラエルに与えられたものだと理解し、外敵と見なされるものからその土地を守るのだという発想を持っている[42]。他方、全米ライフル協会は、すでに引用したように、「私の土地、財布、銃に手を触れるな」をスローガンにしており、自分たちが銃の保持を支持するのは、「自分の家族を外敵から守る」ためである。つまり、宗教右派にとってイスラエルは信仰の父祖たちの地であり、自分の家族のようなものである。また、全米ライフル協会の「私の土地……に手を触れるな」というスローガンは、イスラエルの土地を守ろうとする宗教右派にとって好都合な便法にもなる。宗教右派と全米ライフル協会のそれぞれの主張は、自分たちの家族のいるイスラエルの土地を外敵から守るという点において補完的に協動しうるのである。すると、ブッシュ大統領と宗教右派と全米ライフル協会は言わば保守派の三位一体をなしていたとも言えるだろう。

このようなブッシュ大統領は、聖書のどのようなイメージで表象できるだろうか。森氏は、大統領のイメージが歴史的に聖書のイメージで類型論的に論じられることを紹介している[43]。それによると、初代大統領のジョージ・ワシントン（1732年－99年、在任1789年－1797年）は、エジプトからイスラエルの民を約束の地カナンへ導いたモーセにたとえられる。ワシントンは、イギリスから人々をアメリカの地へと導いたからである。リンカンは、キリストにたとえられる。リンカンは、南北戦争において言わば血を流して国家を統一へと導いたからである。すると、ブッシュ大統領

42　森孝一『「ジョージ・ブッシュ」のアタマの中身』68頁。
43　森孝一『「ジョージ・ブッシュ」のアタマの中身』22-23頁。

は誰にたとえられるだろうか。

ブッシュ大統領が宗教右派の黙示録的世界観の影響を受けていることや、全米ライフル協会の好戦的な姿勢に同調していることを考慮すると、ヨハネの黙示録19章に登場する「白馬の騎士」がそのイメージとして適切であるように思われる。これは、ブッシュ大統領自身の思い描くセルフ・イメージとしては適切だということである。

白馬の騎士は、白馬に乗って現れ、「誠実」とか「真実」と呼ばれ、炎の目を持ち、多くの王冠をかぶっている。また、騎士の名は「神の言葉」とも呼ばれ、その衣とももものあたりには「王の王、主の主」と記されている。この騎士には同じく白馬に乗った天の軍勢が従っており、この騎士の口から出ている鋭い剣によって、偶像礼拝者や偽預言者たちが滅ぼされる[44]。自らの正しさを高言し、神の言葉である聖書から引用し、世界の王のように振る舞う点において、ブッシュ大統領と「白馬の騎士」は表層的には似ていると言えるだろう。

森氏はその著書の最後で、現在のアメリカを把羅剔抉しても何の解決にもならないことを斟酌し、アメリカ自身の内的伝統に解決の糸口を探る。それが超越的「見えざる国教」であり、たとえばその具現であるのがキング牧師である。キング牧師の思想に対しては、概してキリスト教神学とアフロ・アメリカンとしての少数派の実存的経験がその背景として深い影響を与えているが、もう一つ重要な要素は、非暴力主義の伝統である。この点に関して、特にキング牧師に影響を与えたH. D. ソロー（1817年－1862年）とM. K. ガンディー（1869年－1948年）の思想が彼の実践の基軸をなしている。

アメリカのソローは、その著『市民的不服従（Civil Disobedience）』で知られている。ソローは、アメリカ・メキシコ戦争（1846年－1848年）の際に、その戦争が奴隷制度の拡大を意図していると理解して納税を拒否

44　ヨハネの黙示録19章11-21節。ただし、聖書においてこの白馬の騎士は、公正な裁き主であるイエス・キリストを象徴している（ヨハネの黙示録1章12-16節も参照）。

したために投獄されたという実体験を持つが、そのことが契機となって『市民的不服従』が著された。

こうして、市民が不当な政府に対して不服従の立場を取ることができるという主張は、インドのガンディーに引き継がれた。ガンディーは例えば、イギリスがインド人を令状なしに逮捕したり、裁判なしに投獄したりすることを認めたローラット法（1919年）を施行すると、それに対して、非暴力・不服従の民族運動を指導した。こうして、P. J. ネルー（1889年–1964年）の指導の下でインドの「完全独立」が宣言され（1929年）、戦後その独立が実現された。

そして、キング牧師は1955年、アラバマ州でバスの座席における黒人差別待遇を糾弾する乗車拒否運動を展開して、この運動を成功させた。この時、ガンディーの非暴力・不服従の運動が実践されたのである。こうして周知のように1964年、黒人差別撤廃を目指す公民権法が成立した。こうした歴史的背景は、アメリカの超越的「市民宗教」には「市民の不服従」と「市民の非暴力」という二要素が不可欠であることを示唆していると言えよう。

4.「敵対者」の思想

ここで多くの研究者が指摘する問題作『レフトビハインド』の要旨を紹介しておこう[45]。

主人公はレイフォード・スチールという中年パイロットであり、妻のアイリーンは熱心なクリスチャンである。彼女は、終末が近づくとクリスチャンが空中携挙（天国へと連れ去られること）されることを信じていた[46]。レイフォードは最初は妻の信仰を疑っていたが、ある時、自分が操縦している飛行機の乗客が突然百人以上、衣服を残して消失してしまうという事

45　この『レフトビハインド』からの引用に限り、本文中では頁数のみを括弧内に示す。

46　テサロニケの信徒への手紙一4章17節を参照。

件に遭遇する（30頁）。自分たちは「取り残された（レフトビハインド）」のである。そして、このような消失事件が世界中で同時発生したという。

レイフォードは家に戻ると妻アイリーンと息子が行方不明であることを知り、アイリーンがかねてから語っていたことが本当に起こったのかどうか確認するために、彼女が熱心に読んでいた聖書を調べたり、教会の牧師に尋ねたり、大学生の娘クローイが家に戻るとクローイと共に起こった出来事の実態の解明に挑む。

そして、レイフォードとクローイはアイリーンがかつて通っていた教会に行くと、そこにいた巡回牧師ブルースから、その教会の主任牧師も信徒もほとんど消失したことを聞く。この主任牧師は、地上に大患難が起こる前にキリストが現れて、すべての信者を天国に引き挙げることをよく説教していた牧師である。ブルースによると、この携挙の際に取り残された一人である自分は罪人のままであって神の許しに甘えていたことや、自分が十分の一の献金をしてこなかったこと、教会での仕事をただ仕事としてこなしてきただけであること、キリストについて積極的に語ることがなかったことなどに言及し、自分が要するに本物のクリスチャンでなかったことを告白する（213-216頁）。

レイフォードは愛する家族に再会するために、そして、罪と地獄と最後の審判から救われるために何をすればいいのかとブルースに聞くと（217頁）、ブルースは、神の目から見ればすべての人は罪人であり、何かをすれば天国に行けるものではなく、そのような罪人を救う神の恵みに対する応答として良い行いがなされること、人の罪の代償は死であるが、イエス・キリストがその代償を人の代わりに自らの死を通して支払ったこと、人は自らの罪を認めて、そのようなイエスを受け入れることを告白するなら救われることなどを説き、信じる決断を先延ばしにしないことを強く勧める（219-222頁）。

主任牧師が取り残された人のために作っておいた「携挙のビデオ」は、死者の復活が述べられているコリントの信徒への手紙一の15章51-57節の解説から始まり、携挙の時には死んだクリスチャンも現に生きているクリスチャンも、さらに自分で信仰を決断できない赤ん坊や幼児も共に天へと挙げられることを説明し、取り残された人には、試練と苦難の時が続く七年間のうちに自分自身を見詰め直し、救いを求めてキリストに立ち返ることを勧める（228-231 頁）。そして、主任牧師はその際、ヨーロッパからは人類愛を説き、力と平和と安全を説く反キリストが現れ、多くの人を惑わすとも言う。こうして、このビデオを見たレイフォードは信じる決心をし[47]、教会の中心グループに入り、罪人の集まりであるこの堕落した世界で、他の人にも真理を知ってもらおうという気になる（248-249、258 頁）。

緊急に開かれた教会の中心グループの会議において、ブルースはこれから続く七年間が試練の時であって、人が後半の大患難の時代も生き延びることができたのなら、その人はキリストの再臨を経験すると説く。例えば、ヨハネの黙示録 5 章以降に基づく彼の説明によると、キリストが再臨してミレニアムと呼ばれる千年王国をこの地上で確立するまでに、巻き物が次々開かれて、白い馬、赤い馬、黒い馬、青白い馬が現れるが、それらに乗っている人物は各々、反キリスト、戦争、飢饉、死を象徴している。第五の封印が開かれると、十四万四千人のユダヤ人によるキリスト教宣教によって導かれた回心者たちの多くが殉教し、第六の封印が開かれると、それに対する神の怒りが大地震という形で起こり、第七の封印が開かれると、後半の大患難の時代が来るという（334-339 頁）。

以上は、第一巻の内容の一斑をまとめたに過ぎないが、この近未来小説の第一の特徴として、ヨハネの黙示録などに記載されている終末の出来事

47　この時、レイフォードがビデオに登場する牧師と共に祈った言葉は次のとおりである。「神さま、わたしは罪人です。わたしの罪をおゆるしください。わたしをゆるし、わたしを救ってください。わたしの身代わりとなって死なれたイエス・キリストの御名によって祈ります。今、このときからイエスに信頼します。イエスの罪のない聖なる血潮は、わたしの救いの代価を払うのにじゅうぶんであると信じます。わたしに目をとめてくださったこと、そしてわたしを受け入れてくださったことを感謝します。わたしの魂を救ってくださったことを感謝します」（『レフトビハインド』235 頁）。

に特定の解釈が施されて、具体的に現代世界において展開していくという点を挙げることができる[48]。他にも、このような特徴を示すものとして、『レフトビハインド』の次のような点を指摘することができるだろう。

例えば、イスラエルのノーベル化学賞受賞者として登場するハイム・ローゼンツヴァイクは、イスラエルの砂漠に温室並の花を咲かせる化学肥料の合成に成功し、イスラエルに繁栄をもたらすが、その繁栄から利益を得られないことにいらだったロシアは空軍を出動させ、そのロシア空軍がイスラエル上空でイスラエルの反撃なしに自然に全滅した事件がある（12-19頁）。そして、ユダヤ人の学者が聖書を利用して、これは神がイスラエルの敵を天変地異によって滅ぼすことを記しているエゼキエル書 38-39 章の実現だとする箇所もある（19 頁）。また、エルサレムの「嘆きの壁」で、イエス・キリストが救い主であると主張し始めた二人の証人イーライとモーシュ（この名前は旧約聖書の代表的な預言者エリヤとモーセにちなんだ名前）の登場は（353-356、375-376 頁）、神に遣わされた二人の証人が預言をすることを記したヨハネの黙示録 11 章の出来事が起こっているとされている。

さらに第二の特徴として、敵と味方、残される人と救われる人という形

48 『レフトビハインド』には出て来ないが、1986 年、ソ連領だったウクライナ共和国のキエフ北方で実際に起きたチェルノブイリ原子力発電所事故は、ヨハネの黙示録 8 章 10-11 節に記されている災害と同じであることがたびたび指摘されてきた。この事故によって周辺地域が広範囲に渡って汚染され、種々の被害をもたらし、何万人もの命が奪われたが、それはこのヨハネの黙示録の記述と極めて近似しているというのである。「第三の天使がラッパを吹いた。すると、松明のように燃えている大きな星が、天から落ちてきて、川という川の三分の一と、その水源に落ちた。この星の名は『苦よもぎ』といい、水の三分の一が苦よもぎのように苦くなって、そのために多くの人が死んだ」（ヨハネの黙示録 8 章 10-11 節、新共同訳）。つまり、ここで「松明のように燃えている大きな星」は原子炉のことを指すという。それが爆発して近くの川も含めて生態系が破壊されたことはよく知られている。そして、決定的な類似点はこの「苦よもぎ」がウクライナ語ではまさしく、「チェルノブイリ」という点にある。つまり、ウクライナ語でこの箇所は、「チェルノブイリ」が川の水を苦くして多くの人が死んだということになるのである。

で明確な二元論的思考のもとにストーリーが展開されていく点が挙げられる。敵と味方という図式は、『レフトビハインド』の冒頭のロシアとイスラエルに始まり、最後にブルースがレイフォードを中心に反キリストと徹底的に戦う大患難部隊（トリビュレーション・フォース）を作る所まで一貫しているが（462頁）、同時に残される人と救われる人という図式も明白である。

この救われる人とは、終末に空中携挙される人であり、その人は上述した巡回牧師ブルースの説明にあるように本物のクリスチャンであり、言い換えると「生まれ変わった（ボーン・アゲイン）クリスチャン」である（427頁）。ここで、確かに残される人にも希望が残されている点も指摘しておく必要があるだろう。次の残された二者の会話は、神の意思を読み取って救われる可能性に言及している。

クローイは未信者だったジャーナリストのバックに対して、「もし、神というものが存在して、これがすべて真実なら、神はわたしたちに知らせたいと思わないかしら？　つまり、神が自分のことを学びにくくする必要はないわけでしょ」と言い（437頁）、そのバックは、神が人間を創造したのであれば、人間と交わりを持ち、意思の疎通ができるようになることを神が願うのは当然だと思うようになる（477頁）。こうして、この二人も大患難部隊に入るようであるが、こうしたストーリーの問題点の一つは、神が現代世界で生起する終末の具体的出来事を通して自らの意思を知らせるという点のみを強調する点にある。伝統的にキリスト教は、神の意思はイエス・キリストの生涯を通して最もよく開示されると主張してきたが、この『レフトビハインド』では、イエス・キリストに生起した出来事よりも、むしろ終末に生起する出来事から敵と味方、残される人と救われる人という二分法が導き出され、神の意思はそれらの後者を選び取るとされている。

そして第三の特徴として、敵と味方は現代アメリカの宗教右派が反対している事柄と賛成している事柄に具体化されている。例えば、『レフトビハインド』には、若手のルーマニア大統領であり、軍備撤廃運動を率いる平和主義者ニコライ・カルパチアが登場するが、彼は相互理解、兄弟愛、戦争の放棄を説くペテン師、反キリストとして描かれている（76、275、296頁）。また、彼は国連事務総長として、新しい安全保障理事会の参加国が軍備の撤廃を約束して、現在保有している武器の九割を廃棄し、残り一割を国連に供出することを提案し、国連本部を再建中のバビロンに移そうとしている（382-383、444、459頁）。こうした記述は、アメリカの軍事力に基づく一国主義を相対化し、かつ、時にはアメリカの行動に掣肘を加えうる国連に対する宗教右派の気質を代弁しているとも言えるだろう。

また、『レフトビハインド』には、ローマ・カトリックに対する否定的表現もしばしば見られる。宗教右派の大部分がプロテスタントであることを考慮すると、これはある意味で当然のことでもある。例えば、カルパチアの祖先はローマ人とされていることや、彼がイタリアに拠点を置く世界統一宗教の確立を目指しているという内容は（383、471頁）、ローマ・カトリック教会を揶揄したものである。ある雑誌の社主の発言として、その雑誌の編集長にローマ法王を採用したって周りの人間は難癖をつけるというくだりがあるが（347頁）、これなどはもっと直截的な皮肉でもある。

さらに、宗教右派が人工中絶を反対していることは、『レフトビハインド』において、空中携挙の際に母胎の胎児までもが消失しているという記述に具体化されている。終末において母胎から胎児のみが消失するということは、要するに人工中絶ができないということであり、それが神の最終的な意思だとされている。そして、実際に人工中絶も手掛けている産婦人科の医院で働いていた人の仕事が減ってしまって困りだすという場面もある（287頁）。

『レフトビハインド』は単なる娯楽小説として読めば面白いものであるが、それがアメリカの宗教右派と連動していて、ロングセラーにもなっている点を考慮すると、事態はかなり深刻であると思わざるをえない。

神学的に千年王国に関する終末論は、本書のように空中携挙が起こって患難の時代が来て、その後にイエス・キリストが再臨し、千年間キリストがこの世を統治するという「千年期前再臨説（Premillennialism）」や（ヨハネの黙示録20章)、イエス・キリストの再臨は千年期の後に起こるとする「千年期後再臨説（Postmillennialism)」、また、この千年という期間を象徴的に理解して、それはイエス・キリストがこの世に誕生し、十字架刑での死後復活し、それ以後、霊的な意味でこの世を統治し初めてから再臨するまでの期間を示すとする「無千年期再臨説（Amillennialism)」がある。つまり、『レフトビハインド』の終末論は神学的には様々な立場のうちの一つに過ぎない。そして、この立場は、特に黙示文学に属する聖書箇所の特異な解釈に基づくものであるが、一つだけ中心的問題点を挙げるとすれば、善と悪、神と悪魔、味方と敵という単純な二項対立構図であり、そのイメージで聖書を読み込む傾向を露呈している。

そこで最後に、その二項対立の典型である神と悪魔に焦点を当てて、特に聖書の中で悪の権化とされている悪魔について再検討をしよう。ちなみに、最近のアメリカ軍事史事典に、ジョン・C・フレドリクセン（John C. Fredriksen)『アメリカの軍事的敵対者たち　植民地時代から現在まで（America's Military Adversaries　From Colonial Times to the Present)』という興味深い本があるが、それは植民地時代から現在に至るまで、イギリス、先住民（インディアン)、中国、北朝鮮、日本、ドイツ、イタリア、ヴェトナム、イラクなど、アメリカ合衆国と敵対した国や集団の代表者を詳細に列記している。

この事典の表紙には四人の写真が掲載されているが、それらはオーストリア出身のドイツ独裁政治家ヒトラー（1889年－1945年)、イラクの独裁政治家サダム・フセイン（1937年－2006年)、アパッチ族を構成する部族の一つチリカワ部族出身でアメリカ合衆国による軍事的征服政策に抵抗したアメリカ先住民ジェロニモ（1829年－1909年)、メキシコ革命期（1910年－1917年）の軍事指導者パンチョ・ビリャ（1877年－1923年）である。つまり、これらの人物はアメリカの四大敵対者という意味であろう。本文中に掲載されている日本人は太平洋戦争突入時の首相東条英機（1884年－1948年)、連合艦隊司令長官、海軍大将の山本五十六（1884年－1943年）などである。

敵（=悪）と味方（=善）を峻別する二元論的思考方法は、この事典においても明白である。確かに、このような二元論的識別はアメリカに限定されたものではないが、特にこうした思考方法がアメリカに特徴的だと考えられるのは、キリスト教の宗教右派の発想と近似しているからである。つまり、上記の「敵対者たち（Adversaries）」という表現は、聖書などでは「サタン」や「悪魔」を表す語と同じであることを考慮すると、このような著作で「敵対者たち」として挙げられている人物は、要するにアメリカにとって「サタンたち」であり、「悪魔たち」なのである。この点において、この事典のタイトルや編集方法が極めて興味深いと言えるのである[49]。

しかし、その聖書においてサタンや悪魔はそれほど単純明快な存在ではない。ここでさらに焦点を絞って、通俗的に最も悪魔的と見なされている人物イスカリオテのユダを再検討しよう。

第一に、日本語の聖書では、イエスが使徒を選んだ時、十二人の名前の最後にユダがイエスを否定的な表現で「裏切った」、または「裏切り者」であると記されているが[50]、これは正確にはより中立的な表現で「引き渡した」、または「引き渡す者」と訳すべき語である。そして、これらの箇所をイエスという語句を補いながら直訳すると、「彼は、イエスを引き渡すこともした」（マタイによる福音書、マルコによる福音書）、「彼は、イエスを引き渡す者となった」（ルカによる福音書）となる。つまり、使徒言行録1章17節が明白に記しているように、ユダは他の使徒たちと同じ任務を与えられていてそれを正当に果たしていただけでなく、それらの任務に加えてイエスを引き渡すという特別な任務「も」イエスによって与えられていて、それを後に適切に実行したのである。ユダは単なる裏切り者

49　アメリカが今世紀唯一の超大国となったことを自負するこの事典は、共産主義を「悪魔的な（fiendish）」イデオロギーと呼んでいる（John C. Fredriksen, America's Military Adversaries, p.xii.）。

50　マタイによる福音書10章4節、マルコによる福音書3章19節、ルカによる福音書6章16節。

などではなく、他の弟子たち以上の任務を任せられていた特別な使徒だったのである。

第二に、ユダの「大罪」としてイエスを祭司長たちに売り渡したことが、一般に指摘されるが、ユダのこのような「大罪」は、ユダが会計係であったからこそ実行されたのであり、そのユダに会計を任せていたのはイエス自身であることを見落としてはならないだろう。ユダは会計係だったからこそ、祭司長たちとイエスの売り渡しに関する相談をしたのであり、最も信頼できるユダに会計係を任せていた責任は言うまでもなく師であるイエスにある。したがって、仮に他の弟子たちも会計係をイエスから任せられていたなら、ユダと同じことをしたと考えられる。

第三に、仮に聖書において使徒ユダと悪魔が結び付けられて記されているとするなら、マタイとマルコによる福音書では使徒ペトロとサタンが結び付けられて記されているとも言える。使徒ペトロは、イエスが自らの苦難と処刑と復活について説明しだすと、そんなことはあってはならないことだと言ってイエスを戒めた。イエスは、そう言うペトロに対して、「サタン、引き下がれ」と言って厳しく戒め返す[51]。ここでは、悪魔もサタンも似たような存在である（ヨハネの黙示録 12 章 9 節参照）。このペトロは、イエスが逮捕されてから十字架上で処刑されるまでにイエスを三度知らないと言ってイエスとの関係を否定し、他の弟子たちも皆、イエスを見捨てて逃げてしまった[52]。つまり、ヨハネによる福音書 6 章 70 節でユダがイエス自身に「悪魔」と呼ばれていて、マタイによる福音書などではペトロがイエス自身に「サタン」と呼ばれていることを考慮すると、使徒たちは皆、言わば同罪と言える。

第四に、福音書ではイエスの弟子たちのこのような姿は、サタンや悪魔に導かれたためであると記している。例えば、ルカによる福音書 22 章 31 節では、ペトロがイエスを三度知らないと言う前に、イエスはペトロに、

51　マタイによる福音書 16 章 23 節、マルコによる福音書 8 章 33 節。
52　マタイによる福音書 26 章 56、75 節。

「サタンはあなたがたを、小麦のようにふるいにかけることを神に願って聞き入れられた」と告げている。つまり、ペトロによるイエスの否認や弟子たちの逃亡はサタンの導きによるものだとイエス自身が説明している。また、ルカによる福音書22章3節、ヨハネによる福音書13章2節や27節では、明らかに悪魔がユダの考えを導き、サタンがユダの中に入って引き渡し行為を実現させていくことを記している。ここで重要な点は、悪魔やサタンは決して神から独立した神と同等の存在ではなく、神の許しのもとにのみ働く存在であるということにある。例えば、正しい人ヨブを苦しめたのはサタンだが、このサタンは神のもとから出てきて、神の許可したことのみをヨブに行っていた。[53]

第五に、これらの弟子たちのうち、イエスは特にユダに同情的であった。イエスは、人の子イエスを引き渡す人は不幸であり、その人は生まれなかったほうが、その人のためには良かったのであると語るが[54]、これはユダに対するイエスの呪いの言葉ではない。確かにユダは生まれなかったほうが、ユダのためには良かったのだが、ユダが生まれてきて、その引き渡し行為のゆえにイエスの十字架での死とその後の復活が実現したことは、ユダ以外のすべての人のためには良かったのだと、イエスはここで同情的に語っているのである。ユダは自分の自由な意志によらずに生まれてきて、イエスに見いだされ、イエスによって弟子とされ、イエスによって会計係をゆだねられ、イエスによってイエスの引き渡しの役を任され、それを正しく実行した。それにもかかわらず、ユダが「裏切り者」と見なされるのなら、確かに本人にとってはいっそのこと生まれなかったほうが良かったと言わざるをえない。

さらに、ユダはイエスに有罪の判決が下されたことを知り思い返して、銀貨三十枚を祭司長たちに返そうとし、罪のない人の血を売り渡して罪を犯したと言う。しかし、祭司長たちは取り合ってくれないので、ユダはそ

53　ヨブ記1章12節。

54　マタイによる福音書26章24節、マルコによる福音書14章21節。

の銀貨を神殿に投げ込み、自らの首をつって自殺をした[55]。その時の状況を使徒言行録1章18節は、ユダは地面にまっさかさまに落ちて、体が真ん中から裂け、「はらわた」がみな出てしまったと記している。聖書においてこの「はらわた（スプランクノン）」というギリシャ語の動詞は、「はらわたが裂けるほど同情する（スプランクニゾマイ）」という語で、当時ははらわた、つまり内臓が感情を司る部位だと見なされていたためにこのような表現があった。イエスは病や空腹で弱り果てた群衆に対して、たびたび「はらわたが裂けるほど同情」していた[56]。このようなイエスは、断腸の思いで自分のしたことを思い返して実際に自殺してはらわたが裂けて飛び出たユダのことを、はらわたが裂けるほど同情したことだろう。

以上の五点から、聖書を精査するなら、通俗的に悪魔の権化とされるユダを神や神の子イエスと対蹠的な人物と速断することは不可能であり、キリスト教の宗教右派のように物事を二元論的に敵（＝悪）と味方（＝善）に峻別する思考方法は、聖書そのものに由来しないことが分かる。

5. 結　論

本論の結論として、次の三点を挙げよう。

第一に、現代世界における視座として短絡的な善悪二元論を克服する必要があるだろう。上述したように、2001年9月16日、ブッシュ大統領はマスコミ向けの声明を出し、その中でテロリズムとの戦いは「十字軍」だと発言し、一方的に敵をイスラム教徒と決め付け、心情的に対決姿勢を露呈した[57]。そして、同年9月20日、「米議会上下両院合同会議および米国民に向けた大統領演説」において、ブッシュ大統領はその発言を和らげつつも、「自由と恐怖、正義と非道は、常に戦ってきた。そして、その戦い

55　マタイによる福音書27章3-5節。

56　マタイによる福音書9章36節、14章14節、15章32節、20章34節。

57　森孝一『「ジョージ・ブッシュ」のアタマの中身』102頁。

において神が中立でないことを、われわれは知っている」と述べた。[58] しかし、神はむしろ善人にも悪人にも恵みを与える神であり、その意味で善悪を超える中立的な神でもある。[59] 神の前に完全な善人もいなければ、完全な悪人もいない。程度の差はあれ、そのような罪人すべてに対して、神は回心を求め、救いへと導く神である。

善悪二元論を超える必要性は、国際政治の専門家からも提唱されている。例えば、東京大学の国際政治学者である藤原帰一氏は、日本の新聞が国際問題を取り上げる際、「善玉対悪玉」の話に単純化しすぎであり、実際は不明な部分が多く、むしろ国際関係は「悪者と悪者」の付き合いのような世界であることを的確に指摘している。[60] 国際関係においては、善悪二元論よりは、むしろ言わば「悪悪二元論」の方が現実に近似していると言えよう。

第二に、宗教右派や根本主義者や福音派が現代アメリカの諸悪の根源だという発想は、それ自体、単純な二元論的思考に陥っている。こういう集団が悪であり、それに対する抵抗勢力が善であるという選別をする人は、その人が批判している「悪」の集団の思考方法とさして変わらない。例えば、同じ福音派でもイラク戦争容認の『クリスチャニティー・トゥデイ』誌もあれば、イラク戦争反対の『ザ・ソージャナーズ』誌もあり、福音派と言っても色々であり、聖書に忠実でありつつも体制批判的な人もいる。同じアメリカのバプテスト派から、国家に追随的なビリー・グラハム牧師も出れば、批判的なキング牧師も出るのである。特に、日本ではアメリカやキリスト教の極端な例が興味深く報道され、それ以外の存在が矮小化されがちであるが、それはあたかも、外国で日本の過労死と援助交際のみが報道されるようなものであり、日本の「Teriyaki（照り焼きソース）」と「Karaoke（カラオケ）」のみが楽しまれているようなものである。

第三に、「アメリカの平和、パクス・アメリカーナ（Pax Americana）」

58　森孝一『「ジョージ・ブッシュ」のアタマの中身』105 頁。

59　マタイによる福音書 5 章 45 節。

60　「世界は単純じゃない　国際政治学者　藤原帰一さん」を参照。

という理想は、実は「アメリカの戦争、ベルム・アメリカーヌム（Bellum Americanum）」と表裏一体であると言えよう。世界におけるアメリカの覇権の拡大と共に世界に平和が均霑されるという理念は、その裏にある数々の戦争行為の上に成り立っていることがますます明らかになるにつれて、「アメリカの戦争」を内包していることが浮き彫りにされていくようである。かつて、アメリカは共産主義を外敵としていたが、近年はイスラムを外敵とし、アメリカ内部にも非愛国者という敵を創出し、自由と平和と民主主義の宣教を躬行している。こうした強行政策には無理があり、それが長期的に継続不能であることは、現在のイラクの情勢を見れば明々白々である。アメリカの統治による世界平和よりも、「剣を取る者は皆、剣で滅びる」というイエスの言葉の方が一層現実的であろう[61]。

文献表

「4人射殺7人けが　米の学校襲撃　容疑者自殺か」『朝日新聞（夕刊）2006年10月3日』（朝日新聞，2006）8頁

「学校銃撃　断てぬ連鎖　北米、夏から急増　『コロンバイン』模倣も」『朝日新聞（朝刊）2006年10月7日』（朝日新聞，2006）7頁

「許す信仰　息のむ米国　学校5女児射殺　『力』排すアーミッシュ　犠牲13歳『私から撃って』　容疑者家族を葬儀に招く」『朝日新聞（夕刊）2006年10月7日』（朝日新聞，2006）8頁

「世界は単純じゃない　国際政治学者　藤原帰一さん」『朝日新聞（朝刊）2006年10月9日』（朝日新聞，2006）11頁

「『ブッシュ大統領は神との会話で政治する人』　独前首相が自伝で批判」『朝日新聞（夕刊）2006年10月25日』（朝日新聞，2006）8頁

「『お化け屋敷』で神の教え　若者呼ぼうと米で広がり」『朝日新聞（朝刊）2006年11月1日』（朝日新聞，2006）6頁

栗林輝夫『ブッシュの「神」と「神の国」アメリカ　宗教が動かす政治』（日本キリスト教団出版局，2003）

栗林輝夫『キリスト教帝国アメリカ　ブッシュの神学とネオコン、宗教右派』（キリスト新聞社，2005）

千葉眞「アメリカにおける政治と宗教の現在　――新帝国主義とキリスト教原理主義

61　マタイによる福音書26章52節。

——」『思想　二〇〇五年　第七号　九七五号』（岩波書店，2005）6-27頁

森孝一『宗教からよむ「アメリカ」』（講談社，1996）

森孝一『「ジョージ・ブッシュ」のアタマの中身　アメリカ「超保守派」の世界観』（講談社，2003）

ティム・ラヘイ / ジェリー・ジェンキンズ（上野五男訳）『レフトビハインド』（いのちのことば社フォレストブックス，2002）

R. G. Clouse, The Making of the Millennium Four Views with Contributions by George Eldon Ladd, Herman A. Hoyt, Loraine Boettner, Anthony A. Hoekema, (Downers Grove, IL: InterVarsitry Press, 1977)

John C. Fredriksen, America's Military Adversaries From Colonial Times to the Present, (Santa Barbara, CA: ABC-CLIO, Inc., 2001)

書　評　森本あんり『反知性主義』

本書[1]（以下、森本あんり著『反知性主義』を指す）は組織神学から歴史神学にわたる領域を射程に入れる専門家によるアメリカの反知性主義の研究書であり、リチャード・ホーフスタッター著（田村哲夫訳）『アメリカの反知性主義』（みすず書房・2003 年 / 原書・1963 年）を祖述するにとどまらず、博捜された各事例をアメリカ・キリスト教史と綯い合わせて検討している。著者（以下、森本あんり氏を指す）によると、本書は「多事多端」（276 頁）の中で上梓されたものであり、「註については、厳密な学術書ほど丹念にはつけなかった」（275 頁）ものの、著者がすでに著した関連書からも窺い知れる。本誌の書評形態の顰みに倣って、まず本書を概説的に展望してから論評を加えよう。

著者は「はじめに」、近年日本において「反知性主義」という言葉が、実証性や客観性や公共性の欠落した胡乱な大衆迎合的気質を指す表現として人口に膾炙したものの、本来は半世紀も前に「ホフスタッター」（本書本文中ではこう表記されている）の前掲書に遡及される専門用語であり、アメリカの知的伝統の功罪を分析したものとして、アメリカ・キリスト教史の予備的知識なしには咀嚼困難な名著である点を指摘する。かく言う反知性主義は、「知性そのものでなくそれに付随する『何か』への反対で、社会の不健全さよりもむしろ健全さを示す指標だった」（4 頁）のであり、各種研究機関では最先端科学技術が駆使される一方、教会では進化論を否

1　森本あんり『反知性主義　アメリカが生んだ「熱病」の正体』（新潮選書・2015 年）本文 1-276 頁、註 277-282 頁。

定する創造論や死者の復活が開陳されるようなアメリカ社会を繙く際の要として解明的な役割を果たすと同時に、21世紀の日本にとっても汎用性に富む主題である。

まず「プロローグ」では、2004年のレーガン大統領の国葬式典において、本人の遺言に基づいてピューリタン指導者ジョン・ウィンスロップの1630年の説教が朗読された点に言及し、人間の服従と背反のそれぞれに対して神が与える祝福と滅びを明示した申命記30章を引用するこの説教が、神の一方的で無条件の恩寵を説く本来のヨーロッパ大陸改革派契約神学に反して、従順な人間に対して神は恩恵をもたらすはずだという御利益的で互恵的な契約理解を導き出した点をキリスト教のアメリカ化の象徴的典型として挙げる。すると、例えばアメリカの繁栄は、神への忠実さを結果的に例証しているという独善的な視点が生まれる（マックス・ヴェーバーの「幸福の神義論」）。ここで、このような宗教の土着化、文脈化は、ウィルスに比定される。ウィルスが宿る生体はウィルスに大きな影響を受けるが、ウィルス自体も環境適応のために自己変容をする点で、まさしく先住民を抑圧しながらアメリカに宿ったキリスト教は片務契約理解を双務契約理解に病変させるほどのものだったのである。

歴史的にこのウィルスは、アメリカ独立前から「周期的な熱病のようなもの」である「信仰復興（リバイバル）」（56頁）を顕在化させたが、この前提としてピューリタニズム知性主義があることを解説したのが、「第1章」である。ピューリタンが入植したニューイングランドは比較的高学歴者が多かったが、それは典礼執行を中心とするカトリック教会の聖職者とは異なり、聖書原語に基づく解釈から紡ぎ出された説教を重視するプロテスタント教会の牧師には、特定教派神学よりも普遍的価値を有する古典語学やそれに基づく釈義学という高度な学識が必要とされたためである。また、リベラルアーツと呼ばれる教養諸学科が重視されたのも、救い以外の一般的な事柄も含む聖書を聖職者だけでなくすべての信徒が同様にして直接自力で読解できるようになるためである（「聖書原理」と「万人祭司」43頁）。

そして、このような教育を受けた牧師は教会員全員の平等な投票によって教会に招聘されたが、朝の9時から最低3時間は続く礼拝は、祈禱と聖書朗読と「プレイン・スタイル」（50頁）、つまり、平明な語り口調による説教からなり、聖書原語や教父文献の多用は回避され、大人も子どもも同席する場で神学的主題が容赦なく語られた。

今やアメリカでは、メガチャーチでの熱狂的礼拝や大統領選挙という巨大政治ショーが隆盛を極めているが、「第2章」はそれらの背景にある「信仰復興」に焦点が当てられる。これは18世紀にはアメリカ独立革命を、19世紀には奴隷制廃止運動や女性の権利拡張運動を、20世紀には公民権運動や消費者運動に棹差したが、それは信仰復興運動が平等というアメリカ的理念を社会の中で具現化するためである。この大覚醒を記録した18世紀のジョナサン・エドワーズによると、北東部のマサチューセッツから中部植民地のニュージャージーなどに至るまで教会は大盛況で、エドワーズ自身の教会は老若男女、黒人もこの出来事に関与していたという。

著者によると、こうした「集団ヒステリー」（58頁）は、信仰の希薄化の進んだ第2、3世代の増加とそれらの世代に期待される回心体験の必要性と、他方でニューイングランドの人口急増とそれに伴って信仰復興を伝えるマスメディアの発達を背景とするが、この後者の具体例としては、イギリスから訪米中のジョージ・ホイットフィールドの「説教しては印刷する」（74頁）という伝道があり、これは現代のテレビ伝道者の雛型と言える。こうした手法は「自作自演」劇だと評されることもあったが（75頁）、伝道者らの伝えるイエスこそ、律法学者たちの偽善性を酷評した点で反知性主義の原点である（85頁）。

「第3章」は、このような反知性主義を育む要因の1つとしての平等の理念を取り上げる。平等概念は宗教改革の万人祭司論を原点とし、アメリカ独立宣言にもすべての人の平等が唱道されるが、現実社会では不平等が存在する。こうした状況と折り合いを付けつつ改革を進めたカルヴァン派やルター派といった主流派チャーチ型とは別に、幼児洗礼を否定して教会の存立を根本から否定する再洗礼派や、既存の教会制度や教職制度を否定する徹底的平等主義に立つクエーカーといったセクト型は、アメリカにおいて主流派教会から迫害を受けつつも、公定教会の廃止という政教分離において個人の自由と権利を擁護する合理主義的な世俗政治家たちと一致し、アメリカで活路を開いたのである。ここに、セクト型と反知性主義との間の親和性が見られる。

この反知性主義は自然観にも深い関係があることを指摘したのが、「第4章」である。ジョナサン・エドワーズが自然の美に観入して神の栄光を見て取り、19世紀のラルフ・ウォルドー・エマソンが自然こそ神性の顕現であるとして、ヨーロッパ的知性や書物への過剰依存に対して警鐘を鳴らす時、ここにも反知性主義が見られる。

その後の19世紀アメリカの国土拡張を背景とする第二次信仰復興運動は、「第5章」で探究される。この時期に特に成長したのは、監督制の下で巡回牧師制の効率性を活用したメソジスト教会と、牧師任命権が各教会にある各個教会主義のバプティスト教会である。こうした教派は、「素朴な聖書主義、楽観的な共同体思考、保守的な道徳観」（153頁）を共有して、今日の福音主義の素地を形成した。そして、これらの教派で活躍した伝道者たちが必ずしも高学歴のインテリではなかったことと並行して、1828年のアメリカ大統領選挙において、第2代大統領を父に持つインテリのアダムズではなく、軍人としての名声はあったものの素朴で実直なジャクソンが大勝したこともこの時期の反知性主義の象徴的出来事である。この大衆的ジャクソンデモクラシーを背景にして登場したのが、第二次信仰復興運動の中心人物チャールズ・フィニーであり、彼は聖書や神学を独学で学び、聖書原語に基づく釈義をしなかったにもかかわらず、多くの聴衆を回心に導いた点で反知性主義の代表的存在であった。リバイバルについて彼が、神による奇跡ではなく、神と人の協力作業であり、人間に労働と休息という生活リズムがあるのと同様に、時期を見定める必要があると考えていた点も（181頁）、ある意味で言わば神と人の対等性を示唆していると言えるだろう。また、こうした平等意識は、女性や黒人の社会進出を後押しした彼の実践志向にも表れているという。

「第6章」は、アメリカが工業化、都市化すると共に大量の難民を受容する19世紀末に到来した第三次信仰復興運動を検討する。ここで特に興味深いのは、この時代に活躍した大衆伝道者ドワイト・ムーディーが移り気な人々の気質を見抜いていたことに言及された後に、リバイバルとビジネスの「相性」（190頁）に着目されている点である。リバイバルによって人は一度で聖人になるわけではないので、繰り返しリバイバル集会を必要とするが、これは1つの商品で満足できずに繰り返し同じ商品を必要とする客を相手にするビジネスと類比的関係にあるというのである。実際、ムーディー主催のリバイバル集会として商業施設が転用されたり、集会専用施設が設立されたりと、「大規模商業資本と大規模リバイバリズムは、双生児のように仲がよい」（203頁）。ムーディー自身は身の丈に合った生涯を貫いたものの（205頁）、こうした分析は「巡回伝道」の世俗版が「巡回セールス」であるという示唆と相俟って（208頁）、現代アメリカのメガチャーチの牧師が、成功した経営者と見なされる傾向を想起させてくれる。

以上に取り上げられた反知性主義の体現者らの完成態として、匹如身から大リーグ野球選手を経て大衆伝道者になった20世紀初頭のビリー・サンデーが最終章、「第7章」で精査される。こうした人物の登場は、南北戦争前に訪米したフランス人トクヴィルがアメリカでは知性における平等の理念が根づいていることを観察したように、誰でも自らの出自に関係なく自己を向上させることができるという信念が社会に活着していることに基づいており、巨額の富を築いたサンデー自身は、リバイバルの手法を「ビッグビジネス」（243頁）から学んだと公言している。この点と関連して、教会が経済的には税金によって維持される国教会制度のヨーロッパとは異なり、憲法が政教分離を定めているアメリカでは教会が言わばショービジネスとして自由競争によってサバイブしなければならない事情や、好戦的な行進曲が賛美歌として活用された点にも触れられている。実に、教会や伝道者のこのような「自助」が神による「天助」と相即しているという点が、アメリカのキリスト教の特徴なのである（256頁）。

最後の「エピローグ」では、本書の議論が整理される。本来、「知性（intellect）」は、単なる「知能（intelligence）」とは異なり、自分に適用する「ふりかえり」機能があり、特に権力との癒着に対する反感が本書で反知性主義と呼ばれるものである（259-262 頁）。この反知性主義は、ヨーロッパの王制や貴族社会、宗教改革といった権威や伝統の欠如したアメリカで代替的に活躍した知識人による知性主義と共に生まれた抑制機能であり、民主的平等を希求するこの気質はいかなる体制に対しても異議を申し立てる権利があるという宗教的確信に根差している。

このように本書は、アメリカの歴史的出来事の誘因に信仰復興や平等の理念が伏在し、それらの反知性主義が知性主義と拮抗してきた歴史や、教会のその<リバイバル>が実は教会の<サバイバル>のためにも必要であっただけでなく、プラグマティズムやビジネスと通有する形態をまとっていたこと、さらには教会が現代の娯楽に相当する役割を担っていた点も際やかに論証し、その過程で当時、当地の興味深い逸話やアメリカ社会を具体的に活写した映画の紹介を随所に鏤めた達意の師表的研究書であり、読者に<マネージ>しきれないほど広汎な<イメージ>を提供してくれる。例えば、本書の反権力的反知性主義は、かつて学校教育から見捨てられた発明王エジソン（1847 年－1931 年）が、「蓄電池の実験に 1 万回失敗して友人に慰められた時、うまく行かないやり方を 1 万通り発明しただけだよと言った」ことや（‘Thomas Edison,’ The World Book Encyclopedia E Volume 6, [Chicago, IL: Field Enterprises Educational Corporation, 1966], p.50）、プリンストンの幽霊と呼ばれたジョン・ナッシュ（1928 年－2015 年）が、「独創性に固執し、既成の権威を蔑視し、自立心を保とうと心を砕いた」こと（シルヴィア・ナサー著［塩川優訳］『ビューティフル・マインド　天才数学者の絶望と奇跡』［新潮社・2002 年］10 頁）に想到させ、戦前、鶴見俊輔（1922 年－2015 年）が大学生の頃、ニューヨークで会ったヘレン・ケラー（1880 年－1968 年）から、大学で「学ぶ（learn）」ことを「学びほぐす（unlearn）」必要があると教えられ、その際、型通りに編んだセーターを元どおりにほどいて、自分の体に合わせて編み直すことだと理解した経緯とも通底する（『朝日新聞 2006 年 12 月 27 日　朝刊　オピニオン 1』15 頁）。「学びほぐす」という「ふりかえり」機能には、権威や権力と癒着した「既存の通説の欺瞞性を教える（unteach）」教育者の存在が重要である。それは一般に、一過性の専門的知識よりも永続的なリベラルアーツ的知恵を授け、森有正の言葉で言うと浅薄な「体験」よりも変革的「経験」を内面化させる。

ハーバード大学、イェール大学、プリンストン大学という歴史的変遷は（46 頁）、さらにプリンストン神学校から独立したウェストミンスター神学校の保守的改革派神学思想とその後の分裂や、そもそも 19 世紀初頭ハーバード大学のユニテリアン勢力に対峙して開設されたアンドーバー神学校で、この世でキリスト者となれば天国へ、そうでなければ地獄へ行くという単純な二分法とは別に、この世でキリスト教に接する機会のなかった人の救いを巡って 19 世紀後半に繰り広げられた論争（「アンドーバー論争」）なども考慮するなら一層、知性の役割を実感させてくれるだろう。

通行人が瀟洒な建物を汚したり、傷つけることは容易だが、その建物に隠然と残されている精妙な設計図とそれに基づく建築手法には誰も手を出すことはできない。しかし、通りすがりの人でもその中の喫茶店で一時を過ごすなら、その建物の真価を味到できるかもしれない。書評は続貂的要素を内包する。読者は本書と共に著者の他の著作やそれらの引用文献も味読する必要があるだろう。

第1版への後書

本書を上梓するにあたり、多くの方々のお世話になった。特に、改めて次の方々に対して深甚の感謝の言葉を述べたいと思う。

まず、私の幼少期から聖書を解き明かし、信仰を示してくれた両親の薫染がなかったなら、私はキリスト教に興味を持たなかっただろうし、まして、研究をすることもなかっただろう。私の父は戦後、神戸のパルモア学院でアメリカのメソジスト宣教師カブ氏の英語教育を通してキリスト教に触れた。私自身は、パルモア病院で生まれ、このカブ宣教師のご子息のJ. B. カブ Jr. の著書から近年、実に多くの事柄を学ぶことができた。私の父は、カブ宣教師を通してキリスト教を学び、私は、カブ・ジュニア教授の本を通してキリスト教を学んだのである。私の母は、宮崎でアメリカのメノナイト宣教師から信仰の手ほどきを受けた。その頃、教会で一緒に種々の活動をしておられた方々の中には、後に神学教育や聖書翻訳に携わるようになった方もおられ、往時の信仰の勢いが窺い知れる。アメリカのキリスト教は現在、複雑な様相を呈しているが、少なくともこのアメリカのキリスト教がなければ、現在の私もこの本も存在しえなかっただろう。

次に、学生時代からの恩師、同志社大学名誉教授の土肥昭夫先生は、今回も拙著の出版の相談に快く乗ってくださった。土肥先生からは、主として学生時代にキリスト教史を、院生時代にキリスト教教理史を学ぶことができたが、本書で取り上げた現代神学の種々の議論も、煎じ詰めれば教父学の議論が土台になっていることが分かる。土肥先生から教父学を教わっていなかったら、現代アメリカ神学を本書のような形でまとめ上げることはできなかっただろう。

最後に、土肥先生より紹介していただいた新教出版社代表取締役社長の小林望氏は、本書を出版する意義を認めてくださった。小林氏は、かつて1995 年夏から半年ほど、『福音と世界』（新教出版社）に拙論「神の和の神学入門」を掲載してくださったこともあり、再び今回、このような形で拙論が世に出る手助けをしてくださったのである。

多くの方々のご協力と激励に改めて感謝の言葉を申し上げると同時に、今後も諸賢のご教示と叱正を請いたいと思う。

2004 年 5 月　宮平　望

著者紹介　宮平 望（みやひら のぞむ）

1966 年 神戸市生まれ

1989 年 同志社大学神学部卒業（神学士）

1991 年 同志社大学大学院神学研究科前期博士課程歴史神学専攻終了（神学修士）

1992 年 ハーバード大学神学大学院修士課程修了（神学修士号［ThM］受領）

1996 年 オックスフォード・ウィクリフホール神学大学研究科終了（コベントリー大学より神学博士号［PhD in Theology］受領）

1996 年 8 月 -1997 年 3 月 オックスフォード大学グリーン学寮客員研究員

2002 年 8 月 -2003 年 8 月 ケンブリッジ大学神学部・宗教学神学高等研究所客員研究員

2002 年 8 月 -2003 年 8 月 ケンブリッジ・ティンダルハウス聖書学研究所客員研究員

2002 年 10 月 -2003 年 8 月 ケンブリッジ大学セント・エドマンズ学寮客員研究員

1997 年 4 月以後、西南学院大学文学部国際文化学科講師、助教授、教授を経て、現在、国際文化学部国際文化学科教授（キリスト教学・アメリカ思想文化論担当）

著　書

『神の和の神学へ向けて　三位一体から三間一和の神論へ』（すぐ書房, 1997/ 新教出版社, 2017）

Towards a Theology of the Concord of God　A Japanese Perspective on the Trinity, (Carlisle, Cumbria: Paternoster, 2000)

『責任を取り、意味を与える神　21 世紀日本のキリスト教 1』（一麦出版社, 2000）

『苦難を担い、救いへ導く神　21 世紀日本のキリスト教 2』（一麦出版社, 2003）

『戦争を鎮め、平和を築く神　21 世紀日本のキリスト教 3』（一麦出版社, 2005）

『現代アメリカ神学思想　平和・人権・環境の理念』（新教出版社, 2004）

『ゴスペルエッセンス　君に贈る 5 つの話』（新教出版社, 2004）

『ゴスペルフォーラム　君に贈る 5 つの話』（新教出版社, 2007）

『ゴスペルスピリット　君に贈る 5 つの話』（新教出版社, 2008）

『神の和の神学入門　21 世紀日本の神学』（新教出版社, 2005）

『マタイによる福音書　私訳と解説』（新教出版社, 2006）

『マルコによる福音書　私訳と解説』（新教出版社, 2008）

『ルカによる福音書　私訳と解説』（新教出版社, 2009）

『ヨハネによる福音書　私訳と解説』（新教出版社, 2010）

『使徒言行録　私訳と解説』（新教出版社, 2011）

『ローマ人への手紙　私訳と解説』（新教出版社, 2011）

『コリント人への手紙　私訳と解説』（新教出版社, 2012）

『ガラテヤ人・エフェソ人・フィリピ人・コロサイ人への手紙　私訳と解説』（新教出版社, 2013）

『テサロニケ人・テモテ・テトス・フィレモンへの手紙　私訳と解説』（新教出版社, 2014）

『ヘブライ人への手紙　私訳と解説』（新教出版社, 2014）

『ヤコブ・ペトロ・ヨハネ・ユダの手紙　私訳と解説』（新教出版社, 2015）

『ヨハネの黙示録　私訳と解説』（新教出版社, 2015）

『ジョン・マクマレー研究　キリスト教と政治・社会・宗教』（新教出版社, 2017）

訳　書

クラス・ルーニア『使徒信条の歴史と信仰』（いのちのことば社, 1992）

ボブ・ハウツワールト『繁栄という名の「偶像」』（いのちのことば社, 1993）

D. ブローシュ『キリスト教信仰　真の信仰をめざして』（一麦出版社, 1998）

アーサー・F. ホームズ『知と信の対話　キリスト教教育の理念』（一麦出版社, 1999）

現代アメリカ神学思想　増補新版
平和・人権・環境の理念

2018年2月23日　第1版第1刷発行

著　者……宮平　望

発行者……小林　望
発行所……株式会社新教出版社
〒162-0814 東京都新宿区新小川町 9-1
電話（代表）03 (3260) 6148
振替 00180-1-9991
印刷・製本……株式会社カショ

ISBN 978-4-400-32767-7　C1016